研究生学术诚信教育与管理

主编/沈明荣

苏州大学出版社
Soochow University Press

图书在版编目(CIP)数据

研究生学术诚信教育与管理／沈明荣主编. -- 苏州：苏州大学出版社，2023.7
ISBN 978-7-5672-4451-1

Ⅰ.①研… Ⅱ.①沈… Ⅲ.①研究生-学术研究-道德规范-教育研究 Ⅳ.①G644

中国国家版本馆 CIP 数据核字(2023)第 132618 号

书　　名：	研究生学术诚信教育与管理 YANJIUSHENG XUESHU CHENGXIN JIAOYU YU GUANLI
主　　编：	沈明荣
责任编辑：	严瑶婷
装帧设计：	吴　钰
出版发行：	苏州大学出版社（Soochow University Press）
出 品 人：	盛惠良
社　　址：	苏州市十梓街1号　邮编：215006
印　　刷：	苏州工业园区美柯乐制版印务有限责任公司
邮　　箱：	Liuwang@ suda.edu.cn　　QQ：64826224
邮购热线：	0512-67480030
销售热线：	0512-67481020
开　　本：	787 mm×1 092 mm　1/16　印张：14.25　字数：262 千
版　　次：	2023 年 7 月第 1 版
印　　次：	2023 年 7 月第 1 次印刷
书　　号：	ISBN 978-7-5672-4451-1
定　　价：	68.00 元

凡购本社图书发现印装错误，请与本社联系调换。服务热线：0512-67481020

PREFACE

2015年,中国科学技术协会、教育部《关于开展科学道德和学风建设宣讲教育案例教学试点工作的通知》将苏州大学列为实施科学道德和学风建设宣讲教育案例教学的9所试点高校之一。作为9所高校中唯一的地方高校,苏州大学高度重视这项工作的开展与实施。根据时任校长熊思东的提议,苏州大学研究生院聘请6位在相关专业具有较高学术声誉的教授、博士成立了案例教学课程组,并于2015年开始对全校所有研究生新生进行案例教学全覆盖。

案例教学课程组成员的学科背景覆盖了人文社科、理工农医等诸学科,这些教授、博士对学术诚信和学术规范问题也素有研究。为了使案例教学工作取得良好效果,在苏州大学研究生院的组织下,案例教学课程组的教师采用集体备课的方式进行备课,大家对教学安排、教学内容、教学形式等方面进行讨论协商,相互沟通,分享各自的经验和相关材料,统一目标和要求,以达到更好的教学效果。每年11月至12月,6位专家要为全校所有研究生新生开设12~16场科学道德和学风建设案例教学专题讲座。为了更加贴近研究生的现实需要,方便研究生理解掌握科学道德和学风建设案例教学的内容,案例教学课程组根据研究生不同的专业特点安排不同的场次,授课的内容和案例也各有侧重。经过7年的坚持,在取得较为显著的教学效果的同时,课程组的教师也积累了大量的学术诚信案例教学资源。学术诚信案例教学已经成为苏州大学研究生科学道德和学风建设教育的重要抓手和突出特色。经江苏省教育厅有关领导提议,在苏州大学研究生院的精心组织下,案例教学课程组各位教授、专家在多年来从事案例教学的基础上，开始着手集体编写这本《研究生学术诚信教育与管理》。

　　研究生教育是高等教育的最高阶段，肩负着人才培养、科学研究、文化传承等多方面重任。研究生学术诚信教育与管理是研究生教育事业中最为基础但又很重要的一项工作。研究生恪守学术诚信，遵守学术规范，不仅关系其声誉和未来，还关系其在读高校的声誉、教育质量和"双一流"建设的成败，更关系我们国家未来的科技创新水平和社会文明程度的高低。学术诚信案例教学具有生动活泼、深入浅出的效果，结合案例的解说不仅有助于将学术规范的道理说透，还能起到警示作用。希望本书能够对提高我国研究生学术诚信教育和管理水平有所助益。

　　是为序。

姚建林
2023 年 3 月 21 日

FOREWORD

研究生教育肩负着高层次人才培养和创新创造的重要使命,是国家发展、社会进步的重要基石;而研究生学术诚信教育与管理又是研究生教育事业的一项很重要的基础性工作,没有高水平的学术诚信教育与管理,就培养不出高水平的创新人才,也不会真正提高创新能力。在广大研究生中大力开展学术诚信教育,加强高等学校和其他研究生培养单位的学术诚信管理,是当前我国高等教育的一项重要任务。

研究生学术诚信教育是一项系统工程,既要各方高度重视,齐抓共管,不断完善各类学术规范和规章制度体系,又要充分发挥各研究生培养单位的主体性,切实加强宣传教育和过程管理;既要导师率先垂范,从严管理,又要研究生坚守学术立场,弘扬科学与人文精神,遵守学术规范和纪律;在教育过程中,既要典型引路,正面教育,又要"以案说法",通过鲜活的案例进行警示教育。

每名研究生都应当全面了解我国在研究生科学道德和学风建设等方面的规章制度体系,以及加强学术诚信建设对研究生培养的重大意义。本书第一章"科学道德和学风建设的概念、规章及意义"介绍了科学道德和学风建设的概念、科学道德和学风建设方面的规章制度,以及科学道德和学风建设对研究生培养发展的重大意义。

真正理解科学精神与大学精神,是激励研究生自觉养成热爱科学、追求真理、遵从规范、诚信治学等良好习惯的强大精神动力。人类科学史是帮助研究生理解科学精神必不可少的教学内容,科学史上杰出科学家的奉献精神和高尚情操是引领研究生树立正确学术价值观的最好素材。本书第二章"科学史、科学精神与大学精神"帮助研究生回顾人类科学史和我国科学史上的几个重大事件,并就一些问题展开深入探讨;梳理大学精神的形成与发展历程,探究师生共同养成大学精神的机理。

学术诚信教育不仅是学术纪律的宣讲与教育,更是一种学术规范、学术习惯的养成教育,研究生需要了解科研的基本原则与各种学术规范,并在学习与研究的过程中不断训练,熟练掌握各种学术规范。本书第三章"科研诚信与学术规范"主要介绍学术诚信与学术规范的相关术语,阐释科研活动的基本原则,介绍科研活动的基本学术规范。研究生不仅要认真研读这些内容,还要在科研实践和学术活动中不断深化理解。

除了正面教育外,以鲜活的案例进行警示教育也是必不可少的。研究生可以举一反三,避免踩入学术诚信的"雷区",养成良好的学术习惯。客观上,学术活动中存在着某些不良风气,如果在校期间不能养成良好的学术习惯,很可能会逐渐滑向学术不端的深渊。本书第四章"常见学术不端行为"梳理并介绍了理工农医类和人文社会科学类常见的各种学术不端行为。

随着科学、教育和学术事业的不断发展,学术诚信的规则,包括各类学术规范、论文写作格式、学术纪律及规章制度、科研伦理规定等都在与时俱进,不断发展。了解世界高水平大学和科教发达国家的学术诚信教育及管理的情况,有利于高标准规范我国的学术诚信规范体系,提高政府、大学及其他机构学术诚信教育与管理的水平,从而加快我国科技与教育事业的进步,提升整个社会的文明程度。本书第五章"域外学术诚信教育与管理"介绍了世界科教发达国家及其高水平大学的学术诚信管理概况,并将加拿大滑铁卢大学的学术诚信教育与管理作为一个典型案例进行了系统深入的介绍。

学术诚信教育是研究生培养的重要环节,苏州大学每年都会面向全体新入学研究生开展宣讲教育,使他们在学术研究刚起步的时候能够树立对学术的敬畏感,增强学术自律意识。然而,现代学术诚信规则体系是一个复杂的体系,既有几千年人类文明史积淀的内涵,又有几百年科学史积淀的规则,而且目前还在不断发展演进中。要真正做到坚守科学道德、养成良好学风,不是一朝一夕可以完成的,还需要广大研究生在具体的科研和学术实践中不断深化学习,增进理解。相信切实有效的研究生学术诚信教育与管理,不仅能促使广大新一代研究生成为优良学风的维护者、诚信治学的力行者和优良学术规范的传承者与发展者,还将对我国科教工作者整体素质的提升和社会主义精神文明建设产生积极而深远的影响。

目录 CONTENTS

第一章 科学道德和学风建设的概念、规章及意义…………… 1

第一节 科学道德和学风建设的概念………………………… 1
一、什么是科学道德?………………………………… 2
二、什么是学风建设?………………………………… 3
三、科学道德和学风建设的本质……………………… 4

第二节 科学道德和学风建设方面的规章制度……………… 5
一、制定科学道德和学风建设规章制度的重要性、必要性和紧迫性…………………………………………… 6
二、加强科学道德和学风建设的相关文件…………… 7
三、贯彻落实新时代科学道德和学风建设相关法律法规、政策…………………………………………………… 10

第三节 科学道德和学风建设对研究生培养发展的重大意义 …… 14
一、科学道德和学风建设是培养社会主义建设者和接班人的重大举措………………………………………… 14
二、科学道德和学风建设是繁荣发展研究生学术事业的关键所在………………………………………………… 16
三、科学道德和学风建设是提高研究生教育教学质量的基本保障………………………………………………… 17
四、科学道德和学风建设是营造研究生积极向上学术生态的必然选择………………………………………… 18

第二章　科学史、科学精神与大学精神 ··· 20

第一节　关于科学史的思考 ··· 20
一、科学的定义 ·· 20
二、文艺复兴与科学的起源 ·· 21
三、现代科学的诞生与发展 ·· 24
四、科学精神与中国 ·· 29

第二节　师生共同养成大学精神 ··· 33

第三章　科研诚信与学术规范 ··· 39

第一节　科研诚信与学术规范的相关术语 ·························· 39
一、科研诚信 ·· 39
二、学术规范 ·· 40
三、学术成果 ·· 41
四、学术评价 ·· 42

第二节　科研活动的基本原则 ·· 43
一、诚实原则 ·· 43
二、公开、公正原则 ·· 46
三、尊重原则 ·· 47

第三节　科研活动的基本学术规范 ····································· 47
一、基本规范要求 ··· 47
二、成果撰写规范 ··· 48
三、成果发表规范 ··· 55
四、项目研究规范 ··· 61
五、学术交流规范 ··· 67

第四章　常见学术不端行为 ··· 69

第一节　国内外关于学术不端行为的界定 ·························· 69

第二节　抄袭与剽窃……………………………………………76
　　一、抄袭文字表述………………………………………77
　　二、剽窃观点……………………………………………78
　　三、剽窃数据……………………………………………80
　　四、剽窃图片和音视频…………………………………80
　　五、剽窃研究方法………………………………………81
　　六、组合抄袭与拼凑写作等……………………………82
　　七、隐蔽抄袭……………………………………………83
　　八、不重视学术规范和引文规范而造成的抄袭………85
第三节　伪造与篡改……………………………………………87
　　一、伪造…………………………………………………88
　　二、篡改…………………………………………………94
第四节　发表过程中的学术不端行为…………………………100
　　一、不当署名……………………………………………101
　　二、一稿多投与重复发表………………………………104
　　三、出版人及编辑的学术不端行为……………………106
第五节　申请、评审及评价过程中的学术不端行为…………108
　　一、提供虚假信息………………………………………109
　　二、干扰评审……………………………………………110
第六节　违背科研伦理…………………………………………111
　　一、关于人类受试者……………………………………113
　　二、实验动物的福利……………………………………117
　　三、工程伦理及其他……………………………………119
第七节　其他学术不端行为……………………………………120
　　一、研究环节的不当行为………………………………121
　　二、买卖论文……………………………………………124
　　三、利益冲突及违反保密、安全等规定………………126

第五章 域外学术诚信教育与管理 ·················· 128

第一节 世界科教发达国家及其高水平大学的学术诚信管理概况 ·············· 128
一、美洲国家及其高水平大学的学术诚信管理 ················ 129
二、欧洲国家及其高水平大学的学术诚信管理 ················ 138
三、亚太国家及其高水平大学的学术诚信管理 ················ 145
四、国际组织的学术诚信倡议 ················ 148

第二节 加拿大滑铁卢大学的学术诚信管理 ·············· 151
一、滑铁卢大学的学术诚信管理体系 ················ 151
二、滑铁卢大学关于学生学术诚信的各种规定 ················ 154
三、滑铁卢大学关于教师学术不端行为的规定 ················ 159

结 语 不负韶华,做新时代合格的研究生 ················ 162

附 录 ·················· 170

关于进一步加强科研诚信建设的若干意见(节选) ················ 170
高等学校哲学社会科学研究学术规范(试行) ················ 176
学位论文作假行为处理办法 ················ 178
博士硕士学位论文抽检办法 ················ 180
发表学术论文"五不准" ················ 181
高等学校预防与处理学术不端行为办法 ················ 182
医学科研诚信和相关行为规范(节选) ················ 188
哲学社会科学科研诚信建设实施办法(节选) ················ 191
科研失信行为调查处理规则(节选) ················ 195
国家自然科学基金项目科研不端行为调查处理办法(节选) ················ 204

后 记 ·················· 216

第一章　科学道德和学风建设的概念、规章及意义

党的十八大以来，以习近平同志为核心的党中央十分重视科学道德和学风建设。践行科学道德，树立良好学风是科技界、教育界一项长期而艰巨的任务。习近平总书记在中国科学院第十九次院士大会、中国工程院第十四次院士大会上提出："弘扬科学报国的光荣传统，追求真理、勇攀高峰的科学精神，勇于创新、严谨求实的学术风气。"在党的十九大报告中，习近平总书记指出，弘扬科学精神，普及科学知识，开展移风易俗、弘扬时代新风行动，抵制腐朽落后文化侵蚀。推进诚信建设和志愿服务制度化，强化社会责任意识、规则意识、奉献意识。党的十九届五中全会强调，要"加强学风建设，坚守学术诚信"，并着力"健全科技伦理体系"。党的二十大报告又进一步强调要"弘扬诚信文化，健全诚信建设长效机制"。这为当前和今后一个时期的科学道德和学风建设工作指明了方向。推进科学道德和学风建设，强化社会责任意识、道德意识、规则意识、奉献意识，是建设科技强国、教育强国、人才强国的一项重要的战略性基础工程。对研究生加强科学道德和学风建设的教育不仅非常必要，而且十分紧迫。要大力加强以科学精神、科学道德、科研伦理、学术规范为主要内容的科学道德和学风建设的学习、研究、宣传活动，努力营造风清气正的学术环境，使广大研究生成为坚定理想信念的信仰者、优良学术道德的践行者、良好学术风气的维护者、民族伟大复兴时代重任的承担者。

第一节　科学道德和学风建设的概念

道德是一定社会用以调节人与人之间、人与社会之间关系的行为准则和规范的总和。科学道德和学风建设是包括广大研究生在内的科研工作者应具有的最基本的道德素养，是一所大学科学精神与人文精神的集中体现。积极引导研究生弘扬新时代中国

科学家精神，恪守科学道德，树立优良学风，努力把自己塑造成祖国和人民所需要的有用人才，首先必须搞清楚科学道德和学风建设的内在含义。

一、什么是科学道德？

科学道德是一个国家、一个民族、一所大学弘扬科学精神、进行道德建设的重要内容，既是研究生独立从事科学研究活动的基本遵循，也是研究生献身科学、成长成才、完成学业的安身立命之本。所谓科学道德，是指人们在科研活动中逐渐形成的，得到学术共同体及一定社会共同认可并遵守的价值准则、行为规范的总和。科学道德从属于一定社会的道德认识、道德情感、道德规范、道德风尚，是包括研究生在内的广大科技工作者参加科研活动、进行科学研究时必须遵守的道德准则、行为规范和应当具备的道德素养。

维护科学道德，必须重视科学道德。科学道德是科学研究的内在属性和根本要求，是基于科研伦理和科学共同体形成的价值共识，是包括研究生在内的广大科研工作者进行科研活动时具有稳定性、连续性的行为规则和道德选择。当代中国强调科学道德，就是要在科研领域形成人人遵守科学道德、个个维护科学秩序的氛围，大力提升科学技术的质量与水平。在全社会倡导形成以遵守科学道德为荣、以违背科学道德为耻的氛围，不仅为维系科研秩序的有序稳定提供基本保障，而且为我国科技事业兴旺发达提供重要保证。

遵循科学道德，必须强化学术诚信。"学术乃天下公器"，科学道德作为科技工作者在学术活动中必须坚持的基本行为准则，对科研工作者有着十分重要的"硬约束"作用。

广大科研工作者要严格遵循道德他律，对所进行的科学研究与学术活动保持敬畏之心，自觉接受社会各方面的监督，摒弃任何学术不端行为。离开广大科研工作者学术共同体的自觉遵守和共同维护，就难以发挥科学道德在科学研究中所应有的规约作用。

培养科学道德，必须恪守道德自律。科学道德对广大科技工作者来说，是一种最基本的职业良知和从业操守，也是一种无形的道德"软约束"。广大科技工作者只有自觉遵守学术规范、坚守学术诚信、完善学术人格、维护学术尊严，科学道德才能在科研活动中真正起到无形胜有形的约束作用。每位科研工作者在进行学术研究时，都要严肃认真地对待科学道德，牢固树立科学道德自律观念，培养科学道德自律精神，真正成为对祖国社会主义现代化建设、对人类科学文化事业做出贡献的有用人才。

二、什么是学风建设?

学风建设是一所大学的灵魂所在,是大学精神的集中体现,一所大学的校风建设中最基础、最根本的是学风建设。所谓学风,是指包括研究生在内的广大科技工作者在从事知识学习、学术探讨和科学研究过程中所秉持的思想观念、价值追求和精神风貌,包括治学精神、治学态度、治学原则、治学方法、治学风气等。

一所好的大学,要加强学风建设,弘扬优良学风。学风建设是衡量一所学校办学思想、教育质量和管理水平的主要标志。习近平总书记指出:"一所高校的校风和学风,犹如阳光和空气决定万物生长一样,直接影响着学生学习成长。"[1] 好的校风和学风,是高校的立校之本、发展之魂,能够为学生的学习成长营造好气候,创造好生态。校风与学风是相互联系、相互制约、相互促进的。优良校风与优良学风之间有着内在的互动关系,离开了优良学风的建设,也就不可能形成和树立优良校风。弘扬优良学风,对广大研究生来说,是开展学术活动、进行学术创新、提升学术含量、实现人生价值的重要基石。

一所好的大学,要重视学风建设,坚守学术诚信。学术诚信是科技工作者从事学术活动时必须遵循的学术规范,它既包括科技工作者从事学术研究的理想信念、价值理念、道德观念,又包括科技工作者在科技活动过程中所表现出来的诚实守信的精神风貌。学风建设事关学术自身的传承与创新,事关人才培养的质量。优良学风是研究生成长成才的必备条件,也是提高研究生培养质量的根本保证。研究生在进行学术研究时,要把坚守学术诚信作为道德底线,刻苦钻研,严格自律,坚决抵制浮夸浮躁之风和任何学术不端行为。

一所好的大学,要传承优良学风,提高人才素质。人才质量的提高归根结底要靠教育。研究生要把优良学风建设摆在十分重要的位置,这是提高自身素质的基本要求。好学、乐学、善学直接体现着研究生的学习态度、学习方式、学习能力,以及学习时的精神面貌。广大研究生要自觉投身学风建设,注重提高自身的学术涵养。对于高校而言,提高研究生培养质量,首先必须加强研究生的科学道德和学风建设,这是研究生教育中一项最重要、最基础、最紧迫的工作。而且学风建设不仅直接关系到高校人才培养的质量,还会影响到整个社会的风气、整个民族的精神面貌和素质。

---

[1] 学习小组. 习近平首次点评"95后"大学生[N]. 人民日报, 2017-01-03.

三、科学道德和学风建设的本质

科学道德和学风建设相互联系、相互依存、相互促进,是广大研究生从事科研活动的立身之本。研究生成长成才是一个长期的思考与积累、研究与探索、理论与实践的过程,需要研究生在学习研究的过程中不断陶冶情操,养成刻苦钻研、勤奋好学的良好习惯。习近平总书记指出,我国是中国共产党领导的社会主义国家,这就决定了我们的教育必须把培养社会主义建设者和接班人作为根本任务,培养一代又一代拥护中国共产党领导和我国社会主义制度、立志为中国特色社会主义事业奋斗终身的有用人才。这是教育工作的根本任务,也是教育现代化的方向目标。[1] 研究生教育的本质与科学道德和学风建设的本质紧密相连,也就是要聚焦"培养什么人、怎样培养人、为谁培养人"这个根本问题,坚持立德树人的根本任务,提高研究生的培养质量,形成优良的校风、教风和学风,为研究生学习成长营造好氛围,创造好生态,培养一批又一批高素质、创新型的社会主义建设者和接班人。

本质是相对于现象而言的,是对事物内部联系的必然性、趋势性、客观性的把握。培养什么人,是教育的首要问题。科学道德和学风建设事关研究生培养与发展的前提和基础,其本质就在于要处理好做人、做事、做学问的关系,既表现为包括广大研究生在内的科技工作者的人生价值追求和理想人格特质,又反映在指导科技工作者如何正确处理个人与他人、个人与集体、个人与社会之间相互关系的道德准则或行为规范之中。研究生的培养,育人是本。"做人做事第一位的是崇德修身。做人是做学问、干事业的前提。立德是一个人做人的基础。"[2] 我们培养的研究生,如果没有崇高的理想、优良的品质、高尚的情操,即使知识掌握得再多,也是无济于事的,也不可能成为全面建设社会主义现代化强国的有用之才。

研究生是我国高层次创新型人才的主要来源,是中国特色社会主义现代化建设、实现中华民族伟大复兴的重要生力军。科学道德和学风建设的本质,就在于全面贯彻党的教育方针,培育和践行社会主义核心价值观,牢固确立立德树人在研究生教育工作中的中心地位,激发研究生浓厚的学习和科研兴趣,树立研究生正确的科研理念,

---

[1] 张烁. 坚持中国特色社会主义教育发展道路 培养德智体美劳全面发展的社会主义建设者和接班人[N]. 人民日报, 2018-09-11.

[2] 本书编写组. 习近平总书记教育重要论述讲义[M]. 北京:高等教育出版社, 2020:46.

培养研究生端正的科研作风，教育引导研究生遵守学术规范、坚守学术诚信、完善学术人格、维护学术尊严，旗帜鲜明地揭露和抵制弄虚作假等学术不端行为，推动研究生科学道德和学风建设的根本好转，大力提升研究生人才培养的质量。

  对研究生人才的培养，最基本的要求是坚持以德为先、以信为本。在科研领域，研究生学风建设实际上包含着两层含义：一是研究生在进行知识学习和科研活动时所形成的治学精神、治学态度、治学方法、治学原则；二是指研究生对待科研活动所遵循的行为规范和思想道德的集中表现，尤其在科技创新活动过程中所表现出来的精神风貌。我们要培养的研究生，是未来国家现代化建设的栋梁之材，必须在投身科学研究的起始阶段就弄明白科学研究活动是人世间一项神圣的事业，来不得半点的虚假或骄傲自大，只有潜心治学，刻苦钻研，才能为自己今后的事业发展奠定牢固的学术基础。研究生的学风建设不仅关系到研究生个体科学道德和学风建设的继承、发展与创新，而且关系到整个研究生人才队伍培养的质量。

  进行科学道德和学风建设，最关键的是要提高研究生的理想信念、价值理念、道德观念。把个人理想和国家前途命运联系在一起，这既是老一辈优秀科研工作者对科研道德和学风建设最为生动的注解，也是对在校研究生进行科学道德和学风建设的示范要求。每一名研究生都要自觉地把个人的成长发展与国家富强、民族振兴、人民幸福联系在一起，肩负起历史赋予的全面建成社会主义现代化强国的重任，树立对科学道德和学风建设的责任意识，打下扎实的科研基本功。广大研究生要树立良好的科学道德和优良的学风，必须努力做到：欲修学，先立身，自觉抵制学术上的不正之风，勇于同各种假冒伪劣、学术不端行为做斗争；要严格遵循学术规范，养成良好的学习习惯，力求科学研究出精品；要坚持实事求是，独立思考，敢于质疑，勇于创新，学出真本事，做出真学问；要了解历史，学习历史，这对启迪思想、激发灵感、开阔心胸、成长发展是极其重要的。"以史为镜，可以知兴替；以人为镜，可以明得失。"广大研究生要注重学养、修养、涵养，立下"强国之志"，厚植"爱国之情"，砥砺"效国之行"。

第二节　科学道德和学风建设方面的规章制度

  当前，高校研究生的科学道德和学风建设状况总体上是好的。恪守科学道德，弘扬优良学风，自觉遵守加强科学道德和学风建设的规章制度，成为研究生成长发展的主流。但必须看到，在部分研究生的知识学习与科研活动中，出现了急功近利、浮躁浮夸、抄袭剽窃、伪造篡改、买卖论文、考试舞弊等不良现象和不端行为。要加强科学道德和学风建设的规章制度建设，重视教育引导，重视制度规范，重视监督约束，重视查处警示，建立并完善弘扬科学道德与优良学风的长效机制，为科学道德和学风建设保驾护航。

一、制定科学道德和学风建设规章制度的重要性、必要性和紧迫性

科学道德和学风建设的规章制度是教育、引导包括研究生在内的广大科技工作者明确学术方向、规范研究行为、鉴定学术成果、审核学术价值的一种权威性、有可操作性的制度。建立科学、客观、合理、公正的学术道德规范制度、学术规范承诺制度、学术失范举报制度、学术失范惩处制度、学术失范责任连带制度等规章制度，对在校研究生的科学道德和学风建设的引导、定向与规范有重要的保障作用，对净化学术空气、维护学术尊严、促进学术创新、提升学术质量也有十分重要的作用。

研究生阶段，教师主要采用讨论启发式教学、课程专题式教学，学生则采用自主、交互的方式学习，对所进行的学习、研究重在分析、归纳、总结与运用，并有所创新，学业任务以课题研究、论文写作为主，因而科学道德和学风建设和研究生成长发展的关系十分密切。目前，随着我国研究生教育规模的不断扩大，部分研究生缺少专业兴趣、缺乏专业精神，受社会上一些急功近利思想的影响，学术不端现象频发，呈现学风不正、屡禁屡现的态势。一些学生缺乏对学术行为规范的正确认识，缺少对科研活动的敬畏意识，在科研中存在比较明显的功利主义倾向，这导致部分研究生在进行科学研究活动时不愿意投入时间和精力，不能自觉遵守科学道德，缺乏诚信意识和科学精神，滋生了有违公序良俗的不良学风，直接影响到研究生的成长成才和培养质量。我们要看到，不讲科学道德，不讲学术诚信，违反科研伦理，图谋急功近利的学术不端行为，不仅会严重损害科研的基本秩序，甚至会断送个人、社会乃至国家的科研前景。因此，建立和完善研究生科学道德和学风建设规章制度刻不容缓。

科学道德和学风建设规章制度是保障研究生积极从事科研活动的有效屏障。"现在研究生的压力很大，主要的压力来自发表论文、就业、深造等，如果他们的人生观、价值观得不到正确引导，很容易出现令人担忧的科学道德问题。"[1] 为了加强研究生

---

[1] 何宁，王育坚，王金华，等."立德树人"为本，加强科学道德与学风建设：以北京联合大学研究生为例[J]. 教育现代化，2020，7（06）：133.

科学道德和学风建设规章制度建设，使广大研究生明确科学道德和学风建设的基本要求是什么，遵循科学道德和学风建设会受到怎样的奖励，违背科学道德和学风建设又将会受到什么样的处罚。坚决杜绝各种学术不端行为，营造积极健康的学术环境与科研氛围，使研究生的学术诚信教育与管理有法可依，有章可循，中共中央办公厅、国务院办公厅和中宣部、教育部、科技部等部门颁发了一系列规章制度，地方政府和高校不断健全科学道德和学风建设的导向机制、激励机制、监管机制和科学评价机制，为研究生科学道德和学风建设提供了基本遵循。

二、加强科学道德和学风建设的相关文件

党的十八大以来，国家有关部门十分重视研究生的科学道德和学风建设，对学术不端行为实行"零容忍"，加大了对学术不端行为的查处力度，制定了一系列加强科学道德和学风建设的文件，为营造风清气正的科学研究、学术发展环境提供了制度保障。

2018年5月，中共中央办公厅、国务院办公厅印发《关于进一步加强科研诚信建设的若干意见》（以下简称《意见》）。中共中央办公厅、国务院办公厅就进一步加强科研诚信建设、营造诚实守信的良好科研环境提出意见，将科研诚信建设要求落实到项目指南、立项评审、过程管理、结题验收和监督评估等科技计划管理全过程。《意见》要求从事科研活动和参与科技管理服务的各类人员要坚守底线、严格自律。科研人员要恪守科学道德准则，遵守科研活动规范，践行科研诚信要求，不得抄袭、剽窃他人科研成果或者伪造、篡改研究数据、研究结论；不得购买、代写、代投论文，虚构同行评议专家及评议意见；不得违反论文署名规范，擅自标注或虚假标注获得科技计划（专项、基金等）等资助；不得弄虚作假，骗取科技计划（专项、基金等）项目、科研经费，以及奖励、荣誉等；不得有其他违背科研诚信要求的行为。严厉打击严重违背科研诚信要求的行为，坚持"零容忍"，保持对严重违背科研诚信要求行为严厉打击的高压态势，严肃责任追究。

2015年11月，中国科学技术协会（以下简称"中国科协"）、教育部、科技部等七部门联合印发了《发表学术论文"五不准"》。《发表学术论文"五不准"》重申和明确了科技工作者在发表学术论文过程中的科学道德行为规范。"五不准"明确规定：不准由"第三方"（指除作者和期刊以外的任何机构和个人）代写论文；不准由"第三方"代投论文；不准由"第三方"对论文内容进行修改；不准提供虚假同行评

审人信息；不准违反论文署名规范。"五不准"提出对学术不端行为"零容忍"，要对学术不端行为开展调查，对违反"五不准"的行为依据程序和规定做出严肃处理；要教育广大科技工作者自觉珍惜学术声誉，加强道德自律，共同遵守"五不准"；要弘扬科学正气，坚决抵制"第三方"学术不端行为；要进一步改革与完善科技评价体系，维护良好学术声誉和学术生态环境，为科学研究提供良好的政策支持和保障。

2016年6月，教育部颁布《高等学校预防与处理学术不端行为办法》（以下简称《办法》）。《办法》强调提出，高等学校预防与处理学术不端行为应坚持以预防为主、教育与惩戒结合的原则。《办法》明确提出，经调查，确认被举报人在科学研究及相关活动中有下列行为之一的，应当认定为构成学术不端行为：剽窃、抄袭、侵占他人学术成果；篡改他人研究成果；伪造科研数据、资料、文献、注释，或者捏造事实、编造虚假研究成果；未参加研究或创作而在研究成果、学术论文上署名，未经他人许可而不当使用他人署名，虚构合作者共同署名，或者多人共同完成研究而在成果中未注明他人工作、贡献；在申报课题、成果、奖励和职务评审评定、申请学位等过程中提供虚假学术信息；买卖论文、由他人代写论文或者为他人代写论文；其他根据高等学校或者有关学术组织、相关科研管理机构制定的规则所界定的学术不端行为。《办法》对学生出现学术不端行为提出了如下处理意见：学生有学术不端行为的，还应当按照学生管理的相关规定，给予相应的学籍处分；学术不端行为与获得学位有直接关联的，由学位授予单位做出暂缓授予学位、不授予学位或者依法撤销学位等处理。

2019年5月16日，中宣部、教育部、科技部等七部门联合发布《哲学社会科学科研诚信建设实施办法》，并建立哲学社会科学科研诚信建设联席会议，这是全国哲学社会科学科研诚信建设的领导机构。该实施办法提出了科研诚信建设应坚持教育、预防、监督、惩戒相结合，教育优先、预防为主的原则，并规定在科研及相关活动中有下列情况的，应当认定为违背科研诚信行为：抄袭、剽窃、侵占他人研究成果；伪造科研数据、资料、文献、注释，或者捏造事实、编造虚假研究成果；违反署名规范，未参加研究或创作而在研究成果、学术论文上署名，未经他人许可而不当使用他人署名，虚构合作者共同署名，或者多人共同完成研究而在成果中未注明他人工作、贡献；买卖论文、由他人代写或者为他人代写论文；利用管理、咨询、评价专家等身份或职务便利，在科研活动中为他人谋取利益。该实施办法的提出，对认定存在违背科研诚信行为的单位或个人，由相关部门或机构视情节轻重，给予约谈警示、通报批评、中止项目执行和项目拨款、终止项目执行和项目拨款直至限制项目申报资格、在一定期限内不接受其项目的申请等处理；对于严重违背科研诚信行为的单位或个人，实行终身追责。

2019年9月，科技部等20个部委联合颁发了《科研诚信案件调查处理规则（试行）》（以下简称《规则》）。《规则》对违背科研诚信要求的行为进行了界定，明确提出科研失信行为是指在科学研究及相关活动中发生的违反科学研究行为准则与规范的行为，包括：抄袭、剽窃、侵占他人研究成果或项目申请书；编造研究过程，伪造、篡改研究数据、图表、结论、检测报告或用户使用报告；买卖、代写论文或项目申请书，虚构同行评议专家及评议意见；以故意提供虚假信息等弄虚作假的方式或采取贿赂、利益交换等不正当手段获得科研活动审批，获取科技计划项目（专项、基金等）、科研经费、奖励、荣誉、职务职称等；违反科研伦理规范；违反奖励、专利等研究成果署名及论文发表规范；其他科研失信行为。《规则》首次在国家层面上形成了对科研失信实体认定标准、统一监督主体、调查处理程序、失信举报途径等制度规范的顶层设计，提出了对经调查属实的科研失信行为应给予处理的具体措施，为惩治科研失信提供了操作依据。

2020年2月，教育部、科技部印发《关于规范高等学校SCI论文相关指标使用树立正确评价导向的若干意见》（以下简称《若干意见》）。为了扭转当前科研评价中存在的SCI（Science Citation Index，科学引文索引）论文相关指标片面、过度、扭曲使用等现象，规范各类评价工作中SCI论文相关指标的使用，鼓励定性与定量相结合的综合评价方式，探索建立科学的评价体系，引导评价工作突出科学精神、创新质量、服务贡献，推动高等学校回归学术初心，净化学术风气，优化学术生态，打造学术诚信，教育部、科技部就规范高等学校SCI论文相关指标的使用，树立正确评价导向提出了若干指导意见。《若干意见》提出必须规范各类评价中SCI论文相关指标的使用，要求取消直接依据SCI论文相关指标对个人和院系的奖励，不得将SCI论文作为人员聘用的前置条件，不宜以发表SCI论文数量和影响因子等指标作为学生毕业和学位授予的限制性条件。

2022年，为贯彻实施《中华人民共和国科学技术进步法》等法律法规，进一步规范科研失信行为调查处理工作，科技部会同科研诚信建设联席会议成员单位对《科研诚信案件调查处理规则（试行）》进行了修订，并于2022年8月发布了修订后的《科研失信行为调查处理规则》，《科研诚信案件调查处理规则（试行）》同时废止。

近年来，各高等院校越来越重视研究生科学道德和学风建设工作，并根据国家有关部门的以上文件精神，制定了具体的贯彻意见和实施方案，对研究生的学术不端行为实行"零容忍"，发现一起处理一起，广大研究生对此必须高度重视。

三、贯彻落实新时代科学道德和学风建设相关法律法规、政策

切实推进新时代科学道德和学风建设相关法律法规、政策的有效落实，要把科学道德和学风建设摆在更加突出的位置，建立健全教育宣传、诚信制度建设、学术不端行为查处等工作体系，大力弘扬科学道德，切实加强学风建设，坚守学术诚信底线，严惩科研失信行为，净化学术风气，积极推进科学道德和学风建设机构、学术规范制度和不端行为查处机制"三落实、三公开"。

1. 加强新时代科学道德和学风建设的制度性建设

目前，在科学研究活动中出现的学术不端和学风不正问题，不仅破坏了学术研究的规则、污染了圣洁的学术殿堂、损害了学术研究的声誉、腐蚀了学术队伍的思想，而且严重影响了优良校风、学风的建设，甚至会严重影响人才培养质量。时任中国科协党组书记、常务副主席的陈希指出："管理制度不健全是学术不端行为得不到有效遏制的重要原因之一。要加强科学道德和学风建设，有破有立，既要强调道德约束，也要坚持监管惩处，才能取得实效。"[1] 制定科学道德和学风建设相关法律法规，是重视和加强科学道德和学风建设的重要法律法规依据和政策制度安排。完善科学道德法律法规和政策制度安排，要在国家有关法律和学校有关规章制度的修订中，增加科学道德和学风建设方面的内容，在法律法规建设中，要确保科学道德和学风建设各项规章制度运行的可操作性，不断优化学术生态，营造风清气正的学术环境，为科学道德和学风建设提供重要遵循。

制度的生命力在于执行，绝不能让制度成为没有牙齿的老虎。要不断健全集教育、预防、监督、惩治于一体的学术诚信体系，建立学术诚信档案，设立学术不诚信黑名单制度，对严重违背科研诚信的责任人采取联合惩戒措施，实行科研诚信信息跨行业、跨区域、跨部门共享共用。要加大知识产权保护和学术诚信建设力度，严格规范科技伦理，大力弘扬新时代科学家精神，加大对学术不端行为的查处力度，坚决遏制学术不端行为的蔓延，推动形成鼓励创新、潜心治学、注重积累、水到渠成的科研创新文化。

---

[1] 贾婧，刘莉. 中国科协加强治理学术不端行为[N]. 科技日报，2011-09-21.

2. 建立新时代科学道德和学风建设长效机制

要建立和完善新时代科学道德和学风建设监督机制,坚持把学术监督作为加强学风和科研诚信的最好防腐剂,进行科学合理有效的约束和监督;要完善目标责任制,落实问责机制,建立严格的监督机制,严肃处理学术不端行为。加强科学道德建设是推进科学、科技工作健康发展的重要保障,要重视对研究生科学研究的全过程管理,建立研究生实验原始记录和检查制度、学术成果公示制度、论文答辩前实验数据审查制度、毕业和离职研究材料上缴制度、论文投稿作者签名留存制度等科学严谨的管理制度。各地教育部门和高校要在本单位网站上开设科学道德和学风建设专栏,公布科学道德和学风建设年度报告,公开学术不端行为调查处理结果。要正确发挥社会监督作用,对研究生在科研活动中已经认定的学术不端行为,应该公开事实和处理结果,接受社会力量和新闻媒体的监督。在监管过程中,与科学道德和学风建设监督方形成一种相互制约、相互监督、相互促进的关系,进行依纪、依规、依法协同监管,从源头上预防与遏制科研不端和学术腐败现象,做到监督于真、监督于诚、监督于勇、监督于实,使科学道德和学风建设的规章制度真正落到实处。

要建立和完善新时代科学道德和学风建设综合评价机制。科学道德和学风建设综合评价机制是研究生从事学术研究、进行科学活动、成长成才发展的"指挥棒"。目前,对研究生科研活动缺少统一而合理的评价标准,且评价过程更侧重于显性的成果评价而非隐性的道德评价,这种导向直接导致学生认为科研道德和学风建设全凭自觉,规章制约的权威性薄弱,甚至是可有可无。必须建立更加严格、更加权威的科学道德和学风建设综合评价机制。要推行绩效评价和信用管理机制,不断完善健全职责清晰、科学规范、监管有力的长效机制,既减轻科技创新主体负担,充分释放创新活力,又有效防止学术不端行为的发生。要加大力度遏制科学研究活动中急功近利的短期行为,必须尊重人才成长和学术发展规律,坚持正确的科学道德和学风建设导向;要切实改进评价考核导向,完善现有的评价体系和评价机制,实施科学合理的分类评价标准;在考核评估中,要防止片面量化的倾向,加大质量和贡献指标的权重。

3. 强化新时代科学道德和学风建设的自律与他律

科学道德和学风建设的重点任务是加强科研诚信。包括研究生在内的广大科技工作者必须加强科学道德自律,培养自律意识,树立自律观念和规矩意识。要提高科学道德的自觉性、主动性,推动科研工作者将科学道德内化为自觉行动。在科学道德和学风建设的行为规范化过程中,要教育引导研究生培养高尚的科学道德精神,形成对科学道德和学风建设的共识，营造科研活动的诚信环境，避免急功近利的短期行为，及时纠正研究生群体中存在的有违诚信的学术不当、学术不端等问题，发挥道德他律的积极作用。

4. 营造新时代科学道德和学风建设的社会氛围

对于已经出现的学术不端和学术腐败行为，必须采取果断措施，依纪依法进行严肃惩处。如果放任自流，不予以及时纠正而任其发展下去，不仅会损害包括研究生在内的科技工作者的社会形象，而且会损害整个科技界、教育界的社会公信力，甚至会对我国科技事业健康发展和研究生人才培养质量造成不可估量、无法挽回的严重后果。因此，必须狠抓科学道德和学风建设，既要制定严厉的法律、政策惩处措施，又要切实加强社会舆论监督。科学道德和学风建设要坚持党、政、工、团多管齐下，持之以恒，持续推进，建立常态化监督机制，强化长效性监督效应，努力营造风清气正的育人环境和求真务实的学术氛围。

加强研究生科学道德和学风建设是一项综合性的系统工程。要积极拓展研究生科学道德和学风建设路径，具体可以从以下五个方面入手：

（1）要以校风引领学风。校风，即学校的风气，是学校办学指导思想和培养目标的集中体现，是培育优良学风、教风的根本保证，它全面地反映出一个学校的精神面貌、管理效能、服务状态和办学水平，直接体现学校师生员工的精神面貌。好的校风是校训的拓宽、延伸和具体化，具体体现在干部的作风、教师的教风、班级的班风、学生的学风等方面，有着巨大的凝聚力、促进力和约束力，能够引领与规范研究生的学风建设。

（2）要以教风带动学风。要加强导师队伍建设，提高导师队伍质量，充分发挥德政导师、教学导师在研究生成长发展过程中的指导、引领作用。导师作为培养研究生的第一责任人，要加强对学生的教育、引导和监督，认真审阅研究生在科研活动中做的实验记录和写的论文手稿，以严谨治学的精神、认真负责的态度和精益求精的科研作风感染、教化学生，真正以良好的教风带动学风。

（3）要以学术倡导学风。通过开展学术研讨活动、举行学术论坛、组织学生参加课题研究和社会实践服务等，引导研究生正确对待所从事的科研活动，维护学术信誉，提升学术质量，为自己的科研发展打下牢固的基础。

（4）要以考风端正学风。在研究生培养过程中，要加强研究生校纪校规意识教育，加强考试管理制度建设，提倡诚信考试理念，为形成良好的考风提供保障。

（5）要以服务促进学风。学校要构建全员、全方位、全过程育人机制，提高教职员工教书育人、管理育人、服务育人的水平，为广大研究生提供良好的服务与热情的关怀，实现以优质服务带动优良学风的发展目标。

5. 科学研究活动中应遵守的科学道德基本原则

广大研究生既是科学研究事业的后备军，也是科学研究活动的参与者。研究生在导师指导下开展科研活动，要遵守科学道德的基本原则。

（1）要坚持诚信原则。这是科研人员进行科研活动必须遵循的第一原则。要教育引导包括研究生在内的科技工作者以诚信作为立身之本，热爱科学、追求真理，抵制投机取巧、粗制滥造、盲目追求数量不顾质量的浮躁风气和行为，把优良学风内化为自觉行动。要求科技工作者在进行课题设计、采集分析数据资料、形成科研成果、公布科研成果，以及确认合作者和其他人员对科研工作的直接或间接贡献等方面，必须始终坚持实事求是，自觉遵守诚信规范，坚决抵制学术不端行为。

（2）要坚持公正原则。科技工作者在进行学术讨论和科研活动时，应坦诚直率，理性思考，秉持科学公正原则。对科研活动中取得的新发现、新发明和新突破要客观认定，既不任意拔高，也不故意压低；对研究成果中出现的错误和失误，应以适当的方式予以承认。不得以各种不道德和非法手段阻碍竞争对手的科研工作，包括毁坏竞争对手的研究设备或实验结果，故意延误考察和评审时间，利用职权将未公开的科研成果和信息转告他人，等等。

（3）要坚持公开原则。科学技术既是人类共同的事业，也是人类共同的财富。科技工作者在保守国家秘密和保护知识产权的前提下，应尽可能公开科研过程和结果的相关信息，追求科研活动社会效益的最大化。在合作研究和科研问题讨论中要按照事先约定的方式，实行信息资料共享，提供相关数据与资料。在向公众介绍科研成果时，按照实事求是的原则进行公开，保证所搜集与发表数据的客观性、有效性和准确性。

（4）要坚持保密原则。科技工作者在进行科学研究活动中要有涉密、保密意识，严守国家秘密。坚持积极防范、突出重点，既严守秘密又便利各项科研工作的方针，遵守保密法规，做好保密工作。对属于国家、行业秘密的重要事项，每位研究人员都有责任保守秘密，不得擅自扩大知悉范围。

（5）要尊重知识产权原则。在科研活动中做出创造性贡献的有关人员享有署名权，科技工作者在发表研究成果时，未经其同意，不得将他排除在作者名单之外。对参与一般数据搜集的研究助手、对研究团组进行过支持与帮助的人员和提供设施的单位，在出版物中应公开表示感谢。任何人在科研活动中不得以任何方式剽窃、抄袭他人成果，不得在未参与工作的研究成果上署名，反对以任何不正当手段谋取私利的学术不端行为。

（6）要坚持合作共赢原则。科技工作者在科研活动中，从有利于科研活动出发，在与其他人（或单位）合作时，应遵循"相互尊重、合作共赢"原则。要积极开展科研合作工作，坚持协同创新，形成产学研一体化格局，培育核心竞争力，寻求最大公约数，实现在科研活动中的互惠互利、合作共赢、共同提高，避免损人不利己和害人害己的情况发生。

（7）要遵守伦理原则。科技工作者应切实提高遵守国家有关科研伦理的各项法律、法规和规章的思想意识，了解国际生物医学伦理、工程伦理等方面的基本准则，尊重生命，遵守伦理审查的规定。

第三节　科学道德和学风建设对研究生培养发展的重大意义

自 2011 年起，中国科协、教育部等部门连续 10 年共同组织开展了科学道德和学风建设宣讲教育活动，这是一项提高研究生培养质量、促进研究生培育发展的具有战略意义的基础性工程。中国科协、教育部等部门要求，科学道德和学风建设宣讲教育活动以"全覆盖、制度化、重实效"为目标要求，以研究生、高年级本科生和青年科技工作者为对象，以科学精神、科学道德、科学伦理和学术规范为内容，是在全国范围内广泛开展的一项科学道德和学风建设正面宣讲教育活动，对推进我国研究生科学道德和学风建设起到了积极的推动作用。科学道德和学风建设是研究生教育发展中一项最重要、最基础、最紧迫的工作，是保证研究生的培养质量、引导研究生走上正确的科研道路必须长期坚持的重要举措。加强研究生科学道德和学风建设，坚决反对不良学风，有效遏制学术不端行为，为党育人、为国育才、弘扬科学精神、繁荣发展学术事业、净化校园环境、提高人才培养质量、践行社会主义核心价值观、引领社会风尚，在全社会形成尊重知识、崇尚创新、尊重人才、热爱科学、献身科学的浓厚氛围，为建设世界科技强国、教育强国、人才强国汇聚磅礴力量。

一、科学道德和学风建设是培养社会主义建设者和接班人的重大举措

研究生科学道德和学风建设是高等教育人才培养体系的一项战略性、基础性工作，

优质的研究生教育是富国强国、科技领先的必经之路。21世纪的科技竞争,归根结底是人才的竞争。"进入新时代,中国正加快向创新型国家前列迈进,这就要求教育必须着眼未来,抓紧培养能够适应和引领未来发展的一代新人,特别是培养集聚大批拔尖创新型人才,加快实现我国整体科技水平从跟跑向并跑、领跑的战略性转变。"[1] 把科技创新作为支撑社会主义现代化国家建设的重大战略举措,是党和国家的命运所系,是当今世界百年未有之大变局和中华民族伟大复兴战略全局形势发展所需,是全面建成社会主义现代化强国的大势所趋。2014年5月4日,习近平总书记在北京大学师生座谈会上的讲话中指出:"现在在高校学习的大学生都是20岁左右,到2020年全面建成小康社会时,很多人还不到30岁;到本世纪中叶基本实现现代化时,很多人还不到60岁。也就是说,实现'两个一百年'奋斗目标,你们和千千万万青年将全过程参与。"[2] 当代大学生朝气蓬勃、好学上进、视野宽广、开放自信,是可爱、可信、可为的一代,是党和人民充分信任、寄予厚望的一代。

研究生教育处于国民教育的最高端,肩负着培养造就优秀拔尖人才和科技创新的重大责任和使命。对高等学校来讲,培养高素质研究生人才是一项十分重要的工作任务。研究生科学道德和学风建设,绝不是一件一时兴起的随意性工作,也不只是针对目前解决研究生在科学研究中存在问题的权宜之计,而是一项事关人才培养质量的重要战略举措。学术诚信是立德树人、科技创新的重要基石,是优化学术环境、提升人才培养质量的重要条件,也是实施创新驱动发展战略、建设世界科技强国、教育强国、人才强国目标的重要基础。对刚刚进入专业科研领域的研究生而言,科学道德与学风问题直接影响到研究生的成长成才,因此研究生培养是一项带有全局性、根本性而必须长期坚持的工作。只有加强科学道德和学风建设,才能培养德才兼备的、合格的社会主义建设者和接班人,也才能承担起建设中国特色社会主义现代化、实现中华民族伟大复兴中国梦的历史使命。

党的十八大以来,习近平总书记围绕培养与造就中国特色社会主义事业建设者和接班人,发表了一系列重要讲话,对当代大学生的健康成长提出了殷切希望,为培养新时代高层次人才提供了重要遵循。2018年9月10日,习近平在全国教育大会上的讲话中指出,党的十八大以来,我们围绕"培养什么人、怎样培养人、为谁培养人"这

---

[1] 本书编写组. 习近平总书记教育重要论述讲义 [M]. 北京: 高等教育出版社, 2020: 5.
[2] 习近平. 习近平谈治国理政 [M]. 北京: 外文出版社, 2014: 175.

一根本问题，全面加强党对教育工作的领导，坚持立德树人，加强学校思想政治工作，推进教育改革，加快补齐教育短板，教育事业中国特色更加鲜明，教育现代化加速推进，教育方面人民群众获得感明显增强，我国教育的国际影响力加快提升，13亿多中国人民的思想道德素质和科学文化素质全面提升。[1] 研究生科学道德和学风建设是高校人才培养的一项系统工作、长期工作，关系着学校的办学质量和育人成效，是构建21世纪新型人才培养模式，建设特色鲜明的世界一流大学、一流学科的重要基石。

立德树人是大学的根本使命，习近平总书记对新时代青年人才培养提出了明确的要求。2018年5月2日，习近平在北京大学师生座谈会上的讲话中指出："大学是立德树人、培养人才的地方，是青年人学习知识、增长才干、放飞梦想的地方。"[2] 中国特色社会主义高校，要以树人为核心，以立德为根本，把立德树人的成效作为检验学校一切工作的根本标准，不断提高学生思想水平、政治觉悟、道德品质、文化素养，要把立德树人内化到大学建设和管理各领域、各方面、各环节，坚持做到全员全方位全过程育人。广大研究生要将个人梦想有效融入民族梦想和国家发展中，把自己的科学研究奉献到科学报国中，将论文写在祖国的大地上，为把我国建设成为社会主义现代化强国做出自己应有的贡献。

二、科学道德和学风建设是繁荣发展研究生学术事业的关键所在

当代研究生的崇高使命是在从事知识学习、科学研究活动过程中，大力弘扬科学家精神，自觉追求真理，端正学术风气，树立诚信意识，提高科学道德素养，推动形成风清气正、求真务实的优良学风，不断把我国科学事业繁荣发展推向前进。科学精神要求我们"不驰于空想，不骛于虚声"，将科学道德和学风建设融入研究生的日常学习、生活和工作；要求我们引导研究生重操守、重品行、重修养，遵守学术规范、养成良好学风，勇于探索、不断创新。广大研究生要诚信做人，平等待人，正确认识自身，正确对待社会。科研活动作为特殊的社会活动，本身具有独特的价值追求和精神气质，研究生应养成诚实守信、求真务实、严谨的治学品格，自觉遵守学术道德规范，捍卫学术净土；严守科研底线，不妒忌他人，恪守学术道德；敬畏学术、忠诚学

---

[1] 张烁. 坚持中国特色社会主义教育发展道路 培养德智体美劳全面发展的社会主义建设者和接班人[N]. 人民日报, 2018-09-11.

[2] 习近平. 在北京大学师生座谈会上的讲话[N]. 人民日报, 2018-05-03.

术，践行自律公约，养成学术自觉；扎实学习，刻苦钻研，谨守科研规范，抵制学术不端行为。

科学道德和学风建设对研究生引领社会风尚、促进科学事业发展有重要作用。榜样的力量是无穷的。2018年度国家最高科学技术奖获得者、陆军工程大学教授钱七虎院士认为："哪些事情对国家和人民有利，科技工作者的兴趣和爱好就要向那里聚焦。"[1] 老一辈科技工作者用生命凝练出的以"两弹一星"精神、载人航天精神为标志的理想信念、价值理念、道德观念和爱国爱民情怀，为世人所称道、为我辈所崇敬。从邓稼先、钱学森、钱三强、郭永怀、黄旭华、于敏等老一辈科学家，到黄大年、南仁东、李保国、钟扬等新时代知识分子的楷模，这是一幅奉献祖国、志存高远、淡泊名利、勇攀高峰的科学家群像，他们的科研成果经得起时间、人民和实践的检验，他们以高尚的科学道德和学术素养为科技工作者乃至全社会树立了光辉典范。广大研究生要秉持我国科技工作者的光荣传统，自觉向老一辈科学家和先进知识分子学习、看齐，弘扬艰苦奋斗、艰苦创业的精神，淡泊名利，不计得失，大力提高原始创新、集成创新和引进消化吸收再创新能力，加快突破"卡脖子"关键技术、核心技术的瓶颈制约，为祖国和人民的科学事业的繁荣发展贡献自己的青春、智慧与力量，不断创造新的生命价值。

三、科学道德和学风建设是提高研究生教育教学质量的基本保障

研究生学习阶段是从事高层次、系统化的科学研究的开始，是个人学术生涯的真正起点，也是培养自己科研能力、提高科研素质、锤炼科研作风，为今后学术发展奠定坚实基础的关键阶段。科学道德和学风建设实际上是研究生开启人生成长、学术科研与职业发展的第一阶段，必须在入学以后高度重视、一着不让、常抓不懈。广大研究生要自觉培养诚信的学术品行、严谨的学术作风，从源头上抵制学术不端行为，为未来的学术科研和职业发展打下坚实的基础。加强科学道德和学术诚信建设是高校培养合格人才的重要环节，科学道德和学风建设问题需要反复抓、抓反复，因为它直接关系立德树人根本任务的落实和研究生人才培养质量的提升。

研究生的主要任务是学术研究，其中的大部分人在未来也将进入高校或各种研究机构从事科研工作。因此，净化学术道德风气，营造良好学风氛围，提高学术道德水

---

[1] 袁于飞，云利孝. 一生为国奋斗的战略科学家[N]. 光明日报，2019-03-27.

平，培养严谨的优良学风显得格外重要。一方面，对于个人来说，学术道德是衡量一个研究者个人道德水平高低的重要标准，直接反映着研究者从事科研活动时的敬业态度与对学术诚信的敬畏程度，任何对学术道德的忽视、轻视、藐视，都会使研究者的科研工作停顿、彷徨甚至步入歧途，无法产生优异的研究成果；另一方面，对于国家来说，研究者的科研工作直接代表着一个国家的科研水平和道德水准，只有重视学术道德，严格诚信规范，才能保证高效率、高水准、高质量的科研工作。研究生是我国科研工作队伍的继承人与接班人，要让生命在科技报国中闪光，就必须高度重视科学道德和学风建设。只有从入校起便注重学术道德的培养与提高，增强科研诚信意识，强化学术道德自律，培养严谨求实的学风，才能保证个人研究道路的正确，也才能更好地投入国家科研事业的发展。良好的科学道德和学风建设是科学精神和科学文化的重要内涵，科学道德建设是先进文化建设必不可少的基本环节。研究生良好的科学道德和学风建设，不仅是科学活动的内在规定和重要的学术支撑，还是宝贵的科技资源投入得到合理、有效利用与开发的前提，更是我国科学技术事业的社会信誉和公共形象的重要保证。

四、科学道德和学风建设是营造研究生积极向上学术生态的必然选择

弘扬科学道德，树立优良学风，是营造积极向上的学术生态的前提。在2016年5月17日召开的哲学社会科学工作座谈会上，习近平总书记指出："繁荣发展我国哲学社会科学，必须解决好学风问题。当前，哲学社会科学领域存在一些不良风气，学术浮夸、学术不端、学术腐败现象不同程度存在，有的急功近利、东拼西凑、粗制滥造，有的逃避现实、闭门造车、坐而论道，有的剽窃他人成果甚至篡改文献、捏造数据。"为此，他进一步强调提出："要大力弘扬优良学风，把软约束和硬措施结合起来，推动形成崇尚精品、严谨治学、注重诚信、讲求责任的优良学风，营造风清气正、互学互鉴、积极向上的学术生态。"[1] 广大研究生要在开始进行科研活动时，就学习、掌握从事科研的基本准则和方法，加强科研诚信建设，坚决反对抄袭剽窃、弄虚作假、篡改文献、捏造数据等行为，坚决抵制哗众取宠、急功近利、东拼西凑、粗制滥造等行为，对学术不端、学术腐败问题实行"零容忍"。

研究生作为高校进行科学研究的一支重要生力军，是托举科教事业发展的未来和

---

[1] 习近平. 在哲学社会科学工作座谈会上的讲话[N]. 人民日报, 2016-05-19.

希望。各位研究生只有从迈入科研"大厦"的第一天起就具有对学术研究的敬畏之心和责任意识,扎根祖国大地搞科研、做学问,遵守学术规范、坚守学术诚信、完善学术人格、维护学术尊严、摒弃学术不端行为,才能成为祖国所需要、人民所欢迎的有用人才。否则,一些已被惩处者因学术不端和学术腐败而身败名裂、被学术共同体除名,甚至受到法律制裁的可悲下场,就可能成为有些青年科技工作者明天的结局。

要清醒地看到,目前我国研究生科学道德和学风建设还存在较多问题,甚至出现了比较严重的违反基本科学诚信的科研不当和科研不端行为。"中国科协调查发现,38.6%的科技工作者自认为对科研道德和学术规范缺乏足够了解,49.6%的科技工作者表示自己没有系统地了解和学习过科研道德和学术规范知识。"[1] 因此,迫切需要加强科学道德与学术诚信的教育引导,建立诚信制度规范,加强知识产权保护和信用体系建设,特别是要强化社会监督和自我约束,这已经成为包括广大研究生在内的科技工作者内化于心、外化于行的当务之急。加强科学道德和学风建设的目的就是要教育引导研究生恪守科学道德和优良学风的基本规范,激发学术创新、创造活力,杜绝学术造假,摒弃学术腐败,真正把广大研究生培养成可堪大用、能担重任的建设祖国的栋梁之材。

---

[1] 贾婧,刘莉. 中国科协加强治理学术不端行为 [N]. 科技日报,2011-09-21.

第二章 科学史、科学精神与大学精神

第一节 关于科学史的思考

一、科学的定义

"科学"一词是英文"Science"的汉译。在明代,利玛窦、徐光启等把"Science"译为"格致",取其"格物穷理"之意。1874年,日本赴荷兰留学的西周时懋最先把"Science"译为"科学",意为分科之学。他推崇实证主义创始人孔德按实证性水平对知识进行分类的思想,且认为"Science"与中国古代格致之学有着本质的区别。1897年,梁启超开始将"科学"的译法引进中国。在辛亥革命后,蔡元培执掌民国教育部,他仿效日本将"格致科"一词改为"理科"。[1]

"Science"一词被译为"科学"有其历史原因,今天看来被译为"格致"也自有其合理之处。在古代,我们曾经有过思想史上"诸子百家"的繁盛期,例如,墨子曾经研究过光学成像实验,有过"万物始于端"的哲学思考。当然我们在近代落后了。五四运动前后,有一批志在改造落后中国的仁人志士提出要引进"德先生"(Democracy)和"赛先生"(Science),要向西方学习,尊重科学的思想得到广泛传播。1915年,留学美国康奈尔大学的任鸿隽、赵元任、杨杏佛、胡明复等发起成立了中国科学社,并在上海出版《科学》月刊,推崇"科学"与"民权",以促进中国科学之发展与传播世界最新科学知识为使命。在《科学》杂志创刊号上,中国科学社首任社长任鸿隽对"科学"下过一个经典的定义:

科学者,智识而有统系者之大名。就广义言之,凡智识之分别部居,以

---

[1] 樊洪业. "科学"概念与《科学》杂志[J]. 科学, 1997, 49 (06): 14.

类相从，井然独绎一事物者，皆得谓之科学。自狭义言之，则智识之关于某一现象，其推理重实验，其察物有条贯，而又能分别关联抽举其大例者谓之科学。是故历史、美术、文学、哲理、神学之属非科学也，而天文、物理、生理、心理之属为科学。今世普通之所谓科学，狭义之科学也。[1]

任鸿隽关于科学的概念得到广泛的传播与接受。"科学"一词对中国而言是舶来品，那么西方的科学是如何起源与发展的呢？

爱因斯坦曾指出，科学的渊源是以欧几里得《几何原本》为代表的演绎精神，近源是文艺复兴时期形成的实验精神。古希腊涌现出许多富有理性精神的伟大哲人，其中颇为著名的是苏格拉底、柏拉图、亚里士多德、欧几里得等人，亚里士多德的认识论、欧几里得几何学中体现出的逻辑推理等对后世科学的诞生有着深远的影响。

西方在科技领域的领先不能不追溯到欧洲的文艺复兴。所谓"文艺复兴"，是指欧洲中世纪后期以文艺为先驱，在政治、文化、科学等领域全面的思想解放运动。文艺复兴、宗教改革和启蒙运动统称为"欧洲三大思想解放运动"，奠定了西方现代科技与文化的思想基础，在人类文明史上具有重要意义。文艺复兴最先在意大利各城市兴起，后扩展到西欧各国，于16世纪达到顶峰，这场思想文化解放运动打破了保守的基督教神学的束缚，掀开了近代欧洲科学与艺术革命的序幕。

二、文艺复兴与科学的起源

西欧的中世纪是个特别"黑暗的时代"。基督教教会成了当时封建社会的精神支柱，它建立了一套严格的等级制度，把上帝当作绝对的权威，文学、艺术、哲学等一切学说和思想都得遵照《圣经》的教义，谁都不可违背，否则，宗教裁判所就要将之判为异端邪说并进行制裁，甚至处以火刑。在教会的管制下，中世纪的文学艺术、思想文化等都死气沉沉、万马齐喑。

中世纪后期，资本主义萌芽在生产力的发展等多种条件的促生下，于欧洲的意大利等国已逐渐出现，欧洲借助这个时期的大幅发展，成为世界领导者。资本主义的商品经济已发展到一定阶段，商品经济的特征是市场的自由买卖机制，而这个机制的前提是人的自由。呼唤人的自由，在欧洲人的心灵深处暗流涌动。这一切为人类历史上前所未有的一场革命性、大规模思想解放运动的兴起提供了可能。

---

[1] 任鸿隽. 说中国无科学之原因[J]. 科学, 2014, 66 (02): 1.

商品经济的发展促进了城市经济的繁荣，很多市民、商人、贵族等都增强了创新进取、冒险求胜的精神，这促成他们中很多人获得了商业的成功。这反过来又促进了市民和贵族等更加相信个人的价值与力量，多才多艺、高雅博学之士受到人们的普遍尊重。一些成功的商人、贵族等收藏艺术品，资助艺术家，为文艺复兴的发生提供了深厚的物质基础和适宜的社会环境。其中，最著名的是佛罗伦萨的美第奇家族，他们资助过的艺术家数不胜数，包括文艺复兴三杰——达·芬奇、米开朗琪罗、拉斐尔，以及马萨乔、提香、波提切利等。他们还建立了图书馆、柏拉图学院、美第奇学院，建造了圣母百花大教堂、乌菲兹美术馆等，出高价购买和收藏新的艺术品，为文艺复兴时期画家、雕塑家的成长和发展输送了大量资金，并提供了良好的社会条件。

14世纪四五十年代，一场瘟疫也起到了动摇教会的绝对权威统治的作用。黑死病在欧洲蔓延，许多国家因此减少了约1/3的人口，地中海港口城市甚至减少了一半的人口，人们心中的恐慌难以言表，人们开始怀疑教会将疫情归于人的罪恶的说法，有人开始寻找瘟疫的来源（后来确定是通过老鼠身上的跳蚤传播的，所以这场瘟疫又被称为"鼠疫"），人们开始怀疑宗教神学的绝对权威。

早在1300年左右，但丁就写了《神曲》，反对教皇独裁，后被关入狱中，贫困而死。《神曲》可以视作文艺复兴时期人文主义思想的先声。这部作品以中世纪幻游文学的形式，通过与地狱、炼狱及天堂中各种著名人物的对话，表达了作者对历史上各种人物的价值判断，尤其歌颂了一些在中世纪得不到很高评价的英雄，表达了以人为本，遵循理性，重视现实生活，强调自由意志的新价值观。全诗为三部分："地狱""炼狱""天堂"，长达14 000余行，叙述了但丁在"人生的中途"所做的一个梦，以此来谴责教会的统治，反对蒙昧主义。该诗表达的对真理的执着追求，极大地影响了后世欧洲的文学史和思想史。

1348年，意大利作家乔万尼·薄伽丘以黑死病流行为背景创作了短篇小说集《十日谈》。该作品是欧洲文学史上第一部现实主义巨著；有评论家曾把《十日谈》与但丁的《神曲》并列，称之为"人曲"。《十日谈》讲述的是意大利佛罗伦萨瘟疫流行时，10名俊男美女逃离佛罗伦萨去一所乡村别墅避难。在这环境幽雅、景色宜人的地方，他们决定每人每天讲一个故事打发时光。10天里他们共讲了100个故事。在这些故事中，他们肯定现世生活和人的自由、快乐甚至情欲，歌颂爱情，肯定才智，揭露和挖苦了教士与修女的虚伪、帝王的残暴、教会的罪恶、贵族的堕落，谴责了禁欲主义，闪耀着新时代人文主义的思想光芒。

新航路的发现扩大了欧洲人的知识面，使得欧洲人重新发现了古希腊古典知识的价值，助推文艺复兴走向高潮，传向整个欧洲。15世纪奥斯曼土耳其帝国兴起，阻断了从西方通往东方的三条主要商路：传统的陆上"丝绸之路"、从叙利亚和地中海东岸经两河流域到波斯湾再到印度和中国的海路、从埃及经红海至亚丁湾再换船到东方的另一条海路。奥斯曼帝国占领小亚细亚和巴尔干半岛，卡住所有商路的咽喉，对过往商品征收重税，西欧人迫切希望另辟一条绕过奥斯曼土耳其帝国直达中国和印度的新航路。此时科学技术的提高和地理知识的进步为开辟新航路创造了必要的条件。迪亚士、哥伦布、达·伽马、麦哲伦等的成功不仅刺激并促成了西欧的经济繁荣、商业革命和世界市场的形成，而且在观念上突破了传统神学的教条。

在古希腊，文学艺术的成就很高，与之相比，中世纪就显得黑暗而缺乏生气。于是，许多欧洲学者要求恢复古希腊的文化和艺术。这种要求就像春风，由意大利的佛罗伦萨吹起，随后吹遍整个欧洲。"复兴"（Renaissance）一词出自法语，是再生的意思，因此该运动被称为"文艺复兴"，实际上这不是古希腊文艺的简单再生，而是更高层次的升华。这一时期在文艺和思想文化领域涌现的人物闪耀着古希腊哲人的智慧光芒。

马萨乔等画家为了更自然地表现透视和明暗的关系，都在改善自己的技法，努力做到能更真实地描摹人体形态。马基亚维利等政治人物摈弃教条，理性地分析政治生活。年轻的米兰多拉发表了著名作品《论人的尊严》，被视为意大利文艺复兴的人文主义宣言。在这篇演说中，米兰多拉热情洋溢地宣告：人是世间的奇迹与宇宙的精华；人的命运完全掌握在自己手中，不受任何外在之物的制约；人拥有理性、自由意志与高贵品质，通过自身的努力不仅可以超越万物，而且可以进入神的境界。

印刷术的推广亦使得更多的人能够接触到各种书籍，特别是《圣经》，家家都能买到一本，而不必只听教会的宣讲，这打破了教会对思想文化的垄断。经济、文化、技术的发展与进步，促进了社会不断走向繁荣，推动着文艺复兴达到高潮。

列奥纳多·达·芬奇（1452—1519），集画家、科学家、发明家于一身，有现代学者称他为"文艺复兴时期最完美的代表"，是人类历史上罕见的全才。达·芬奇思想深邃，学识渊博，通晓数学、生物学、物理学、天文学、地质学等学科，保存下来的手稿大约有6 000页。其最大的成就是绘画，他的杰作《蒙娜丽莎》和《最后的晚餐》等体现了他精湛的艺术造诣。拉斐尔的油画《雅典学院》描绘了柏拉图、亚里士多德等古希腊智者构成的学术自由的画面，充分反映出这个时期欧洲知识精英对古希腊的繁荣文化的向往。米开朗琪罗是文艺复兴时期雕塑艺术最高峰的代表，其代表作《大卫》《摩西》《创世纪》《西斯庭教堂天顶画》等对人体的传神描绘、对人的力量的赞美，充满着人文主义思想的热情，成为人类艺术史的不朽杰作。

文艺复兴先从意大利开始，随后传播到了整个欧洲大地，其重视人的理性和智慧的人文主义精神为现代科学的诞生吹响了号角。

三、现代科学的诞生与发展

文艺复兴时期，人们以复兴古希腊文化为引导，呼唤新的关于自然与人类的认知、理解及方法论。

天文学是最古老的自然科学，但在中世纪也没有逃脱成为"神学婢女"的命运，无论是欧洲的"占星术"还是东方皇家御用的"钦天监"，都不是真正意义上的天文学。我国古代一直也有观察夜空星象的悠久传统，在日历、节气等领域也有所建树，但其主要职能还是服务帝王的神性统治。欧洲同样如此，天文学也一向被用来作为封建统治服务的工具。典型之一即"地心说"。

古希腊天文学家托勒密在总结了前人400年观测的成果之后，提出地球于宇宙中心静止不动，所有天体围绕它做均衡运动的"地心说"，并提出天体运行的本轮均轮模型。"地心说"符合人们的日常直观感受，也被基督教接受，"地球是宇宙的中心"的说法后来构成了"神学家的天空"的教义基础。

中世纪的神学家吹捧托勒密的结论，却隐瞒了托勒密的方法论——托勒密建立了天才的数学理论，企图凭人类的智慧，用观测、演算和推理的方法去发现天体运行的原因和规律——这正是托勒密学说中富有生命力的部分。因此，尽管托勒密的"地心说"契合了神学家的宇宙观，但是前者是科学层面上的错误结论，可被探索、可被纠正；后者则是教会妄图使神学统治亘古不变的僵化教条。

在以后的许多个世纪里，大量的观测资料累积起来了，只用托勒密的"本轮"不足以解释天体的运行，这就需要增添数量越来越多的修正。当时因为神学的垄断，很少人能了解古代科学典籍的真实内容，也不敢质疑神学教条，所以不可能产生革命性的解释，只能是修修补补以适应新发现的事实。天文学到了革命的前夜。

尼古拉·哥白尼（1473—1543），文艺复兴时期波兰天文学家、数学家。发掘研究古代的文化遗产，给予了哥白尼重视事实、突破教条的勇气。他钻研托勒密的著作之后发现了托勒密的错误结论和科学方法之间的矛盾。这一错误根源的发现使得哥白尼认定天文学的发展不应该继续坚持走修正"地心说"的道路,天体观测也不应该继续强行以进一步证实"地心说"为前提。哥白尼重新以实际存在的宇宙现象为出发点,以观测到的现象为基础构建理论,一个全新的理论——"太阳中心学说"诞生了。他这种以事实为依据、尊重客观规律的观测,终于促成了天文学的彻底变革。

在意大利期间,哥白尼就熟悉了希腊哲学家阿里斯塔克斯(公元前315—公元前230)的学说,确信地球和其他行星都围绕太阳运转的"日心说"是正确的。他大约在40岁时开始在朋友中散发一份简短的手稿,这份手稿初步阐述了他自己有关"日心说"的看法。经过两年的观察和计算,哥白尼终于完成了他的伟大著作《天体运行论》。他在《天体运行论》中观测计算所得数值的精确度是惊人的。在著名的圣约瑟夫教堂塔楼观测中,哥白尼精确地测定了金牛座的亮星"毕宿五"隐没的时间,证明那些缝隙都是月亮亏食的部分,"毕宿五"是被月亮本身的阴影所掩盖的,月球的体积并没有缩小。这证实了哥白尼理论的正确性,也为哥白尼赢得了不少支持。1533年,哥白尼在罗马做了一系列的讲演,提出了他的学说要点。然而,作为教会法博士、基督教神父,哥白尼因为害怕教会反对,直到临近古稀之年才决定将该书稿出版,病榻上的哥白尼在摸到样书封皮之后溘然长逝。

乔尔丹诺·布鲁诺(1548—1600),文艺复兴时期意大利思想家、自然科学家、哲学家和文学家。他勇敢地捍卫和发展了哥白尼的"日心说",并把它传遍欧洲,被世人誉为是反教会、反经院哲学的无畏战士,是捍卫真理的殉难者。1592年,布鲁诺被捕入狱,最后被宗教裁判所判为"异端"。1600年2月17日,他被烧死在罗马鲜花广场。作为思想自由的象征,他鼓舞了16世纪欧洲的自由运动,成为西方思想史上的重要人物之一。直至1992年,罗马教皇才宣布为布鲁诺平反。他常常被人们看作近代科学的先驱者,是捍卫科学真理并为此献身的殉道士。[1]

伽利略·伽利雷(1564—1642),意大利天文学家、物理学家和工程师。他十分重视观察和实验的作用,并在观测结果的基础上提出假设,运用数学工具进行演绎推理,将假设与观测结果相互验证。他发明并使用专门用于天体科学观测的望远镜对金星相进行了望远镜确认,对金星、木星的四颗最大卫星、土星环等进行了观测,对黑

---

[1] 刘晓雪,刘兵. 布鲁诺再认识:耶兹的有关研究及其启示[J]. 自然科学史研究,2005(03):259-268.

子进行了观测和分析。伽利略是"日心说"和哥白尼的拥护者,这让他饱受攻击。在遭到其他天文学家、教士的反对后,教宗决定将争论的命题交给罗马宗教裁判所裁决。1616年,伽利略接到通知后送去两个命题:"太阳是世界的中心,毫不移动""地球既不是世界的中心,也非不动的,每天都在动"。毫不意外,宗教裁判所得出了不利于伽利略的结论:"日心说"在许多地方与《圣经》抵触,在哲学上是愚蠢而荒谬的,是异端邪说。1633年,年近70岁的伽利略因为《对话录》的出版而被教宗传唤至罗马接受审判,后在软禁中度过了余生。他被称为"观测天文学之父""现代物理学之父""科学方法之父""现代科学之父"。

艾萨克·牛顿(1643—1727),人类历史上最伟大的科学家之一。经过长期积累,牛顿从1685年开始用时18个月撰写其代表作《自然哲学之数学原理》。该书于1687年7月出版后震动了整个英国和欧洲学界。在该书序言中,牛顿介绍了其写作重点:"我们的研究不在技艺而在科学,不在人手之力而在自然之力,故必须主要的研究关于重、轻、弹力、流体抵抗力以及其他吸引的运动的力之状况;所以我们的研究是自然理论之数学的原理。"[1] 数学家郑太朴将它翻译为中文,译名为《自然哲学之数学原理》,1931年,由商务印书馆初版,1957年、1958年、2006年先后重印。本书对万有引力和三大运动定律进行了描述——他通过论证开普勒行星运动定律与他的引力理论间的一致性,展示了地面物体与天体的运动都遵循着相同的自然定律,从而消除了对"日心说"的最后一丝疑虑,并推动了科学革命——这些描述奠定了此后3个世纪里物理世界的科学观点,并成为现代工程学的基础,直到今天,人造地球卫星、火箭、宇宙飞船的发射升空和运行轨道的计算,都仍以他的万有引力定律和哥白尼的日心说所建立的现代天文学作为理论根据。在力学上,牛顿阐明了角动量守恒的原理;在光学上,他发明了反射式望远镜,并基于对三棱镜将白光发散成可见光谱的观察,发展出了颜色理论;在数学上,大多数科学史专家都认为,牛顿与莱布尼茨独立发展出了微积分学,并为之创造了独特的符号。

除此之外,牛顿在科学精神方面的贡献更体现在他对科学方法论的发展。他总结出了4条成体系的科学研究方法,分别是:实验—理论—应用的方法;分析—综合方法;归纳—演绎方法;物理—数学方法。这是一套研究事物的科学方法论,它们集中表述在《自然哲学之数学原理》第三篇"哲学中的推理规则"中:

---

[1] 牛顿. 自然哲学之数学原理[M]. 郑太朴,译. 上海:商务印书馆,1957:原序2-3.

规则 I 寻求自然事物的原因，不得超出真实和足以解释其现象者。

规则 II 因此对于相同的自然现象，必须尽可能地寻求相同的原因。

规则 III 物体的特性，若其程度既不能增加也不能减少，且在实验所及范围内为所有物体所共有；则应视为一切物体的普遍属性。

规则 IV 在实验哲学中，我们必须将由现象所归纳出的命题视为完全正确的或基本正确的，而不管想象所可能得到的与之相反的种种假说，直到出现了其他的或可排除这些命题、或可使之变得更加精确的现象之时。[1]

美国学者塞耶所编的《牛顿自然哲学著作选》第一页选用牛顿的一段名言，很好地表达了牛顿划时代的哲学科学思想："自然哲学的目的在于发现自然界的结构和作用，并且尽可能把它们归结为一些普遍的法则和一般的定律——用观察和实验来建立这些法则，从而导出事物的原因和结果。"[2] 牛顿的哲学思想和方法论体系虽有一定的历史局限，但丝毫不影响其科学思想成为划时代的、指引现代科学工作者不断进步的灯塔。

阿尔伯特·爱因斯坦（1879—1955），出生于德国巴登-符腾堡州乌尔姆市的一个犹太人家庭，毕业于苏黎世联邦理工学院，现代物理学家。他是批判学派科学哲学思想之集大成者和发扬光大者，开创了现代科学技术新纪元，被公认为是继伽利略、牛顿之后最伟大的物理学家。

早在16岁时，爱因斯坦就从书本上了解到光是以很快速度前进的电磁波，与此相联系，他非常想探讨与光波有关的所谓"以太"的问题。"以太"一词源于希腊，其含义是组成天上物体的基本元素。17世纪的笛卡儿和其后的惠更斯创立发展了以太学说，认为以太存在于所有形式的空间中，包括真空，也包括物质内部，它就是光波传播的媒介。19世纪，光是波动说占了绝对优势，以太学说也大大发展：波的传播需要媒质，光在真空中传播的媒质就是以太，也叫"光以太"。与此同时，电磁学得到了蓬勃发展，经过麦克斯韦、赫兹等人的努力，形成了成熟的电磁现象的动力学理论——电动力学，并从理论与实践两个方面证明光就是一定频率范围内的电磁波，从

---

[1] 牛顿. 自然哲学之数学原理 [M]. 王克迪, 译. 西安: 陕西人民出版社, 2000: 447-449.

[2] H.S. 塞耶. 牛顿自然哲学著作选 [M]. 上海外国自然科学哲学著作编译组, 译. 上海: 上海人民出版社, 1974: 1.

而统一了光的波动理论与电磁理论。以太不仅是光波的载体，也成了电磁场的载体。[1] 直到19世纪末，人们企图寻找以太，然而从未在实验中发现以太，相反，迈克耳逊莫雷实验否定了以太的存在。

爱因斯坦喜欢阅读哲学著作，并从哲学中吸收思想营养，他相信世界的统一性和逻辑的一致性。对爱因斯坦影响比较大的哲学家有康德、休谟、马赫等。中学时代爱因斯坦就喜欢读康德，康德的自然哲学影响深远，康德的许多名言流传后世。例如，有两种东西，我们愈时常、愈反复加以思索，它们就会给人心灌注一种时时在翻新、有增无减的赞叹和敬畏："头上的星空"和"内心的道德法则"。奥林匹亚科学院时期的休谟对因果律的普遍有效性产生的怀疑，对爱因斯坦启发很大，相对性原理已经在力学中被广泛证明，却在电动力学中无法成立，对于物理学这两个理论体系在逻辑上的不一致，爱因斯坦提出了怀疑：相对性原理应该普遍成立，因此电磁理论对于各个惯性系应该具有同样的形式，但在这里出现了光速的问题，光速是不变的量还是可变的量，成为相对性原理是否普遍成立的首要问题。受到牛顿的绝对空间概念的影响，当时的物理学家一般都相信以太，也就是相信存在着绝对参照系。19世纪末，马赫在所著的《发展中的力学》中批判了牛顿的绝对时空观，这给爱因斯坦留下了深刻的印象。

1905年9月，爱因斯坦在德国《物理学年鉴》发表关于狭义相对论的第一篇论文《论动体的电动力学》。该论文指出，根本不存在绝对静止的空间，同样不存在绝对同一的时间，所有时间与空间都是和运动的物体联系在一起的；对于任何一个参照系和坐标系，都只有属于这个参照系与坐标系的空间和时间；对于一切惯性系，运用该参照系的空间和时间所表达的物理规律，它们的形式都是相同的，这就是相对性原理，严格地说是狭义的相对性原理。[2] 爱因斯坦在时空观彻底变革的基础上建立了相对论力学，指出质量随着速度的增加而增加，当速度接近光速时，质量趋于无穷大；他还给出了著名的质能关系式：$E=mc^2$，质能关系式对后来发展的原子能事业起到了指导作用。[3] 质能关系式不仅为量子理论的建立和发展创造了必要的条件，而且为原子核物理学的发展和应用提供了根据。

---

[1] 黄烨. 爱因斯坦与相对论（节选）[J]. 语文新圃，2009（04）：43.
[2] 郑扬威，熊建文. 爱因斯坦及其六大科学成就与意义[J]. 物理教师，2010，31（01）：43-44.
[3] 黄烨. 爱因斯坦与相对论（节选）[J]. 语文新圃，2009（04）：44.

爱因斯坦所引入的这些全新概念，当时世界上没几个人能懂，甚至连相对论变换关系的奠基人洛伦兹都无法轻易接受。由于缺乏实验证明，这一新的物理理论直到一代人之后才为广大物理学家所熟悉。1922 年，爱因斯坦被授予诺贝尔物理学奖时，诺贝尔奖颁奖致辞并未提到他的相对论，只是明确了他因发现光电效应的定律而获颁此奖。[1]

爱因斯坦是人类历史上最具创造性才智的人物之一，他的科学思想和科学、社会、人生哲学思想如此的不同凡响，让他成为 20 世纪最伟大的思想家之一。爱因斯坦对现代物理学的贡献无人可以匹敌，他始终孜孜以求，探寻物理学领域普遍的、恒定不变的规律。他的理论涵盖自然界的一切基本问题，大到宇宙、小到次原子粒子。他修正了时间和空间、能量和物质的传统概念。他的相对论不仅冲击了牛顿以来的经典物理学理论体系，还改变了传统的空间、时间观念。

四、科学精神与中国

100 多年前，中国人民开始觉醒，民主与科学成为国人救亡图存的希望。五四运动的先驱们提出，科学不仅是自强之本，还是反封建、反愚昧的武器，更是唤醒人民的号角，只有"德先生""赛先生"，可以救治中国政治上、道德上、学术上、思想上一切的黑暗。[2] 百余年来，中华民族经历了从引进科学、发展科学到科技强国的历程，迎来了从站起来、富起来到强起来的伟大飞跃，科学技术的快速发展为我国经济社会发展带来前所未有的福祉，对科学和科学精神的认识也达到了新的更高的境界。

（一）科学精神的历史形成

科学精神是伴随着近代自然科学的诞生和发展而产生的一系列科学理念和价值规范的总和。科学精神继承了人类历史上追求真理的优秀思想遗产，积淀了人类探索自然规律过程中产生的优秀传统、思维方式和价值追求，体现了科学的哲学和文化意蕴。科学为什么诞生在欧洲而不是在历史悠久的中国？这个"李约瑟难题"依然是值得我们思考和研究的课题。尼罗河流域每年洪水泛滥，洪水退去以后需要重新测量土地，传到希腊后最终发展成为抽象的几何学（Geometry，原意就是测地术），我国古代同样有较为发达的测地术，却没有形成抽象的几何学。我们有悠久的观测天象传统，也有

---

[1] R.M.Friedman, 侯春风. 量子理论与诺贝尔奖 [J]. 现代物理知识, 2003（02）: 62.
[2] 胡适, 唐德刚. 胡适口述自传 [M]. 桂林: 广西师范大学出版社, 2005.

着很高的观测水平,却也没有形成系统地反映天体运行规律的天文学。

古希腊(地中海)文明不仅关注知识的功用性,更关注知识的确定性,彰显出理性精神。亚里士多德将"求知是人类的本性"的判定作为《形而上学》开篇之语,把"求知"置于人的意识和社会存在最为突出的位置,追求科学知识的纯粹性。[1] 近代科学发端于欧洲文艺复兴时期,其发展也不是一帆风顺的,除前述的哥白尼天文学革命之外,生物进化论领域科学家与神父们展开的大辩论也持续了很长时间。此外,科学与哲学的分离是很值得重视的历史事件。在科学诞生的过程中,伽利略等科学之父逐渐摒弃了仅靠经验直觉(中华文化的重要特征)和纯粹思辨认识世界的传统,认知方法逐渐向精密的数理分析和实验方法相结合的方向转化。

科学精神的飞跃性发展开始于工业革命,科学技术在人类社会中的地位飞速提升,使人类具有了探索自然深层规律,进行社会化大生产的能力。科学技术所带来的生产力变革成为近代以来人类社会向前发展的革命性动力。科学技术的发展必然带来科学方法和科学思想的进步。20世纪中后期以来,科学的发展速度愈发惊人,科学不再局限于逻辑和纯粹认识论的领域,科学哲学开始把注意力转移到对科学发展的主体——"人"的科学发现和创造上。人文主义的兴起使得重视科学的人文价值(也同时是科学背后的科学精神和思想)成为当代科学发展的方向。

在我国绵延5 000多年的文明历程中也涌现出了一大批闻名于世的科技成果,在农业、医学、天文、算术等各个方面形成了系统化的知识体系。然而近代以后,我国屡次错过科技革命浪潮。面对半殖民地半封建社会的危局,自19世纪末以来,中国的有识之士除主张革命救国以外,还要求大力发展科学,引入科学精神,重振科学人文情怀。孙中山在最代表其思想的《孙文学说》中提出,"凡真知特识,必从科学而来也。舍科学而外之所谓知识者,多非真知识也"[2]。陈独秀在评论孔子时说:"科学与民主,是人类社会进步之两大主要动力。"[3] 改革开放以来,我们再次打开国门,虚心向发达国家学习,向世界银行等国际组织贷款,优先购买大学实验仪器,发展高等教育事业,我国绝大部分的测试中心(实验中心)都是那个时期建立起来的。

随着我国经济社会发展水平的快速提高,我国投入科研的经费也逐年增加,这大

---

[1] 刘大椿. 论科学精神 [J]. 求是,2019(09):61-67.
[2] 孙中山. 孙文学说 [M]. 新时代教育社,1927:57.
[3] 陈独秀. 孔子与中国 [M] // 滕浩. 思想的声音:文化大师演讲录. 北京:当代世界出版社,2016:57.

大促进了我国科学技术水平的提升。近年来,党和政府更加重视科技工作,将科技创新作为经济增长的主要推动力。经过长期努力,我国的科技事业终于实现了历史性、整体性、格局性的重大变化,重大创新成果竞相涌现,一些前沿方向开始在世界范围内进入并行甚至领跑阶段。当然,这不是说我们在科学研究和技术水平上已经全面领先。实际上,我们在提高全民科学素养,提高科学意识,在原始创新、颠覆性创新方面还有很长的路要走。在全社会深入普及科学知识、传播科学思想、倡导科学方法、弘扬科学精神尤其具有基础性意义。

(二)科学精神的主要内涵

在中国最早提倡科学精神的是中国科学社的创始人任鸿隽。1916年,任鸿隽在中国科学社创办的《科学》月刊上发表《科学精神论》,向国人全面介绍了科学精神的内涵、意义及在中国弘扬科学精神的主要障碍。任鸿隽指出,科学的灵魂是追求真理:

> 科学精神者何?求真理是已。真理者,绝对名词也……真理之为物,无不在也。科学家之所知者,以事实为基,以试验为稽,以推用为表,以证验为决,而无所容心于已成之教,前人之言。又不特无容心已也,苟已成之教,前人之言,有与吾所见之真理相背者,则虽艰难其身,赴汤蹈火以与之战,至死而不悔,若是者吾谓之科学精神。[1]

科学精神就是为了追求真理,不断寻找事物的客观规律而不惧任何艰难险阻的精神气质,其最重要的要素有两个:"崇实""贵确"。"崇实""贵确"是任鸿隽针对科学刚刚传入我国时,国内学人"称颂陈言""不求甚解"之固有习惯对传播科学、发展科学的不利之处的归纳。科学精神具有极其丰富的内涵,不少学者都对科学进行了归纳与概括。中国人民大学刘大椿教授多年来致力于宣传科学精神,他的《论科学精神》一文对科学精神的内涵进行了比较全面的概括。现根据这篇文章及其他学者的观点,概括如下几点:

(1)理性信念。古希腊的哲人智者就重视利用理性力量去追求真理,科学诞生时代培根又豪迈地宣称:"知识就是力量。"具有科学精神的人相信科学具有认识客观世界的力量,自然世界是可以被认知和改造的客观对象,甚至可以在尊重自然的基础上控制自然世界的某些过程。其中,体现出的人类主观能动性是美妙而重要的。人类具

---

[1] 任鸿隽.科学精神论[J].科学,1916,2(01):2.

有的理性思维还体现在批判性思维和创新思维上，人对世界的认识及人的认识能力是可以不断得到提高的，这是一切科学精神和科学活动的前提。

（2）实证方法。具有理性信念仅仅是促使理性人去认识自然规律的内在动力，但若没有可靠的实证方法，就没有认知自然世界的工具和通道。近现代科学的实验方法和数学方法使得获得可靠的自然规律和知识成为可能。其中完备的数学理论体系让人们所认知的事实知识有了精确的展现形式，因此在每一门较为成熟的科学中都存在着数学的成熟运用。实证方法的运用让一切可知化、可具象化，让科学从神学的笼罩下解脱出来，不再受神学主观精神因素的影响，让逐步接近真理成为可能。

（3）批判态度。批判态度讲究凡事讲道理，论明白，深究本质是什么。科学没有批判就不会有发展，这是科学不断向前发展的关键。任何科学理论和科学假说都要经受反复检验的过程就是批判的过程，通过批判旧的理论保留其合理的部分，不合理或过时或错误的部分将得到修正，甚至完全用新的理论取而代之。批判过程是为了让科学理论更加逻辑缜密，支撑数据更加可靠，实验过程更加精准。批判必然带来开放，要求包容。批判态度是科学真理客观性的保障，没有什么科学理论和假说具有容不下批判的神圣性；容不得批判和质疑的理论往往是伪科学，科学的重要特征之一就是可证伪性。

（4）开放理念。科学中不存在绝对真理和顶峰。科学始终是发展的、向前的，因此也必须是开放的。前文所述的哥白尼、伽利略、牛顿、爱因斯坦，无一不是在对前人理论的质疑和反思上建立起更加完善、更加接近真理的学说。真正的科学总是对质疑持开放态度。科学共同体是推动科学发展的社会基础，通过科学家和科学工作者之间的坦诚交流、客观批判、不断修正、密切协作，推动科学不断发展，科学共同体的这种普遍性、公有性必然要求科学工作者要有开放的胸襟。

（5）人文精神。科学同样要坦然接受来自科学之外不同领域、不同方面的批判、反思与质疑，并带来认识的多元性和包容性。这对于破除科学的神话、减少科学的独断性是非常有益的。科学的主体是人类，整个认识和改造自然，推动社会进步的过程是由人进行的，是人的行为的产物。因此，研究科学必然绕不开研究人。"自然科学往后将包括关于人的科学，正像关于人的科学包括自然科学一样。"[1] 弘扬科学精神，

---

[1] 王荣江. 马克思"自然科学和人的科学将是一门科学"思想新解[J]. 安徽大学学报（哲学社会科学版），2016，40（01）：13.

必须推动科学与人文的融合,倡导对自然科学进行人文思考。科学精神和人文精神都是人类精神的内在组成部分,单独一方不可能建构完整的人类精神世界。单独强调科学精神,会使得人文精神价值被忽视;片面张扬人文精神,人文精神只能是空洞的"自说自话",落入神秘主义的窠臼。

第二节　师生共同养成大学精神

　　大学既是从事人类精神文化传承、积累、创新和发展的组织,也是孕育科学、发展科学的主要机构,在这个过程中大学也自然会形成一些共性和个性的精神传统,这就是大学精神。

　　我国历史上曾有过太学、书院（如岳麓书院）等古典意义上的大学,现代科学意义上的大学在我国出现的时间是 19 世纪末 20 世纪初,它是来自西方的舶来品。现代大学是研究高深学问、培养高级人才的,中国古代的高层次教育机构同样也关注古典高深学问,致力高境界的品德培养。儒家经典《大学》曾言:"大学之道,在明明德,在亲民,在止于至善。"意为高深学问的目的和功能在于让人理解高尚的道德,在于成就全新的人,在于让人达到至善的境界。此处"大学"的概念虽非现代意义上"大学"的概念,但还是有深层次的共通之处。后来中国人将西方的"university""college"这类教育机构译为"大学",反映了人们对大学精神的一种追求。北大校长蔡元培曾说,"大学者,研究高深学问者也";"永远的清华校长"梅贻琦说,"所谓大学者,非谓大楼之谓也,有大师之谓也"。一个"大"字,代表着一种高视野、高品格、高格局。大学追求卓越与真理,因高水平的大师而大,更因所培养的学生而大,学生关系到民族乃至人类的未来与希望。

　　大学精神有着深刻和宽泛的内涵,总的来说,大学精神的本质特征可以概括为创造精神、批判精神和社会关怀精神。我们可以通过一些历史事件体悟这些抽象概念。

　　各个大学的校徽、校训展现了大学开办者的精神理念,是大学精神的反映。基于历史的原因,西方大学的校训一般以古老的拉丁文写成,我国大学的校训则有着特定的历史特征与民族风格。鲁迅设计北京大学的校徽:上部的"北"是背对背侧立的两个人像,下部的"大"是正面站立的人像,即"以人为本",希冀北大师生肩负开启民智、改造中国的重大使命。

　　民国初年,政坛、教育界纷乱。当时的北大充斥着"富二代""官二代",浸淫于一种整体性的堕落之中，一点也没有"第一学府"应有的样子。1917年1月，蔡元培刚应教育总长范源濂的邀请从法国回国出掌北大。蔡元培进士出身，是同盟会元老、民国首任教育总长。改造旧北大、建设新北大的历史任务落在他的肩上。

"兼容并包，思想自由"是蔡元培出掌北大的办学理念。自由的学术氛围对于大学、对于学生培养至关重要。在自由的学术氛围下，大学就像一个万花筒，是承接各种思想和包容各种人的载体，这里有不同性格、不同特点的人物，会在碰撞冲突中产生不同的思想，往往无关正反面，人们从不同的角度、用不同的方式看待自然和人类社会，"和而不同"是对这种精神的高度概括。在这样百花齐放的学术思想下，北大学子的见识和思想有了飞一般的提升。"兼容并包、思想自由"让北大成为当时中国新文化运动的阵地和学术的中心，影响何其深远。

蔡元培在北大的第五天发表了著名的就职演说，指出北大学生应当抱定求学宗旨，砥砺德行，敬爱师友，而不能"志在做官发财"。他为大学教育奠定了永恒的基调，在出任北大校长后的第一次开学典礼上他开口一句就指出："大学为纯粹研究学问之机关，不可视为养成资格之所，亦不可视为贩卖知识之所。"[1] 蔡元培不仅彻底改变了北大，还就此拉开了中国现代大学的帷幕。从此，大学在中国土地上有了自己的"魂"，北大、清华、南开、东吴等名校在中国大地上如雨后春笋一般发展壮大。

清华大学校训"自强不息，厚德载物"来自梁启超1914年冬在清华大学所作的题为"君子"的演讲。在这次演讲中，梁启超以成为"君子"激励清华学子："清华学子，荟中西之鸿儒，集四方之俊秀，为师为友，相蹉相磨，他年邀游海外，吸收新文明，改良我社会，促进我政治，所谓君子人者，非清华学子，行将焉属?"[2] 梁启超从《周易》乾坤两卦的象辞中得出了"君子"的定义："天行健，君子以自强不息"（乾卦），君子自励犹如天体之运行刚健不息，不避艰险、努力前进、奋发向上、自强不息；"地势坤，君子以厚德载物"（坤卦），君子应以一种宽容的态度对待不同意见，如大地一般厚实和顺，容载万物，严于律己，宽以待人，吸收新文明，担负起历史重任。梁启超的演讲产生了很大的反响，"自强不息，厚德载物"也就被定为清华大学的校训。著名哲学家张岱年在解说清华大学校训时认为，"自强不息"所体现的坚强

---

[1] 蔡元培. 蔡孑民先生言行录[M]. 长沙：岳麓书社，2009：150.
[2] 梁启超. 君子之养成[M]//彭树欣. 梁启超修身讲演录. 上海：上海古籍出版社，2018：32.

和"厚德载物"所体现的宽容,在中华文化中是起主导作用的。[1] 在历史上,当中华民族受到外来侵略时,一定是反抗而绝不是屈服,它有一种坚定的自强不息精神;同时,中国文化的又一特点是宽容、博大,像佛教、基督教、伊斯兰教等进入中国后,都被中国文化所接纳。1928 年,与梁启超同为清华大学国学院四导师之一的陈寅恪先生为王国维纪念碑题词道:"唯此独立之精神,自由之思想,历千万祀,与天壤而同久,共三光而永光。"如果说"自强不息,厚德载物"体现的是清华大学精神中个性的一面,那么"独立之精神,自由之思想"则是大学精神共性的一面,是高水平大学应有的品质。

大学精神的共性一般体现在对真理和道德的态度上,追求真理的自由是很多大学校的训所强调的。斯坦福大学的校训是:自由的风在吹拂(原文为德语:Die Luft der Freiheit weht)。因为该校第一任校长特别喜爱 16 世纪德国人类学家修顿的这首德文诗,于是选为校训。该校长期形成的学术自由风气成就了一批学术大师,产出了高水平的创新科研成果,尤其在 20 世纪对于硅谷的崛起起到了重要的作用。哈佛大学的校训是:真理(拉丁文 Veritas),勇于探索真理,敢于为真理发声的精神,是大学不可或缺的品质。东吴大学(苏州大学的前身)以"养天地正气,法古今完人"为校训,希望学子成为"养吾浩然之气"的君子,而"贫贱不移,富贵不淫,威武不屈"正是坚持真理的品质。胡适曾说:"个人对于自己思想信仰的结果要负完全责任,不怕权威,不怕监禁杀身,只认得真理,不认得个人的利害。"[2] 近年来,大学学术不端甚至造假行为时有发生,有师生为了荣誉和利益,铤而走险,违反学术规范与科研道德,这些是与坚持真理的理念背道而驰的。

抗战时期,北京大学、清华大学和南开大学三校西迁云南,组建成西南联合大学(1938—1946,以下简称"西南联大"),其校训为"刚毅坚卓"。据西南联大校史研究专家杨立德所述,西南联大校训的制定和使用过程是比较复杂的。著名哲学家冯友兰任主任的校歌校训编制委员会提出的校训是"刚健笃实",两天后常委会开会改为"刚毅坚卓",是何原因,并无记载,且"坚""卓"二字,古代典籍中几乎没有这样连用的。但是,"刚毅坚卓"其意还是比较明确的,既切合三校原有之校风,又符合时代之需要。"刚毅"见于《礼记·儒行》:"儒有可亲而不可劫也,可近而不可迫也,

---

[1] 胡显章. 自强不息 厚德载物 [N]. 光明日报, 2014-06-20.
[2] 胡适. 非个人主义的新生活 [M] // 胡适文存: 1. 北京: 华文出版社, 2013: 454.

可杀而不可辱也,其居处不淫,其饮食不溽,其过失可微辨而不可面数也,其刚毅有如此者。"[1] 这里讲的是对儒的要求。《中庸》也有"发强刚毅"的说法。"刚""毅"分开解释也有出处,《左传》中就有"刚能立事""杀敌为果,致果为毅"。"坚卓"连在一起可视为源于成语"艰苦卓绝";分开来,"坚",即《汉书》"穷且益坚"之"坚",面临困难,意志更加坚定;"卓",即"卓尔不群"之"卓",高而直谓之"卓",超然独立,远在常人之上。

西南联大所处的时代,正是强敌入侵、民族危亡之时。"刚毅坚卓"的校训是特定的时代精神与普遍的大学精神的结晶。"刚毅"勉励该校学子在国难深重之时刻苦学习,追求真理,无欲则刚,勇决果断,在尊重他人主体性的同时保持自己的主体性;"坚卓"则要求坚韧不拔,心性坚定,追求卓越,不蝇营狗苟。"刚毅坚卓"不代表不近人情,其根本目的是引导众人重视并保持人的主体性、人的尊严、人的价值,充分体现了大学人文精神。西南联大前后共存在了八年零十一个月,办学条件十分艰苦,茅草校舍,物资匮乏,有教授甚至捡烂菜皮充饥度日,但西南联大坚持"内树学术自由之规模,外来民主堡垒之称号",为中华民族培养了一大批卓有成就的优秀人才,成就了中国高等教育史上的一段奇迹。

西南联大精神滋养着三校一代代学人,成为中国高等教育的精神图腾。抗战后,清华大学教授梁思成、林徽因夫妇为了教授好中国古建筑学,在当时十分困苦的物质条件下,不辞辛劳,走过十几个省份,实地考察中国古建筑,绘制建筑详图,收集编写与建筑相关的典故,为培养人才编写高水平的教材。于1955年从北京医学院(今北京大学医学部)毕业的药学家屠呦呦,几十年如一日"坐冷板凳",不计名利,坚持研究青蒿素的抗疟原理,做出了杰出的科研成就,成为我国第一个获得诺贝尔奖的本土科学家。

坚持真理的大学精神还要求我们要有不盲从、不迷信的批判性思维能力,说什么、做什么都要有理有据,保持审慎的态度和掌握科学逻辑的推理方法。道德完善、社会关怀也是大学精神的题中应有之意,要有对人的尊严、人的价值和命运的深切关怀,对人类遗留下来的各种精神文化遗产的高度珍视,对融汇责任、诚信、爱国、勇气等美好价值的理想人格的无限企慕。爱因斯坦说过,学生离开学校时是一个和谐的人,而不是一个专家,这是学校永远的目标。

---

[1] 刘方元,刘松来,唐满先.十三经直解:第二卷·下[M].南昌:江西人民出版社,1996:761.

创建于 1810 年的德国柏林洪堡大学被称为"现代大学之母",它所秉承的知识总和(universitas litterarum)及博雅教育(liberal education)的理念成为现代大部分大学的办学理念。大学不仅是传授知识的场所,还是学生成为大写的"人"的重要平台。学生应当养成以人为本,关心人类命运的精神,而不是"两耳不闻窗外事"的闭门读书;应当将家国情怀与个人利益、生活联系起来,由小及大,将大学当作自己修行进德的场所,而不是谋求高官厚禄的场所。大学是让一个人寻找自己的使命的地方。1919 年,北大学子发起五四运动,蔡元培不但不反对,还积极支持学生。他向学生嘱咐道:"读书不忘爱国,爱国不忘读书。"

大学还是学生提高审美情趣的重要场所。审美本质上是感受与感动的能力。当眼能看到,耳能听见,手能触摸,心能感受,我们的心就会越来越柔软,而能成为自由、敏感而富创造力的人,成为生活的艺术家。在《以美育代替宗教说》一文中,蔡元培把美感教育说得更加明确:"纯粹之美育,所以陶养吾人之感情,使有高尚纯洁之习惯,而使人我之见,利己损人之思(私)念,以渐消沮者也。"[1] 美育能让人变得高尚、纯洁。在人生每一个有趣的方面,都有美感的存在。所以,《人民日报》曾评论说:"美育是一种刚需。"美是有力量的,没有美育的教育也是不完整的教育。在大学里,学生应带着一双明亮的眼睛去领略、感悟美,站在一个更高的层面上去认知,从而使自身更加卓越。真、善、美不仅是大学精神的要求,更是我们人生的终极意义。

科学精神与人文精神互补,艺术与科学相通。我国著名物理学家冯端先生不仅学问做得好,还是高水平的文学爱好者,他除了自己作诗,还翻译了许多外国诗作,如俄国普希金、英国雪莱、德国歌德等诗人的名著,这里分享一首冯端先生翻译的德国著名诗人歌德的诗作《迷娘曲》:

> 君知南国否?柠檬正芳芳;
> 密叶凝墨绿,橘橙映金黄;
> 习习熏风起,碧落任回荡;
> 长春方幽静,月桂何高昂;
> 君知彼方否?愿随情郎往。

冯端先生的翻译水平到底如何?我们可对比我国台湾地区著名翻译家欧凡的译文:

---

[1] 蔡元培. 蔡孑民先生言行录[M]. 长沙:岳麓书社,2010:100.

你可知,那柠檬花开的地方?
浓荫深覆,金橙流黄,
轻柔的风,来自天边。
桃金娘默默,月桂枝挺然。
你可知道?
那里!那里
我的爱,我愿与你同去流连!

从语义上讲,两者都忠实于德文原文。欧凡的翻译非常优美,而冯端先生的翻译不仅优美,还更加传神。冯端先生以中国汉魏古诗的体裁和风格进行翻译,颇有《古诗十九首》之神韵,更能体现出歌德原诗的古典意蕴。

第三章　科研诚信与学术规范

第一节　科研诚信与学术规范的相关术语

一、科研诚信

《中庸》有言："唯天下至诚，为能尽其性。能尽其性，则能尽人之性；能尽人之性，则能尽物之性；能尽物之性，则可以赞天地之化育；可以赞天地之化育，则可以与天地参矣。"[1] 自古以来，诚信在我们的学习和生活中扮演着非同寻常的重要角色，对于高校而言，亦是如此。诚实守信是保障知识可靠性的前提条件和基础，科研诚信是学术研究的第一原则，是高等教育与科学发展不可或缺的指南针。科研诚信与学术诚信在大部分语境中是同义词，科研诚信更强调在研究中要遵守学术规范，侧重研究中的诚信。

诚信是道德建设的核心，教书先育人，育德必先行。德育为先的思想就是把人放在首位，就是让学生先学会做人，再学会做事，做人做事的首要任务就是崇德修身，而崇德修身的首要任务就是"以诚信为本"。同时，打铁必须自身硬，教师需先从自身做起，要做到实事求是、科学严谨、德行一致，从而达到以德树人、以德育人的目的。

君子诚之为贵，然而学界违背科研诚信的行为依然屡见不鲜。造成这种情况的原因与正确价值观指导的缺乏、不良社会氛围的渗透、诚信教育的缺失及未严格把关的纪律处分有关。研究生是祖国的未来，是我国社会主义建设的后继者，而高尚的道德是其最基本的要求。学术诚信是大学生、研究生学术态度和职业道德的综合体现。研

---

[1] 刘方元，刘松来，唐满先. 十三经直解：第二卷·下 [M]. 南昌：江西人民出版社，1996：692-693.

究生必须加强学业自律，不断提高自身的德行素养；高校必须加强管理和指导，建立多维诚信体系，营造良好的学术氛围；整个社会必须积极倡导社会主义核心价值观并将之付诸实践；国家必须使用严格的法律制度来校准诚信教育，从而促进学术诚信从"异质性"向"独质性"过渡。

高校作为汇集知识、探索真理和发展文明的地方，负责引导人类思维进步并推动科学事业前进。诚信与学术诚信教育是大学建设最基本、最重要的部分，是高校必须推崇和实践的一种高尚使命。完成这种使命的主要任务是要让教师和学生高度尊重诚信的价值并在行动上一致起来，政府、社会、高校和科研院所等在政策和法规方面建立严格的诚信体系，完善各种学术规范。要建立学术诚信文件系统、信息公开系统、规范化的监督检查技术及学术欺诈追踪机制，将多种学术欺诈检测系统集成到学术管理体系中。只有这样，高校才可形成严格的一体化学术诚信制度，并逐步建立他律和自律相互协调的相对有效体系，从而推动高等教育的高质量发展。

二、学术规范

学术规范是学术活动的行为准则，是学术界成员应遵循的规范，是确保学术界科学、有效和公平运作的条件，也是根据惯例从学术活动中产生的，相对独立的规范体系。[1] 学术规范包括研究规范、评审规范、批评规范、管理规范等，其中研究规范又包括项目申请规范、项目实施规范、成果发表规范等。

申请项目前，首先要进行查新。查新是科研工作的重要一环，通过查新及时了解国内外相关同行的研究进展，有利于研究工作的优化，可以节省资源，避免低水平重复和走弯路。查新需要做到对研究方向相关范畴有全面且深入的了解，知道目前为止已有研究的广度、深度和存在的问题。尤其要注意的是，在查新过程中检索词或检索设置要科学、规范。人文社会科学研究同样要注意充分吸收和尊重前人和同行的研究成果，避免低水平、重复性劳动。选题应符合当前社会发展的需要或学科自身发展的需要。

在项目申请过程中，要注意申请书的内容应客观、真实、具体（包括研究进展、研究基础、研究方案、考核指标、经费预算等），不得故意隐瞒存在的重大问题，不得伪造签名，不得以任何理由或方式提供虚假信息等。

---

[1] 阮云志. 国内学术道德相关概念研究述评 [J]. 科技管理研究, 2012 (17)：187-190.

项目实施过程中，要按项目计划书进行研究。项目计划书有重大修改时须事先征得资助单位的书面同意；依照规定及时上交项目年度进展报告、结题报告或研究成果报告等纸质版、电子版材料；不得侵犯、调用项目资助经费，不得滥用科研经费等。在数据采集、收集方面，应保证数据的原始性、真实性和完整性，禁止随意对原始数据进行取舍裁决。在数据处理、分析方面，应采用科学合理的统计方法，不得为夸大研究结果的重要性而滥用统计方法，不得给出与客观事实不符的研究结论。在数据保存、共享方面，应保存实验及数据记录，且在不违反保密规定的原则下，所有的研究数据都应当对合作者和监督机构开放；实验记录应当至少保存5年，未经许可不得擅自将实验记录本或其他材料带离实验室。

在论文撰写和成果发表过程中所借鉴和使用的他人研究成果，必须在正文中标明，且须在注释或参考文献中注明文献出处；原则上应当使用原始文献和第一手资料，不得将自己未深入研究过的文献直接转抄入自己的参考文献中；不得为提高论文引证率而将自己（或他人）与本篇论文不相干的参考文献列入其中；引用他人的成果应当适度，这部分内容不应构成自己研究成果的主要内容或核心内容。对论文有实质性贡献的应当列为作者，不能以任何理由剥夺其署名权。投稿过程中要避免拆分发表、一稿多投、重复发表等情况出现。在论文正式发表前，应当对稿件的内容进行保密；如果希望将稿件转投入其他期刊或出版社，必须在接到原期刊或出版社同意撤回的书面通知后，才能将稿件转投别处。

三、学术成果

学术成果是社会重要的精神财富和物质财富，是我国重要的智慧资源，也是评价从事科学和技术活动人员所产生贡献的重要指标。学术成果多以论文、著作、研究报告、实物、样品等形式表现出来。它不仅是简单的物理上的学术成果，也是一种精神产物，属于精神生产范畴。只有对知识和知识的运用有所创新才是真正的学术成果。

1. 基础理论成果

基础研究是指"一种不预设任何特定应用或使用目的的实验性或理论性工作，其主要目的是为获得（已发生）现象和可观察事实的基本原理、规律和新知识"[1]。这

---

[1] 国家统计局. 2019年全国科技经费投入统计公报[EB/OL].(2020-08-27)[2022-08-10]. http://www.stats.gov.cn/tjsj/tjgb/rdpcgb/qgkjjftrtjgb/202107/t20210720_1819716.html.

是国家统计局在统计全国科技经费投入时采用的最新定义。基础理论成果则是发现并阐明自然现象、特征、规律及其内在联系的自然科学基础理论和应用基础理论研究的科技成果，主要以科学论文和科学著作的形式出现。人文社会科学领域的基础研究是指关于人类精神文化遗产、人类社会基本运行规律及价值观等方面的研究，其成果是指在这方面有新的整理、发现和理解，呈现方式主要是论文和著作。

2. 应用技术成果

应用技术研究可分为两类：应用研究和技术研究。

应用研究是指针对某一特定的研究目的或目标，为获取新知识、新方法而进行的创造性研究。它是为了确定基础研究结果的可能用途而去探索新的方法或新的途径。

技术研究则是在应用研究和对自然的理解的基础上，探索利用自然、改造自然的新原理和新方法的创造性活动，即研究如何将应用研究成果直接应用于生产实践。其成果形式主要为科技论文、专著、原理性模型或发明专利等。

人文社会科学也有直接服务于社会的应用研究，主要形式有论文、著作、调研报告、各类相关作品等。

3. 软科学成果

软科学是现代自然科学与社会科学交叉发展而形成的一门综合性很强的新兴学科，因具有类似"软件"在计算机系统中的功能而得名。它从政治、经济、科技、教育等社会环节的内在联系中，利用系统理论、方法、科学决策和信息技术等现代科学技术和知识，发现和寻找解决问题的方法、方案，并为有关的发展战略、规划、政策制定和组织管理提供科学的决策依据。其成果形式主要包括软科学研究报告和著作等。

四、学术评价

学术评价是对研究成果的科学性、有效性、公信力和价值进行的评估。由一个或多个学科的专家委员会使用相同的标准来对计划项目、论文、著作、发明专利及其他相关的科研工作进行评审。最常见的学术评价方法是同行评审。

1. 学术内容评价

学术内容评价是指根据学术成果的内容特点对其进行评价。学术内容评价是最符合逻辑的学术评价方式。基于内容进行评价的前提是评价者要能够阅读和理解学术成果的内容，并对相关学术领域有深刻的了解和非凡的洞察力。为了满足这个条件，评估者必须是该领域的专家。因此，学术内容评价实质上就是专家评价或同行评价。专家评价是被许多学术期刊采用的一种典型的学术评审方式。

2. 学术形式评价

与学术内容评价方法不同,学术形式评价主要是利用学术研究成果的客观参数来描述学术成果的客观特征和学术成果之间的相关性,从而达到评价的目的。这些客观参数主要包括三个方面:数量参量、聚类关系和相关关系。数量参量是指学术成果的数量特点,即同一个研究者的相关研究成果的数量。聚类关系是指该项学术成果是否聚类于相关的研究成果,而这项指标描述了学术成果被同行所认可的程度。相关关系是指该学术研究成果与其他研究成果的相关关系,这个参数描述了该项研究成果对其他研究成果的影响,即描述了这项成果的影响力。[1]

第二节 科研活动的基本原则

一、诚实原则

诚实是学术诚信的核心特征,而学术诚信是科技创新的基础必要条件。近年来,我国政府、科研团体、高校等均高度重视学术诚信建设,特别是中央政府层面出台了具有较强约束力的规章制度,如 2018 年 5 月中共中央办公厅、国务院办公厅印发的《关于进一步加强科研诚信建设的若干意见》明确了科研活动中各类主体应当履行的诚实守信责任。诚实守信是人类社会活动中最基本的道德准则。科技人员在科技活动中必须弘扬以追求真理、实事求是、崇尚创新、开放协作为核心的科学精神,遵守相关法律法规,恪守科学道德准则,遵循科学共同体公认的行为规范。[2] 美国学术诚信研究中心关于学术诚信的定义特别强调"即使在逆境中"仍然坚持诚信原则,实则是对人性本质的一种考量。顺境中容易做到的事,能否在逆境中也能做到才是对人性原则的真正考验。

诚实是科学研究的基本前提,科学是以诚信为基础的事业。科学的客观性使得它容不得半点虚假,离开诚实守信的原则,科学将不再是科学。科学探索与发现的过程、学术交流的过程全部都是以科研人员的诚信为基础的,学术不端行为对科学的发展与

---

[1] 余三定. 关于我国新时期学术评价讨论的评述[J]. 云梦学刊, 2011, 32 (02): 7-14.
[2] 肖雪珍, 王念, 殷刚. 科研诚信教育的内涵、途径和意义[J]. 教育教学论坛, 2014 (10): 9.

进步带来的伤害是巨大的。可是，科研诚信受诸多内外因素的共同影响，又是十分容易遭到破坏的。科学研究严重依赖科研人员之间存在的十分脆弱但是又弥足珍贵的诚信。如果失去了诚信，科学研究复杂交织的紧密体系将会面临严峻的挑战，甚至可能以难以想象的方式土崩瓦解，如果没有诚信做基础，科学就失去了其存在和发展的根基。

科学研究是一种站在巨人肩膀上前行的学术活动，每一位研究人员都是在继承的基础上进行新的研究，如果科研人员继承的成果是不可靠的，研究的结果是不能通过再次实验来进行验证的，那么科学研究的未来在何方？只有当所有研究人员都秉持着诚信的责任和义务，不断地进行研究探索，且诚实开放地交流学术思想，科学才能不断地发展和壮大。可是目前学术界客观存在的等级差别带来的社会地位上的显著差距，极易诱发学术不端行为。科研成果的产出与奖励密切挂钩，科研项目与经费申请的激烈竞争，都为学术不端行为提供了肆意生长的土壤，科研人员的诚信面临巨大的挑战。

20世纪80年代以后，科学道德与学风问题作为一个社会问题开始受到全世界的普遍重视。主要原因在于：一是科研群体的社会角色更容易受到社会关注；二是科学技术与工业经济乃至政治一体化发展的趋势愈加明显；三是科学道德与学风问题对国家、科学共同体、个人带来的影响越来越大。

那么，怎样才能在科研工作中做到始终坚持诚实的原则呢？答案是，必须以真诚的态度严格按照既定科研规范进行科研活动。科研规范是建立在科研道德和科学共同体共识基础上的具有稳定性、连续性的一系列规制和安排，是保障科研工作者诚实守信的基础。对科研工作者而言，并非只要主观上想追求诚实，就一定能在科研活动中达到诚信的效果。一名科研工作者要经过长期的正规训练，方能熟练掌握各种学术规范，而不掌握学术规范就开展"科学研究"工作的，往往是"民科"。

学术规范贯穿科研活动的所有环节，根据全国科学道德和学风建设宣讲教育领导小组公布的《科学道德和学风建设宣讲参考大纲》，科研活动各环节应遵循的主要规范如下：

（1）研究启动之初是阅读文献、确定选题，制订研究计划。一个好的研究，最先要做的便是文献调研和综述。要尽可能广泛查阅本课题最重要的文献，对文献进行分类研究并撰写文献综述，文献应该准确地找到原始出处。选题应在广泛阅读的基础上进行，应有科学依据和可执行性；应在前人研究基础上有新的贡献；要自觉评估可能涉及的伦理问题。制订研究计划时，要测算支持本项目研究的各类资源，选用恰当的研究方法、手段和技术路线，制定切实可行的研究步骤。

（2）课题申请要诚实可信，符合规范。申请人在申请项目之前要全面地了解所要申请课题的相关政策，判断自己是否符合相关条件，以及自己当前各项研究情况是否适合申请这一课题；申请人在撰写项目申请书时，应当保证申请材料的真实性，尤其不得抄袭；不得夸大前期成果和项目的预期成果；在申请、评议和公示期间，不得以任何方式贿赂、拉拢评审人，以免影响项目的公正评审。

（3）研究资源使用要合理、规范。研究中重要的资源包括时间、资金和设备。要保证直接用于开展研究工作的时间够充足，合理安排各种学术活动的时间，留给教育和培养学术后备力量充足的时间。尊重和遵守任职机构的相关规定。课题经费的使用要符合相关政策的要求，经费的总量、强度与结构等应符合研究任务的规律和特点。尤其不能擅自挪用、滥用科研经费，不得用科研经费谋取不正当利益。实验设备和材料不能用于外部咨询、研究等活动，或用于与学术目的无关的其他活动。特别是用公共资金购买的设备与供给品，不应被用于私人目的的研究。

（4）在数据收集过程中要保证所得数据的真实性和完整性，收集一些特殊数据时应当事先获得授权许可。数据记录应当与数据的获得同步；数据记录必须保证精确，必须严格按照有关程序和规则来记录数据。在数据保存方面，如果是书面记录，就要存放在安全的地方；如果是计算机文件，就应备份，并注意将备份数据保存至安全处，备份数据应与原始数据分开保存，并且定期为所保存的数据重新备份。原始数据由得出这些数据的研究机构、科研人员协同保存。慎重保存机密或危险的数据，做好数据保存相关事项的预先协议，遵守数据保存期限，但不应有意隐藏数据。

（5）在数据使用和处理成图像的过程中，要保证原始数据的真实性，并且保证图像是对数据的真实体现；论文中的数据图像必须是原始记录的完整体现；如果是他人制作完成的数据图像，应当在论文中予以说明；应当熟练使用现有处理数据的计量方法；应当预先了解准备投稿的相关出版社或期刊的数据图像处理规范或相关要求；应当了解违背数据使用规范可能会受到的处罚。[1]

此外，论文写作过程中要注意引文规范，要认真学习中华人民共和国国家质量监督检验检疫总局、中国国家标准化管理委员会于2015年发布并实施的《信息与文献

---

[1] 全国科学道德和学风建设宣讲教育领导小组. 科学道德和学风建设宣讲参考大纲[M]. 北京：中国科学技术出版社，2012：86-87.

参考文献著录规则》，以及相关领域、相关期刊的文献著录和论文格式。对于那些未正式发表的资料，应当充分尊重作者的意愿，未经授权或许可，不得擅自引用。论文发表过程中要遵守署名规范和投稿规范。

二、公开、公正原则

学术乃天下之公器，科学是追求真理的理性活动，公开、公正是学术和科学的题中应有之意。科学工作者和学者应在平等、自愿的基础上积极开展科研协作，协作中要互相帮助、顾全大局、团结友爱，正确对待个人利益的得失；应在平等基础上积极开展学术交流活动，在合作研究和讨论科研问题中要开诚布公地分享信息，提供相关数据与资料，接受学术界的检验，诚恳对待他人的质疑，发扬学术民主，推动知识进步。

科技工作者在项目立项、科技项目评审、鉴定、验收和申报奖励等活动中，应当本着客观、公正、公平的态度，如实反映项目的研究水平，并且在保守国家和单位秘密及保护知识产权的前提下，公开科研过程和结果等相关信息，追求科研活动社会效益的最大化。

在科技成果的评审、鉴定这类的评价活动中，必须坚持公正、公平、客观的原则，避免主观随意性的评价。评价结论要在充分的国内外对比数据或者相关证明材料基础上，对评价对象的科学、技术和经济内涵进行全面分析，不得滥用"国内首创""国际领先""填补空白"等难以验证的抽象语句。对用不正当手段拔高或者贬低他人成果水平，以及不认真负责、不实事求是、在评价结论中弄虚作假等行为，应坚决抵制。在确立研究课题时应公正地看待其价值和意义，不应为了发表而研究、为了评奖而研究。

对竞争者和合作者做出的贡献应给予恰当的认同和评价；在进行讨论和学术争论时，应坦诚直率，科学公正；对研究成果中的错误和失误，应以适当的方式予以承认；不得以各种不道德和非法手段阻碍竞争对手的科研工作。

对违反学术诚信事件的处理也要公开、公正。对学界弄虚作假的行为要本着公正的精神积极揭露和批评，有关单位和部门也要从严管理。对于违反学术规范但是又没有构成违法行为的，可以根据其情节的严重程度和造成的后果，分别给予相应的处理。如果是教师和科研工作者，应给予责令改正、批评教育、通报批评，取消申报科研项目的资格；限制申报有关成果奖励，撤销研究项目及奖项并追回研究经费及奖励费，停止招收研究生乃至取消研究生导师资格或降低岗位聘任等级等处理。如果是研究生，则应给予相应的纪律处分，直至取消或撤回学位，开除学籍；情节特别严重的，应移交相关部门给予相应处分；侵犯他人著作权、专利权的，当事人应当依照有关法律的规定承担相应的法律责任。通过一视同仁的严格管理，营造公开、公正的良好学术氛围。

三、尊重原则

研究中要尊重前人和同行的研究成果。在项目申请、数据资料的采集与分析、论文写作、科研成果发表，以及确认同事、合作者和其他人员对该项目的贡献时，必须实事求是。要坚持客观公正、实事求是的学术作风，尊重他人的工作；文章的排名应反映作者对论文的贡献，禁止非法转让学术成果；树立互相尊重、团结合作的集体观念，正确处理个人与集体、学生与导师的关系，创造和谐友爱的学术研究环境。研究中还要尊重研究对象，尊重生命，遵守科研有关伦理规定，特别要尊重知识产权。

知识产权是指人们就其智力劳动成果，包括发明、外观设计、文艺作品、商标等，所依法享有的专有权利，包括著作权和工业产权。这通常是国家赋予创造者对其智力成果在一定时期内享有的专有权或独占权，是一种无形的财产权。我国知识产权相关的法律主要包括《专利法》《商标法》《著作权法》《反不正当竞争法》等基础法律制度，以及《计算机软件保护条例》《植物新品种保护条例》《集成电路布图设计保护条例》《地理标志产品保护规定》等相关法律规范，体系庞大且在不断完善中。

那么，在平时的学术活动中如何做到尊重知识产权呢？应当做到以下几点：遵守知识产权方面的有关法律法规；不剽窃、抄袭他人的研究成果，在未参与研究的项目成果中不进行署名；研究成果发表时，做出创造性贡献且能对有关部分负责的人员必须享有署名权，未经研究人员的书面同意，不得将他排除在作者名单之外；对研究项目起到一定作用的人员或机构，可在出版物中表示感谢。

第三节 科研活动的基本学术规范

一、基本规范要求

自 1995 年科教兴国战略提出以来，我国高校、学术机构等单位的教学科研队伍不断壮大,学术气氛空前活跃,学术研究成果丰硕,为培养人才和发展科学技术做出了重要的贡献。广大教育和科研工作者为了促进学术事业进步,不懈努力,无私奉献,在推动教育和科研领域向更加健康方向发展的同时,积极继承和发扬良好的学风和学术道德传统,体现了良好的师德风范。

与此同时,我们也必须清醒地认识到,当前在学术研究和科技工作中依旧存在着不容忽视的学术失范问题,甚至在有些方面表现得还比较严重,如:违背基本学术道德,侵占他人劳动成果,或抄袭剽窃,或请他人代写文章,或不当署名;毫无学术敬畏意识,粗制滥造,篡改、伪造研究数据;在研究成果鉴定、项目评审甚至学科、学位点等的审核与评估中弄虚作假,或试图以不正当手段影响评审结果;利用权力和金钱为自己谋取学位、文凭,有些高校和学术机构在利益驱动下降低标准乱发文凭;等等。这些行为不管大小,在客观上都严重损害了教育和科研工作者、高校和学术机构的形象,如果任其发展下去,将会严重污染学术环境、教育环境,阻碍科技与学术进步,进而影响整个国家和民族的创新能力。

良好的学术风气是建立优良学术规范,发展科技和学术事业的基础。所谓学术风气,就是学术界及其成员在学术活动中表现出的社交氛围。学术风气不仅关系到学术自身的继承、发展与创新,关系到人才培养和科技成果的产出,更关系到整个社会的风气、整个民族的精神状态。不良的学术风气不仅破坏了学者的形象,而且影响了社会价值观和公众对价值观的认知。党和政府、教育界和科学界已经认识到这个问题的重要性,采取了一系列措施扭转这种不良风气。2020年年初,为了扭转当前科研评价中存在的SCI论文相关指标片面、过度、扭曲使用等现象,教育部、科技部印发了《关于规范高等学校SCI论文相关指标使用 树立正确评价导向的若干意见》,明确了SCI论文相关的指标在各种评估中的使用,为建立科学的评估体系,促进高校回归做学术的初心,净化学术氛围,优化学术生态做出了积极努力。

完善基本学术规范,形成自觉追求真理、崇尚诚实劳动、鼓励科研创新、遵循学术道德、保护知识产权的良好氛围,对于发展中国科技事业,培养品学兼优的高层次人才,保护广大教学科研人员的积极性、主动性、创造性具有十分重要的意义。

二、成果撰写规范

学术成果往往需要通过论文、著作、研究报告、专利、技术标准等书面形式表达出来,明确成果撰写规范有助于将学术上真正的创新和发展呈现出来。这里重点介绍描述型论文撰写规范、综述型论文撰写规范、应用型论文撰写规范、调查报告撰写规范和专利撰写规范等。

1. 描述型论文撰写规范

描述型论文,主要是指通过概念、判断和推理等逻辑形式,结合议论、说明等表达方式,来分析事物、阐明事理,以达到作者阐述自己的新观点和新见解之目的的一种论文。可分为两类:立论型论文和驳论型论文。立论型论文,是通过摆事实、讲道理的方式,正面地进行观点阐述的论文;驳论型论文,是在辨析和驳斥他人观点的过程中,树立自己观点和见解的论文。从描述型论文的定义中不难看出,描述型论文极具理论性、逻辑性,是以议论为主的表达形式。描述型论文的结构主要包括五个方面:前言、研究方法、结果、讨论、结论。

前言会对论文中所阐述的现象、问题或观点进行初步介绍,是论文的开场白。

研究方法主要介绍研究设计、研究对象、研究过程、统计学方法等方面的内容。

结果部分主要是对重点关注的内容及有异常的部分进行描述。实验结果的整理应紧扣主题,删繁就简;论文行文应尽量采用专业术语,能用表的不要用图,能不用图表的最好不要用图表,以免多占篇幅,增加排版困难,文、表、图互不重复;实验中的偶然现象和意外变故等特殊情况应做必要的交代,不要随意丢弃。[1]

讨论是描述型论文中十分重要,也是比较难写的一个部分。在撰写这一部分内容时应纵观全局,抓住主要有争议的部分,从感性认识提高到理性认识的高度进行问题论述;应对实验结果做分析、推理,但不要重复叙述实验结果;应着重对国内外相关文献中的结果与观点做讨论和比较,表明自己的观点,尤其不应回避相对立的观点;论文的讨论中还可提出假设,提出本文的发展设想,但分寸应该恰当,不能脱离实际。

结论部分应在简要概括主体部分主要内容的基础上,概括性地指出该研究的结论性意见、存在的不同意见和有待解决的问题等。

撰写描述型论文应注意以下几点:

(1) 数据要充分。由于描述型研究很少进行统计学分析,还要得出一定的启示或结论,因此,充分的数据是必须的,只有这样才能够提供足够的信息。

(2) 重点要突出。要从大量的数据中发现特殊的结果,并对结果进行强调。

(3) 结论要完整。要从重点的结果中提炼出最重要、最有意义的结论。

---

[1] 秦伯益. 如何写论文做报告 [J]. 中国新药杂志, 2002 (01): 12.

2. 综述型论文撰写规范

综述型论文，主要是把某领域中的某一问题当作研究对象，纵向、横向地通过归纳、总结等方式对前人已取得的研究成果进行介绍、评论，并发表自己的见解的一种论文形式。综述型论文的结构大体可以分为前言、主体、结论、参考文献和附录五部分。

前言是论文的开头部分，主要是用200~300字的篇幅，对写作目的和意义、所研究问题的历史、资料来源、现状和发展动态、有关概念、选择这一选题的目的和动机、应用价值和实践意义等内容进行简要阐述。如果属于争论性课题，要指明争论的焦点所在。

主体是综述的核心部分，主要包括论据和论证。通过提出问题、分析问题和解决问题，比较各种观点的异同点及其理论根据，反映作者的见解。在写作内容上一般要包括历史发展、现状分析、趋向预测三部分内容。如果历史发展的叙述采用纵向对比的方法，现状分析则采用横向的对比。历史发展多是对所研究问题的一些共性认识或已经解决的问题所取得的结果或结论加以归纳，并按时间顺序简要说明各个阶段的发展状况和特点，通过历史对比来说明目前所达到的水平。现状分析是介绍国内外关于此问题的研究现状，列出所有重要的研究及其观点，将归纳、整理的资料进行必要的分析，同时也最好能引出作者本人的看法。趋向预测是在纵向与横向的对比中肯定该课题的研究水平，并发现存在的问题和当前存在的不同观点，最后提出展望性意见，使从事这一课题的研究者能看到该课题未来研究的发展方向。此外，主体部分没有固定的写作顺序，只要能够比较各家学说及论据，阐明有关问题的历史背景、现状和发展方向即可。在主体部分文字的写作中，特别要注意对于课题研究中尚未解决的问题的叙述，要尽量详细清楚。这些问题构成了今后研究工作的重点。同时要注意在横向对比时，应着重阐述某些有突破性的研究成果及成功的经验。在指出各种研究方法、途径和成果时，应该做有关特点方面的总结，并给予恰如其分的评价，优劣利弊应该分析清楚。[1]

结论部分不是对正文部分的重复阐述，而是对全文进行简明扼要的总结，最好提出自己的见解。

参考文献是撰写综述的基础。引用的参考文献应是作者亲自研读过的原文，还应

---

[1] 王健，王海滨. 论综述性学术论文的写作[J]. 洛阳师范学院学报，2011，30（06）：128.

选择最主要和最新的有代表性的文献。《信息与文献 参考文献著录规则》一文对参考文献的格式进行了统一规定，作者应该按国家标准进行摘录。

附录存在的意义是，在主体部分不好安排而对读者十分重要的资料、图表、数据、公式等，可以作为附录放于最后。附录并非每篇论文都必须有。

撰写综述型论文应注意以下几点：

（1）文献综述不应是对已有文献的重复、罗列和一般性介绍，而应首先找出该论域最重要的研究成果，并对以往研究的贡献、局限、错误等进行批判性分析与评论。综述应有述有评，所引述文献应精炼准确，做到思路清晰，逻辑缜密，叙述有条理，评论有深度。

（2）文献综述要文字简洁，尽量避免大量引用原文，要用自己的语言把作者的观点说清楚，从原始文献中得出一般性结论。

（3）综述不是资料库，要紧紧围绕课题研究的"问题"，确保所述的已有研究成果与本课题研究直接相关，其内容是围绕课题紧密组织在一起的，既能系统全面地反映研究对象的历史、现状和趋势，又能反映研究内容的各个方面。[1]

（4）综述要全面、准确、客观，论据最好来自第一手文献，避免使用别人对原始文献的解释或转述。

（5）综述所引述文献应有所选择，尽量来自权威学术研究机构、高质量的正式出版物及有影响力的专业人士的著作，特别要关注近年来的最新研究。

3. 应用型论文撰写规范

应用型论文，主要是指把某一现象或问题当成研究对象，运用一些理论对实证调研收集到的数据资料进行进一步的判断和分析，并提出应对策略的一种论文形式。它具有实用性、针对性的特点。应用型论文的结构大体可以分为前言、文献综述、研究方法、研究结果、讨论或结论五部分。

前言中要表明所要研究的问题、研究背景、具有代表性的文献，并点出该研究领域存在的研究空白和填补空白的方法，简述研究范围和研究意义。

文献综述通常包括：综述该研究的理论性文献；综述支撑该研究的理论框架；综述相关的研究文献，找出支持或反对某些问题的不同观点。

研究方法包括三个部分，即测量研究变量的工具和过程、数据收集过程和数据分

---

[1] 王俊芳. 撰写文献综述的基本要求 [J]. 教育科学研究，2004（06）：59.

析过程。研究方法中要说明该方法对所研究的问题和假设的合理性，指出收集数据的具体办法和数据的信效度。

讨论或结论部分主要是呈现研究问题和假设相关的结果与发现，分析解释这些结果的含义，并用统计结果、例证、表格、数字等进行验证，指出该结果和发现对现存理论或实践的贡献及其重要意义。结论则是要对研究的发现进行总结，评估其重要性和局限性，讨论该实践的意义，并对今后的研究提出建议。

撰写应用型论文应注意以下几点：

（1）要拟好论文题目，做到简洁明了且具有概括性。题目一般分为两类，一是价值取向标题，二是研究内容标题。上述两类标题中一个可为主标题，另一个可为副标题。

（2）应用型论文要言之有物，要结合案例来写。

（3）要突出工作特色，思路和操作上的特色部分要明确地写。

（4）在写具体实践操作前要简要写明研究目标和研究方法。

（5）应用型论文篇幅不宜过长。

4. 调查报告撰写规范

调查报告是通过对典型的问题、情况、事件的深入调查，经过分析、综合研究，从而揭示出其本质或客观规律的书面报告。调查报告具有针对性、时效性、典型性、真实性等特点，以了解、剖析事物的本质及其发展趋向为旨归，对于解决问题具有积极的作用。[1] 调查报告的组成大体可以分为标题、前言、主体、结尾四个部分。

标题应该具体明确，可以概括文章的主要内容。一般来说，单标题都要将调查对象、调查项目、调查报告名称等标示出来。复标题的正标题要将调查报告的宗旨揭示出来；副标题则揭示调查对象、调查项目。

前言部分要将调查的缘由目的、时间地点、对象和方法等交代清楚，并点明调查宗旨。调查报告前言常用的写作方法有提要式、交代式和问题式等。

主体是调查报告的核心，主要是对调查的过程和结果做具体的叙述和说明。这部分的内容比较庞杂，在写作中最重要的问题是结构的安排。主体部分的写法有三种：① 纵式结构，即按事情发生发展的先后顺序，层层分析，说明问题。② 横式结构，即把调查的主要情况、经验或问题归纳成几个方面，分几个小部分来写。每个小部分有

---

[1] 谭玉兰，许贻斌. 调查报告的写作技巧 [J]. 文教资料，2008 (36)：135.

一个中心，通过加上序码来表明；或加上小标题，提示和概括这部分的内容。③ 纵横交错式结构：或以纵为主，纵中有横；或以横为主，横中有纵。[1]

结尾则是对全文所做的总结，对报告宗旨的深化。调查报告常在结尾部分总结全文，对主体部分的内容进行总结归纳，以升华主题，展现作者的观点；也可以是提出解决问题的方法和策略；等等。

撰写调查报告应注意以下几点：

（1）主题鲜明，具有一定的现实意义。主题是调查报告的灵魂，从一定意义上说，能否提炼出鲜明、深刻、具有社会意义的主题，是能否写好调查报告的关键，也是调查研究成果包括整个调查研究工作成败的关键。

（2）可行性与前瞻性要有机结合。要使调查报告具有较高的可行性，就要把握以下两点：一是要根据实际情况提出具有建设性的意见和建议；二是要找到问题的关键所在，切中要害。除可行性之外，调查报告还必须具有前瞻性。调查报告要超前思考，既要立足当下，又要面向未来。

（3）掌握分析研究三部曲，揭示事物的客观规律。分析研究贯穿于撰写调查报告的全过程。首先，调查本身就是伴随着分析和研究的。没有分析和研究，就不可能选择出调查对象；没有分析和研究，就不能事先确定调查的内容、方法、提纲。其次，面对调查获取的大量原始材料，必须去粗取精、去伪存真、由表及里地进行分析和研究。最后，只有经过认真的分析和研究，才能真实地反映情况，得出结论，提出建议和办法。

（4）观点和材料相统一。在撰写调查报告的时候应该注意以下两点：一是要善于选择运用材料来说明自己的观点，这些材料包括典型事例、综合性材料、对比性材料和数据等；二是要善于综合运用各种表达方式，把观点和材料紧密结合起来。

5. 专利撰写规范

《中华人民共和国专利法实施细则》具体规定了专利的撰写规范。申请发明或者实用新型专利时，应当提交申请书、说明书及其摘要和权利要求书等文件，其具体要求如下：

（1）发明、实用新型或者外观设计专利申请的请求书。

此类请求书应当写明：发明、实用新型或者外观设计的名称；申请人是中国单位

---

[1] 谭玉兰，许贻斌. 调查报告的写作技巧［J］. 文教资料，2008（36）：136.

或者个人的,其名称或者姓名、地址、邮政编码、组织机构代码或者居民身份证件号码;申请人是外国人、外国企业或者外国其他组织的,其姓名或者名称、国籍或者注册的国家或者地区;发明人或者设计人的姓名;申请人委托专利代理机构的,受托机构的名称、机构代码及该机构指定的专利代理人的姓名、执业证号码、联系电话;要求优先权的,申请人第一次提出专利申请的申请日、申请号及原受理机构的名称;申请人或者专利代理机构的签字或者盖章;申请文件清单;附加文件清单;其他需要写明的有关事项。

(2)发明或者实用新型专利申请的说明书。

该说明书应当写明发明或者实用新型的名称,该名称应当与请求书中的名称一致。说明书应当包括:技术领域,即写明要求保护的技术方案所属的技术领域。背景技术,即写明对发明或者实用新型的理解、检索、审查有用的背景技术;有可能的,并引证反映这些背景技术的文件;发明内容,即写明发明或者实用新型所要解决的技术问题及解决其技术问题采用的技术方案,并对照现有技术写明发明或者实用新型的有益效果;附图说明,即说明书有附图的,对各幅附图做简略说明;具体实施方式,即详细写明申请人认为实现发明或者实用新型的优选方式;必要时,举例说明;有附图的,对照附图。

申请人应当按照前款规定的方式和顺序撰写说明书,并在说明书的每一部分前面写明标题。说明书应当用词规范、语句清楚,不得使用"如权利要求……所述的……"一类的引用语,也不得使用商业性宣传用语。

说明书摘要应当写明发明或者实用新型专利申请所公开内容的概要,即写明发明或者实用新型专利的名称和所属技术领域,并清楚地反映所要解决的技术问题、解决该问题的技术方案的要点及主要用途。摘要文字部分不得超过300个字。

说明书摘要可以包含最能说明发明的化学式;有附图的专利申请,还应当提供一幅最能说明该发明或者实用新型技术特征的附图。附图的大小及清晰度应当保证在该图缩小到4厘米×6厘米时仍能清晰地分辨出图中的各个细节,按照"图1、图2……"的顺序编号排列。说明书文字部分中未提及的附图标记不得在附图中出现,附图中未出现的附图标记不得在说明书文字部分中提及。申请文件中表示同一组成部分的附图标记应当一致。

(3)权利要求书。

权利要求书应当记载发明或者实用新型的技术特征。权利要求书中使用的科技术语应当与说明书中使用的科技术语一致,可以有化学式或者数学式,但是不得有插图。

权利要求书应当有独立权利要求，也可以有从属权利要求。

一项发明或者实用新型技术应当只有一个独立权利要求，并写在同一发明或者实用新型的从属权利要求之前。独立权利要求应当包括前序部分和特征部分，按照下列规定撰写：① 前序部分，写明要求保护的发明或者实用新型技术方案的主题名称和发明或者实用新型主题与最接近的现有技术共有的必要技术特征；② 特征部分，使用"其特征是……"或者类似的用语，写明发明或者实用新型区别于最接近的现有技术的技术特征。这些特征和前序部分写明的特征合在一起，限定发明或者实用新型要求保护的范围。

从属权利要求只能引用在前的权利要求。引用两项以上权利要求的多项从属权利要求，只能选择一种方式引用在前的权利要求，并不得作为另一项多项从属权利要求的基础。从属权利要求应当包括引用部分和限定部分，按照下列规定撰写：① 引用部分，写明引用的权利要求的编号及其主题名称；② 限定部分，写明发明或者实用新型附加的技术特征。

三、成果发表规范

学术成果形式多种多样，包括学术专著、学术论文、学术报告、发明专利、技术标准、手稿、原始记录、索引、目录、文献综述、设计等。健全成果发表规范是一个国家科学文明发展的标志，也是促进国家繁荣发展的基础和前提。少数研究人员在研究中为了追求科研数量，出现了弄虚作假甚至剽窃等种种学术失范问题，这些不良风气严重影响了学术声誉，挫伤了广大研究者的积极性和创造性。制定被广泛接受的成果发表规范，引导广大研究者切实遵循成果发表规范，有助于正确引导科研学术行为。以下重点介绍引证规范、署名规范、投稿规范。

1. 引证规范

引证，亦称引用，是指部分抄写别人作品，供个人的论文作品为参证、注释或谈论之用。如何引用方为正确的引用？王葆柯提出引用应具备四个"必须"的条件：必须符合法定的目的；必须是"适当"引用；必须是"已发表"的作品；必须指明作者姓名和作品名称。[1] 符合法定目的正当引用有三种：或是推荐或介绍某一作品，或是分析或评论某一作品，或是为了说明某一问题或某一观点。要把引用限定在必要的

---

[1] 王葆柯. 合理引用他人作品应具备四个"必须"条件[N]. 中国新闻出版广电报，2018-05-10.

程度内，即使符合法定的引用目的，也不得全文照搬。有人引用一个作品的部分比评论、介绍或者说明的部分还长，这就侵犯了著作权人的合法权益。引用是论证的合理需要，且对被引作品进行了新的扩展，原作品的观点不占据新作品的主要部分；可以自由利用他人已发表作品的数据、客观事实、研究背景等，但应注意标明出处。具体规范要求参照2015年修订的国家标准《信息与文献　参考文献著录规则》（标准号：GB/T 7714—2015）。

（1）引文的标示。

一般写作中，无论是直接引文还是间接引文，正文中的注释号应使用"引用—插入标注"功能将注释号统一置于引文的句子或段落标点符号之后；对应的注释序号应按照每页重新开始的顺序自动置于页下，注释序号用"①②"等；通过注释序号将正文中引文与页下注释准确对应，完成文献引证功能。篇幅比较长或者需要特别强调的直接引文，不加引号，另起一行，以自成段落的形式出现，段落左边整体缩两格（第一行缩四格），并设置成其他字体，与正文相区别。[1] 具体引文的标示要根据国家标准及期刊所要求的论文格式进行标示。

引用的一般要求如下：① 引用的目的在于说明某个问题，所引用部分不能构成引用人作品的主要部分或者实质部分；② 不得损害被引用作品著作权人的利益；③ 应当指明被引用作品的作者姓名、作品名称和出版单位。[2]

（2）注释的标注。

广义的注释概念包括对论著正文中某一特定内容的进一步解释或补充说明、引文和参考文献，狭义的注释概念就是对某一特定内容的进一步解释或补充说明。注释标注的一般要求是：① 学术论文、学位论文等中所使用的他人研究成果，必须在正文中标明并在注释或参考文献中注明文献出处；② 注释原则上应使用原始文献和第一手资料，不得将未查阅过的文献转抄入自己的参考文献中；③ 注释应注意规范，如夹注在文中注释，注文加括号。

（3）参考文献著录规范。

国家标准《信息与文献　参考文献著录规则》对各种论文、论著的参考文献著录

---

［1］四川大学学报（哲社版）．四川大学学报（哲社版）文献引证规范［J］．四川大学学报（哲学社会科学版），2021（06）：209．

［2］冯雪姣．学术论文中"适当引用"的法律思疑［J］．出版发行研究，2009（01）：65-68．

有详细规定。其一般要求是：① 参考文献的选择要有必要性、重要性和时效性；② 不得引用与本人论文或著作无关的文献；③ 不得故意隐藏重要的参考文献；④ 不得将他人的文献经自己的语言加工后不进行引用；⑤ 不得出于个人原因，故意引用某些文献；⑥ 格式应按不同期刊的要求进行修改。

通常已经发表的论著或文章可以不经过该文作者的授权自行引用。但是，对于那些未正式发表的资料，要充分尊重所有者的意愿，未经所有者的许可，不能随意引用。要特别尊重对别人未发表的文章初稿、原创思想、粗略想法及研究方式方法的引用。《科学道德和学风建设宣讲参考大纲》总结了引用时必须避免的七种行为：① 著而不引。一些作者把原作者的研究进行改头换面，再用自己的语言陈述出来，并当作自己的论述用于论文中且不标明出处。这种行为虽然在表达上可能是作者自己的话，但实际上，作者只是挪用了别人的观点、想法或理念，加以修改和整合。并不是作者自己的第一研究，所以这是一种剽窃行为。② 引而不著。作者通过利用引注或者改写转述他人的文章，从而盗取别人的观点或技术，并以之构成自己论著的主要部分或核心内容，即为引而不著。这种对引注的不恰当或者过度使用，也是一种剽窃行为。③ 有意漏引。作者在引用文献综述特定领域的研究，或者证明自己的研究正确性时，应当公正地涵盖已有的研究和成果，如果为了减少工作量而故意不去查阅一部分文献，或者对查阅到的文献不做引用，或者只选择对自己研究有利的研究，或者为了突出自己研究的意义而不提及某些已有研究，这些情况均可视为有意漏引。④ 不当自引。作者在撰写论著时，为了刻意提高引用率，或扩大影响等，不是必须引用，而是进行了不必要的过度自我引用。过度自引不仅发生在某些作者身上，还出现在一些学术期刊中，如某些期刊为提高期刊的影响力，动员作者多引用该刊的论文。⑤ 相互引用。引用应当完全出于学术目的，但有一些作者为了提高彼此的引用率，采取"团体作战"的方式，在小团体之间进行相互引用，以提高彼此的引用率为目的而相互引用。这样做即使提高了引用率，也是圈内相互消化的结果，并不能体现真实的引用率和论文质量，却可能造成一种高被引的假象。这是一种作假和欺骗行为。⑥ 模糊引注。作者为了逃避被指责为抄袭的可能，在直接引用了他人的相关文献后，并不标出具体的引文出处，如分册数、页码等，而将它们笼统地放在文后参考文献中，从而给人只是在总体上参考了某一文献的印象。⑦ 过度他引。引文应该是作者在撰写论著时确实参考或引用过的文献，如果为了制造一种参考了大量文献资料，表现出研究基础扎实的假象，而故意在论著中加入大量实际没有参考或引用过的，或者与本文论题根本不相干的文献，做不相关引用、无效引用、滥用,就属于过度他引了。[1]

2. 署名规范

《中华人民共和国著作权法》第十条第(二)项明确了署名权的定义,即"表明作者身份,在作品上署名的权利"。随着现代科学技术的不断发展,一些人在署名方面出现了赠送、买卖等不端行为。署名是对作者科研成果的制度保障,署名的作者是参与实验设计、数据分析、论文撰写、修改等工作的首要人员,应为论文内容承担相应责任,也可通过科研成果的发表获得相应科研声誉和奖励。[2]研究生在发表科研成果时,无论导师是否为通讯作者,论文署名及排序均应征得导师同意。

(1)作者署名。

作者署名不分单位、职位,一律按照对论文贡献的大小排序,若多位作者对研究工作及论文的贡献相同,需标注说明,列为"共同第一作者"署名。科研成果署名应遵循以下规范:① 对论文有实质性贡献的应署名为作者,其署名权不能以任何形式被剥夺,但可根据作者要求进行保密或者匿名。② 若作者在论文撰写、投稿或评审期间丧失行为能力或者去世,仍然可以署名为作者。③ 署名不受职位、学历等因素的影响,任何人不可以非法手段(买卖、贿赂等)逼迫作者转让署名权。④ 对于不符合署名条件,但对研究成果有所贡献的研究人员,不能将其列入作者名单中,可在"致谢"或"脚注"中对其表示感谢。主要包括以下人员:协助作者进行试验的人员;提供仪器设备的机构或人员;提供资金帮助的机构或人员;在论文撰写过程中提出建议、给予审阅的人员(对审稿人和编辑的致谢要得当)。[3]

(2)署名的要求。

论文(著)的作者应具备本研究方向的相关专业知识,并能够运用专业的实验方法进行试验操作,且直接参与确定选题、实验设计、资料分析、论文撰写等内容,并能负主要责任。

署名应遵循实事求是的原则,不可出现:① 虚构作者,即将本学界有声望的研究人员列入署名中,利用其名誉来提高论文的出版率及引证率,提高其学术地位;② 荣誉作者,为研究提供资金帮助、实验材料、实验仪器,但并未真正参与到该研究中,

---

[1] 全国科学道德和学风建设宣讲教育领导小组.科学道德和学风建设宣讲参考大纲[M].北京:中国科学技术出版社,2012:92-93.

[2] 瞿昊晖.法定规范与学术治理中的科研作品署名权益[J].求索,2020(04):132.

[3] 陈希宁,冯远景.科技期刊合著论文作者署名及排序[J].中国科技期刊研究,2002(05):405-407.

做出实质性贡献,因此不可将其列为作者,可对其表示适当的感谢;③ 互惠作者,为了增加自身论文篇数以获得优秀的成绩或者晋升职位,双方互惠签署协议,在论文中署名;④ 权势作者,该作者可能是论文进行审批时机构的负责人或主管人员,抑或者是作者的导师。[1]

(3) 通讯作者。

通讯作者是稿件内容涉及研究工作的负责人,是实际统筹处理投稿或承担答复审稿意见等工作的主导者或主要责任人。[2] 通讯作者的姓名一般位于论文作者之后,并使用特殊符号标注。

(4) 第一作者。

中国期刊,特别是人文社会科学领域的论文、著作调研报告等署名中,出现多个作者共同完成的情况时,对作品贡献最大的人的名字通常署名在最前面,称为第一作者。关于论文作者的署名,各期刊都有各自的传统与规定。

3. 投稿规范

随着当代研究生教育规模的逐渐扩大,研究生论文的投稿量不断增加。建立严谨的投稿规范,不仅能够减轻编辑人员的工作负担,还能够提高论文的质量,同时也能够有效保护科研人员的切身利益,避免一稿多投等学术不端现象的发生。同时,期刊编辑部也应该提高管理规范化水平,公开、透明、公正、负责地处理每一份合格的稿件,并及时答复作者。

投稿时,发表者要根据该刊对论文的要求进行撰写。投稿方式有电子文本稿件、纸质文本稿件、其他指定形式等。文章标题、作者姓名、作者单位、摘要、关键词、各级标题、表格、插图、参考文献及字体、页码等论文格式都要符合期刊的要求和国家标准,有偏差的要严格按照该刊编辑的要求进行修改。

(1) 投稿类型规范。

当作者准备投稿时,应了解该学科各种类型的学术期刊有关投稿和发表的相关规定,根据自己成果的质量和类型选择合适的期刊。对于同一项研究的、具有密切继承关系的科研成果可以分投不同期刊的,要分别符合这些期刊的规定并向其说明情况。

---

[1] 全国科学道德和学风建设宣传教育领导小组. 科学道德和学风建设宣讲参考大纲 [M]. 北京:中国科学技术出版社,2012:94-95.

[2] 朱大明. 合著论文应标示署名作者贡献及责任 [J]. 中国科技期刊研究,2014,25(01):171.

若作者已向一家期刊投稿,又转向另一家期刊投稿,必须经过稿件所有作者一致同意后方可正式申请撤回稿件,同时需要对原期刊做出解释说明,当原投稿期刊同意撤回并给出了书面证明时,才可投其他期刊。

对于用不同的语言发表同一个科研成果,国际学术界也有着明确的规定。对于已经发表过的著作或论文一般不允许作者以另一种语言再次发表。若要以另一种语言发表,作者应当遵循出版社或期刊的相关规定,必须经过已发表论文期刊的同意方可转换成另一种语言文字,并在文中标明原始论文的刊载处,且这两种语言发表的著作只能算作一种科研成果。

(2) 投稿内容规范。

论文写作的核心要求是学术规范,少部分研究者投出的论文稿件可能还会出现一些学术不端的行为,如抄袭、引用过度、数据造假等。所以投稿前一定要对稿件严格把关,降低重复率。投稿者不可急于发表不成熟的论文,投稿后评阅者应及时审阅,如有问题应及时采取有针对性的措施,以保证文章质量,维护学术期刊声誉。不可有意将一篇同一组数据的文章分割为若干部分分别发表,要保证论文的完整性、系统性、科学性。

(3) 投稿流程规范。

投稿时要按照相关流程进行,高校一般要求研究生在投稿前将论文提交导师审阅并签字同意后方可投稿。研究生不可找各种理由不经导师审阅签字就投稿,临近毕业的研究生特别要注意这一点。当导师在审阅过程中认为论文不达标时,不可投稿,须按导师意见进行修改,导师最后同意后才能投稿。规范研究生投稿流程不仅可以提高论文质量,还可以减轻编辑人员的工作量。投稿后,由收稿的期刊进行审核,如遇不符合规定处,还需进行修改。

(4) 投稿时间规范。

近年来,毕业前夕是研究生集中投稿的时间,大量的论文审核和编辑工作,严重影响了期刊、导师和研究生毕业论文后期的工作,这不利于对论文质量进行有效把关。造成集中投稿的原因主要还是研究生论文撰写较晚,快毕业时才交由导师审阅;部分研究生想发表在核心期刊,但论文没有过审,修改后再投,最终投稿时间必然会延后。因此,研究生应严格按照期刊规定的时间完成论文,避免集中投稿。

4. 纠错规范

科研成果在发表过程中难免会出现疏漏或者错误,发表者有义务根据错误的性质采取及时有效的补救措施，如勘误、补遗、声明或撤回论文等。现在国际上出版的科技期刊的主流是电子版与纸质版共存，错误发生的阶段不同，更正的方法也有所区别。第一类是网上发表的电子版文章有误。只要文章还没有汇总入刊并交印刷厂印刷，一般能够较快地更误，作者与出版社联系得越快越好。第二类是已经在纸质版期刊或图书发表的论文有误。在这种情况下，更正的途径只有发表勘误启事，如果发现错误时抽印本还没有寄出，期刊社或出版社可以安排提前更正电子版，所以作者可以收到不含错误的抽印本。第三类是已经在纸质版期刊或图书上发表的文章存在重大错误或错误很多的情况，仅发表一则勘误启事已不能全面正确地更改论文中的错误。在这种情况下，经刊物主编或出版社同意，该文章可以重新发表，即整篇文章从头到尾重新印刷。[1]

四、项目研究规范

科研项目是研究人员在政府、学校、企业、基金会等方面资助下开展的科学研究活动，这些科学研究活动有着明确的目标或目的，必须在特定的时间、预算、资源限定内依据规范完成。政府等资助方和科研共同体都有对科研项目研究绩效进行问责的要求，政府资助的项目研究其规范性要求更高。国务院颁布的《关于改进加强中央财政科研项目和资金管理的若干意见》和中共中央办公厅、国务院办公厅印发的《关于进一步加强科研诚信建设的若干意见》等文件对科研项目绩效与规范均有严格要求。这一方面是为了更好地解决项目安排分散且重复、管理不够科学透明、资金使用效益亟待提高等突出问题；另一方面也是为了弥补我国科研诚信建设在工作机制、制度规范、教育引导、监督惩戒等方面的短板和薄弱环节。项目研究规范主要从项目申请基本规范和项目实施基本规范入手。

1. 项目申请基本规范

项目申请就是我们常说的立项申请。国务院《关于改进加强中央财政科研项目和资金管理的若干意见》第十一条对项目立项包括科研项目的立项进行了规范：项目申请单位应当认真组织项目申报，根据科研工作实际需要选择项目合作单位。项目主管部门要完善公平竞争的项目遴选机制，通过公开择优、定向择优等方式确定项目承担

---

[1] 全国科学道德和学风建设宣传教育领导小组. 科学道德和学风建设宣讲参考大纲[M]. 北京：中国科学技术出版社，2012：101-102.

者；要规范立项审查行为，健全立项管理的内部控制制度，对项目申请者及其合作方的资质、科研能力等进行重点审核，加强项目查重，避免一题多报或重复资助，杜绝项目打包和"拉郎配"；要规范评审专家行为，提高项目评审质量，推行网络评审和视频答辩评审，合理安排会议答辩评审，视频与会议答辩评审应当录音录像，评审意见应当及时反馈给项目申请者。从受理项目申请到反馈立项结果原则上不超过120个工作日。要明示项目审批流程，使项目申请者能够及时查询立项工作进展，实现立项过程"可申诉、可查询、可追溯"。

立项过程一般包括：确定科研方向、确定申请国家各级政府成立基金支撑的项目类型、立项填表、单位审查申报、资助部门受理、形式审查、专家评审、批准发文。

（1）科研项目分类分级。

在申请各类纵向项目时，要根据各类国家科研项目的标准进行选择，每一类科研项目都有它的申报要求，必须满足申报要求后才能进行申报。层次越高，经费资助力度越大，申请的难度就越大，要求也就越高。自然而然，科研项目就分出了层次。据此，某高校将该校教师和科研工作者经常申报的科研项目进行分类分级（表3-1）。

表3-1 某高校对各类科研项目的分类分级

等级	自然科学类	社会科学类
Ⅰ级	国家重点研发计划 国家科技重大专项 国家自然科学基金重点项目 国家自然科学基金重大项目 国家杰出青年科学基金 国际/地区合作研究项目国家科技支撑计划课题（研究经费100万元以上）	国家社科基金重大、重点项目 国家软科学研究计划重大项目
Ⅱ级	国家自然科学基金面上和青年项目 国家自然科学基金委员会科学部主任基金 教育部新世纪优秀人才支持计划国家政策引导类科技计划（星火计划、农业科技成果转化资金支持项目、火炬计划、国家重点新产品计划、国际科技合作计划） 国家各部委，各省、自治区、直辖市委托专项课题（研究经费40万元以上） 企业以产学研合作方式委托研发类课题（其中到校经费中研究经费达到50万元以上）	国家社科基金项目 国家软科学研究计划项目 教育部新世纪优秀人才支持计划 教育部哲学社会科学研究重大课题攻关项目 国家政策引导类科技计划（国家软科学研究计划） 国家各部委，各省、自治区、直辖市委托专项课题（研究经费20万以上） 企业以产学研合作方式委托咨询类课题（研究经费30万元以上）

续表

等级	自然科学类	社会科学类
Ⅲ级	省自然科学基金项目 教育部科学技术研究项目 教育部留学回国人员科研启动基金 省优秀青年科技基金 省科技攻关计划项目 省教育厅自然科学研究重点项目 国家重点实验室和国家工程（技术）研究中心开放基金 中国博士后科学基金资助 国家各部委，各省、自治区、直辖市委托专项课题（研究经费20万元以上） 企业以产学研合作方式委托研发类课题（其中到校经费中的研究经费达到25万元以上）	教育部人文社会科学研究项目 全国教育科学规划课题 教育部留学回国人员科研启动基金 高等学校博士学科点专项科研基金（新教师基金课题） 省软科学研究计划项目 省哲学社会科学规划项目 省教育厅人文社会科学研究重点项目 中国博士后科学基金资助 国家各部委，各省、自治区、直辖市委托专项课题（研究经费10万元以上） 企业以产学研合作方式委托咨询类课题（研究经费15万元以上）

(2) 申报书填写规范。

在立项填表时，认真阅读有关文件，项目申报书要求语言规范，内容完整而详尽，表述清楚，有签名盖章，手续齐备。一般项目申报书的内容包括首页与简表（项目名称、选择申报学科、申请者、项目组成员及项目摘要等）、立项依据与研究内容、研究基础与工作条件、查新报告（重点项目需要）、经费预算、申请者承诺书、单位的审查意见等。

项目名称要准确、规范。所谓"准确"，是指项目名称要准确交代研究问题、研究对象；所谓"规范"，是指项目名称所用的词语要专业。

立项依据的内容包括研究目的、研究意义和国内外研究现状，并附上主要的参考文献目录。基础性研究需结合科学研究发展趋势来阐述其科学意义；应用性研究需结合国民经济和社会发展中迫切需要解决的问题来阐述其应用前景。主要参考文献要展示国内外关键性的研究。而在立项依据上经常出现的问题有以下几种：一般跟踪研究，思路和内容陈旧，缺乏创新；无明显科学意义或应用前景；立论依据不够充分，研究结果的预期性较差；对国内外研究现状了解与分析不够充分，或者对国内外研究现状的分析有偏差未能抓住关键；重复研究，不完全了解前人的工作；工作无持续性，较难完成研究计划；等等。[1] 甚至还有不阅读《项目指南》，不查阅《资助项目汇编》，

---

[1] 吴磊，张伟伦. 提高申请书质量应注意的事项 [J]. 中华医学科研管理杂志，2002（04）：229-230.

研究内容甚至项目名称都与前一两年资助项目雷同，无创新性等问题。[1]

研究内容和目标要有创新性、科学性和先进性。创新有理论创新（新原理、新机制、新方法）、技术创新（原理创新、集成创新、消化吸收再创新）和应用创新（新应用、新发现、新解释）。对创新性内容的提出和分析必须科学、严谨，对基础研究而言，填补国内研究空白并不一定就具有研究特色，也不一定就是创新。研究内容要与研究目标相呼应，研究方案的设计要明确具体，避免大而空。对于拟解决的关键问题，先按逻辑顺序提出，然后解释原因，并阐述可能出现的潜在技术难题，最后提出解决的办法。在撰写研究内容和目标时，会出现以下问题：研究目标不够明确；研究内容不够具体；研究内容和研究目标偏多，或者重点不突出；研究内容缺乏特色。在研究方法、技术路线、实验方案及可行性分析方面，其实它与目标、内容具有相似之处，就是把如何解决问题具体化。技术路线可选择用流程图来表示；可行性分析应该从学术思想、研究队伍与研究条件三个方面进行介绍和分析。常见的问题有以下几种：研究方法、技术路线没有特色或不够先进；盲目追求先进技术；研究方法、技术路线不明确、检测指标不明确或存在错误；可行性分析只是简单地对实验条件、研究队伍进行列举；等等。

研究基础涉及项目的理论基础，申请人团队研究工作的积累和特色，内容一定要属实，切忌造假。工作条件包括：技术平台的建立和必备设备的来源；主要研究材料的获得；尚缺少的实验条件和拟解决途径；利用国家重点实验室和部门开放实验室的计划与落实情况；申请者和项目组主要成员的学历和研究工作简历；近期已发表与本项目有关的主要论著目录；获得学术奖励情况及在本项目中承担的任务。[2]

经费预算要严格按照相关基金经费管理办法认真填写，如《国家自然科学基金经费管理办法》对预算制及项目经费的使用与管理、监督与审计都进行了明确的规定。近年来，从中央到地方也在不断完善科研项目的管理，激发创新活力。如江苏省根据国务院《关于优化科研管理提升科研绩效若干措施的通知》精神，结合江苏科技创新的实际，出台了《关于深化科技体制机制改革，推动高质量发展若干政策》。文件对科研项目经费预算的编制有新的规定。在直接费用方面，将11个预算编制科目归并为5类，即设备费，材料费、测试化验加工费、燃料动力费、差旅费、会议费、国际合

---

[1] 陈晓田. 关于自然科学基金管理科学项目申请问题[J]. 研究与发展管理，1994（06）：14.
[2] 左铮云. 科技项目申请书的格式及写作要求[J]. 江西中医学院学报，1996，8（03）：35.

作与交流费、劳务费、专家咨询费、其他支出；在间接费用方面，将预算编制科目调整为2类，即管理费、绩效支出。从此，在江苏省申请省级科研项目编制预算时，仅需测算科目总额，无需提供测算依据和必要性说明。要吃透这些文件精神，以更好地编制项目预算。

其他附件清单。包括具有中级技术职称但无博士学位的申请者所需的专家推荐信、在职研究生申请项目所需的导师同意申请证明、海外青年学者合作研究基金所需的国内合作者所在单位（项目依托单位）的合作研究协议书等。重点项目还需要文献查新报告、已取得重要创新性进展的情况说明、5篇代表性论文的论文首页等。申请项目涉及伦理问题的还要提供学校伦理委员会的书面证明。

（3）评审规范。

我国科研项目施行的是同行评议，即专家评审制。科研项目的等级根据评审标准确定。一般评审标准如表3-2所示。

表3-2 科研项目评审参考标准

评审内容	评审标准	评价等级
目的意义	立项目的明确，对学科发展和产业技术创新有较大促进作用	A
	立项目的较明确，对学科发展和产业技术创新有一定促进作用	B
	立项目的一般，对学科发展和产业技术创新促进作用不大	C
学术思想的创新性	学术思想先进，研究内容具有原创性	A
	学术思想较先进，研究内容具有创新性	B
	学术思想一般，研究内容缺乏新意	C
研究内容	研究内容具体，重点突出，所选择的关键问题准确	A
	研究内容较具体，重点较突出，所选择的关键问题基本准确	B
	研究内容不具体，重点不突出，所选择的关键问题欠准确	C
完成能力	项目负责人研究能力强，人员组成合理，工作基础好，前期准备工作充分，科研条件完备	A
	项目负责人研究能力较强，人员组成比较合理，前期准备工作较充分，科研条件基本具备	B
	项目负责人研究能力弱，人员组成不合理，前期准备工作欠充分，科研条件欠缺	C

续表

评审内容	评审标准	评价等级
研究方案	技术路线合理，研究方案切实可行，研究方法针对性强	A
	技术路线较合理，研究方案基本可行，研究方法针对性较强	B
	技术路线一般，研究方案实施难度大，研究方法针对性一般	C

评审流程由相关部门制定。如全国哲学社会科学规划办公室于2007年制定了《国家社科基金项目会议评审细则》。该细则分基本原则，评审程序，重点项目、自选项目、非共识项目和跨学科项目的评审，倾斜政策和西部地区项目，关于重复立项问题，关于综合平衡问题，回避、保密与纪律等7条21小项。

2. 项目实施基本规范

关于项目实施的基本规范，国务院《关于改进加强中央财政科研项目和资金管理的若干意见》（以下简称《若干意见》）等文件都有较为明确的规定。《若干意见》第十二条明确了各方在项目过程管理中的职责：项目承担单位负责项目实施的具体管理，项目主管部门要健全服务机制，积极协调解决项目实施中出现的新情况新问题，针对不同科研项目管理特点组织开展巡视检查或抽查，对项目实施不力的要加强督导，对存在违规行为的要责成项目承担单位限期整改，对问题严重的要暂停项目实施。

（1）科研经费使用规范。

科研经费是国家资财，为项目团队共同使用，不属私人，私自套取经费是违法行为。科研经费的使用，必须严格执行国家和学校财务制度的有关规定，必须符合国家和地方政府的税收政策与规定。预算及开支的科目构成、额度比例要合理；费用不超出允许使用范围；依各类项目管理法规；票据要真实、合法。《若干意见》特别强调了"九项明令禁止"：严禁以任何方式挪用、侵占、骗取科研经费；严禁编造虚假合同、编制虚假预算；严禁违规将科研经费转拨、转移到利益相关单位或个人；严禁购买与科研项目无关的设备、材料；严禁虚构经济业务、使用虚假票据套取科研经费；严禁在科研经费中报销个人家庭消费支出；严禁虚列、伪造名单，虚报冒领科研劳务性费用；严禁借科研协作之名，将科研经费挪作他用；严禁设立"小金库"。总而言之，高校科研工作者使用科研经费要遵守"有关、有据"的要求：所谓"有关"，就是要专款专用，不得用于与本项目研究无关的开支；所谓"有据"，就是各类开支都要有真实、合法的票据。另外，预算一般不调整，确需调整的，应按规定程序报批后方可进行调整。

(2) 中期报告。

中期报告是科研项目的实施单位在科研过程中向科研主管部门汇报项目研究工作进度的情况及阶段性成果的书面材料,其中包括项目实施单位资金执行情况和项目实施效果。中期报告将作为结项考核和下一年度项目评审的重要依据,项目实施单位必须确保其严肃性和真实性。中期报告的主要内容是总结前一段研究工作的内容和存在的问题,做出下阶段研究工作计划,如果项目过程中有调整,应在履行变更手续后再安排,并将调整的内容记录在项目实施方案文件中。

(3) 项目验收规范。

《若干意见》第十三条明确了项目验收和结题审查方面的规定:项目完成后,项目承担单位应当及时做好总结,编制项目决算,按时提交验收或结题申请,无特殊原因未按时提出验收申请的,按不通过验收处理;项目主管部门应当及时组织开展验收或结题审查,并严把验收和审查质量关。根据项目类型的不同,可以采取同行评议、第三方评估、用户测评等方式,依据项目任务书组织验收,将项目验收结果纳入国家科技报告。

五、学术交流规范

学术交流是科学研究的重要组成部分,是科学和学术共同体发挥作用的重要方式。唯有在公开、透明、坦诚和公正基础上的学术交流与对话,才可以帮助研究者开拓思路、取长补短、剔除谬误、取得共识。

随着信息技术的发展和进步,尤其是互联网的出现和迅速普及,当代的学术交流出现了一些新的特征,学术交流的网络化已成趋势。在科学研究生命周期中,信息技术与软件服务无处不在。近年来,e-Science(信息化基础设施支持下的科学研究活动)、Cyberinfrastructure(信息基础架构)等科研基础设施不断进步,数据驱动的科学研究范式广泛应用,学术交流移动互联网化、虚拟现实与人工智能快速发展等学术环境变化推动学术交流系统不断变革。[1]

从 20 世纪 90 年代开始,我国学术界对包括学术交流规范在内的学术规范的反思

---

[1] 崔海媛,罗鹏程,聂华,等. 新一代学术交流生态系统的研究与构建:以北京大学为例 [J]. 图书情报工作,2018,62(22):22.

较为活跃。自20世纪80年代以来,中国学术界逐渐度过了知识极度稀缺的历史阶段,学术缺乏规范带来的问题越来越突出。市场逐步成为主导的经济运作方式,而与市场经济相配套的法律、道德等体系尚未健全,金钱、权力和关系对学术的腐蚀与干扰日趋明显。学术界逐渐意识到,没有健全的学术规范,学术不端现象就得不到有效遏制。学术交流中也存在一些突出问题,比如开展平等的交流和对话很难,要么是自说自话,要么是上纲上线,这也呼唤着学术交流规范的建立。学术交流规范的问题主要在于缺乏学术积累和学科意识。北京大学中国经济研究中心易纲教授呼吁建立经济学研究的规范。他认为我国学者在经济学研究中存在两个突出问题:其一是在高层次的经济学理论的发展与创新中,许多学者的观点雷同,大家似乎都是这一理论的开山鼻祖,开门见山、旁若无人,某一理论不管别人做了多么深入的研究,取得了怎样的成果,都可以置之不顾,论述起来仿佛都是这一理论的发明者。其二是经济学界对于经济学理论问题,要么就不讨论,目空一切,各吹各的号,各唱各的调;要么在讨论上走极端化、情绪化的道路,缺乏心平气和、百花齐放、百家争鸣的宽松学术环境、氛围与心态。[1] 因此,建立健康的学术交流和学术批评规范十分迫切。

学术交流的规范应遵循的原则是:学术为本,真理至上;公开公正,勇于争鸣;注重积累,鼓励创新。学术批评规范应遵循的原则是:以理服人,实事求是;激浊扬清,推介精品;鼓励争鸣,促进繁荣。

---

[1] 陈通明,杨杰民. 学术规范的基本内容及其他:关于学术界讨论学术规范和学术道德问题的述评 [J]. 宁夏大学学报(人文社会科学版), 2002 (06): 23.

第四章 常见学术不端行为

自古以来,剽窃、抄袭、伪造、侵占等学术不端行为都为学界所不齿。随着现代科学的发展,科学共同体形成的规范得到不断发展和完善,但同时违反学术规范、弄虚作假的行为也越来越复杂。"学术失范""学术越轨""学术不端""科研不端""学术腐败""学术欺诈""有害的研究行为""有问题的研究行为""不负责任的研究行为"等词汇均是从不同视角描述各种学术不端情形的,其中学术不端行为概念的外延最宽,而科研不端行为是其最主要内容。

第一节 国内外关于学术不端行为的界定

随着现代科学的发展,界定学术不端行为成为学术界的一项重要工作。1830年,英国数学家、发明计算机的先驱查尔斯·巴贝奇在《英格兰科学衰落的思考》一书中将科研不端行为归纳为恶作剧、伪造、裁剪和篡改。这一时期,科学界也时不时有弄虚作假的案例出现,但比例不高,科学家从事科学工作多是兴趣使然。

第二次世界大战以后,各国政府加大了对科技和研发的投入,政府资金成为科研经费的主要来源,也因此,科研领域的弄虚作假现象开始严重起来。20世纪80年代初,美国曝光了12起重大科研丑闻,其中多数是生物医学领域的。迫于公众对滥用联邦科研经费、破坏科学事业发展的担忧和压力,政府开始介入科研不端治理工作。1981年,众议院科学技术委员会调查和监督小组委员会主席戈尔针对美国国立卫生研究院(the National Institutes of Health,NIH)下属4个研究中心的科研欺诈行为举行了国会听证会。1985年,美国政府发布了《健康研究扩展法案》,要求联邦科研经费的申请人或机构要建立审查科学欺诈的行政程序,并向卫生与公众服务部报告涉嫌科学欺诈的调查。1989年,公共卫生署(Public Health Service,PHS)发布《PHS受奖者和申请机构处理和报告可能的科学不端行为的责任》的规章,明确了科学界的不端行为或不端行为是指捏造、篡改、剽窃或其他严重偏离科学界普遍接受的提议、进行或报告研究的做法。它不包括对数据的解释或判断中的诚实错误或诚实差异。这一对科研不端行为的界定后来被广泛采用。1991年，美国国家科学基金会（National Science Foundation，NSF）制定了《科学与工程研究中的不端行为》的规章，基本采纳了PHS关于科研不端行为的定义："捏造、篡改、剽窃或在由NSF资助的研究中提出、实施、报告结果中有其他严重背离可接受实践的行为；对不是恶意检举可疑的研究研究不端行为或对指控提供信息的人进行报复的行为。"[1] 2000年12月，白宫科技政策办公室（Office of Science and Technology Policy，OSTP）制定的《关于科研不端行为的联邦政策》颁布，该文件将科研不端行为定义为"在提议、执行或审查研究或报告研究结果时捏造、篡改或剽窃"，并具体定义了捏造、篡改和剽窃。[2]

用FFP（伪造、篡改、剽窃的英文首字母，英文全称为Fabrication，Falsification，Plagiarism）来定义科研不端行为也由此被广泛接受。这一定义是一个比较狭隘的定义，是站在联邦政府部门监管立场上给出的，政府能监管的必须是一些证据确凿的行为，而非模糊不清甚至存在争议的行为。联邦政策忽略的其他错误的、不良的科研行为，包括大学、研究机构等各类组织的机构政策会予以更加全面的界定。美国政府各部门、各大学、各研究机构、相关学术民间组织均有自己详细的科研诚信政策，给各种不良甚至是错误的研究行为划定红线。1989年，美国医学协会在《健康研究中负责任的研究行为》报告中首次提出了"负责任研究行为"概念及其教育的问题。美国卫生与公众服务部、国立卫生研究院、研究诚信办公室等均接受"负责任的研究行为"的概念和具体建议，所界定的"负责任研究行为"的对立面就是"有问题的研究行为""不良的科学实践"等，从而为各种科研不端行为做了详细界定。

基于对科学工作者高度自律性的信心及维护科学界形象的考虑，欧洲国家开始普遍将科研不端行为视为极端个案，但是没有成立政府层面的机构，出台政府层面的政策。在美国政府介入科研不端行为管理之后，欧洲国家也陆续认识到了政府管理科研诚信工作的必要性。先是北欧、西欧国家，继而大多数欧洲国家也都提出了关于科研不端行为调查与处理的法律和政策。起初，欧洲国家大多使用"良好的科学实践"这

---

[1] NSF.Misconduct in Science and Engineering[EB/OL].(1991-05-14)[2022-08-10].https://www.govinfo.gov/content/pkg/FR-1991-05-14/pdf/FR-1991-05-14.pdf.

[2] OSTP.Federal Research Misconduct Policy[EB/OL].(2000-12-06)[2022-08-10].https://ori.hhs.gov/federal-research-misconduct-policy.

一概念。2007年，美国和欧洲的科研诚信建设领先机构美国科研诚信办公室（The Office of Research Integrity，ORI）和欧洲科学基金会（European Science Foundation，ESF）联合发起举办世界科研诚信大会，从而促进了世界范围内科研诚信规范和政策的统一。大会形成了一个共识："一些严重的不端行为（在美国一般指伪造、篡改和剽窃）给今天的科研诚信造成了最大的威胁。然而，关于研究行为的经验研究越来越多地支持一种假设，即看上去不那么恶劣的在研究的设计、数据解释和出版过程中的有问题的研究行为，包括损害研究记录的可靠性、浪费公共资金，有时甚至损害和危及公众的健康与福利等，可能会造成更大的不良影响。"[1]

此后，欧洲也普遍接受了美国关于科研不端行为的界定，并梳理"良好科学实践"的对立面，完善了对科研不端行为的界定。第一次世界科研诚信大会之后，2007年11月，经济合作与发展组织（Organization for Economic Co-operation and Development，OECD，简称"经合组织"）全球科学论坛发布《保障科学诚信及预防科研不端行为的最佳策略》，从六个方面对科研诚信不端行为进行了界定：

（1）核心的"科研不端行为"
伪造数据
篡改数据
剽窃
（2）研究活动中的不端行为
采用不恰当的（例如，有害的或危险的）研究方法
研究设计粗劣
实验、分析和计算错误
违反对受试者研究的规范
虐待实验动物
（3）与数据相关的不端行为
不保留原始数据
数据管理与储存不当
不使科学共同体知晓数据

---

[1] 托尼·迈尔，尼克·斯丹尼克．[海外]第一届世界科研诚信大会（总结报告）[R/OL]．孙平，译．(2017-01-17) [2022-07-30]. http://www.ircip.cn/web/1044770-1044770.html?id=26645&newsid=746631.

（4）与出版相关的不端行为

在不具资格的情况下署名

不允许对研究做出贡献者署名

人为地增加出版物数量（"腊肠式切分发表"）

不更正有问题的出版物的记录

（5）个人不端行为

不恰当的个人行为，骚扰

对学生指导、辅导与咨询不够

缺乏对社会或文化规范的敏感性

（6）经费使用及其他不端行为

滥用同行评审，如隐瞒利益冲突，不公平地阻挠竞争对手的文章发表

不如实地介绍履历或出版记录

滥用研究经费采购不符合规定的物品或使个人获益

对他人进行无事实根据的或恶意的有关不端行为的举报[1]

该白皮书对科研不端行为的界定较美国科研诚信办公室更加全面，所划分的六类科研不端行为虽并不符合分类穷尽原则，却将现实存在的突出问题全面归纳进来。美国所定义的FFP行为在其中单独成为一类，为核心不端行为。这类行为是研究过程中最直接、最明显的严重科研不端行为，研究过程中其他不那么严重的行为被放在第二类和第三类，与出版相关的不端行为是第四类，研究者个人其他方面的不端行为也被视为一类科研不端行为，滥用同行评审和研究经费、诬告等则被列为第六类。

欧洲各国科研诚信政策中对科研不端行为的界定差别很大，分类原则千差万别，如德国研究联合会通过的《研究行为规范》将严重学术不端分为失实陈述、侵犯知识产权、未经他人同意占用署名权、破坏研究活动、删除数据及因此违反法律规定或违反公认的科学工作纪律准则、参与他人学术不端活动及疏于监管六大类。2011年，欧洲科学院联盟（All European Academies，ALLEA）和欧洲科学基金会制定的《欧洲科研诚信行为准则》对FFP之外其他形式的不端行为进行了界定。2017年，欧洲科学院联盟又进一步修订了该准则，并经欧委会通过成为欧盟范围内的权威政策。该修订版

---

[1] OECD全球科学论坛. 保障科学诚信及预防科研不端行为的最佳策略[EB/OL].(2016-05-29)[2022-08-10]. http://www.ircip.cn/web/1044770-1044770.html?id=26645&newsid=631813.

行为准则对 FFP 之外的科研不端行为界定如下:

操纵署名或贬低其他研究人员在出版物中的作用。

重新发表自己以前已发表作品的实质性部分,包括其译文,而未适当说明或引用原文("自我剽窃")。

有选择地引用文献以突出自己的发现或取悦于编辑、审稿人或同事。

拒绝或阻止发表研究结果。

允许资助方/申办者损害研究过程的独立性,或在报告研究结果时提出或传播存在偏倚的内容。

不必要地增加研究的参考文献。

恶意指控科研人员存在不端行为或其他违规行为。

不实地介绍研究成果。

夸大研究结果的重要性和实用性。

拖延或不适当地妨碍其他科研人员的工作。

滥用自己的职位或资历鼓动他人做出违反科研诚信的行为。

无视他人明显违反科研诚信的行为,或掩盖机构对不端行为或其他违规行为的不当处理。

创立或支持损害对研究成果质量控制的期刊("掠夺性期刊")。[1]

中国科学院参加的国际科学院组织(InterAcademy Partership,IAP)所发布的《全球研究事业中的负责任行为:政策报告》将所有研究行为分为"不负责任的研究行为"和"负责任研究行为"。除伪造、篡改和剽窃等行为之外,如不当署名、未能正确共享数据、未保留数据、统计或分析方法使用不当、苛待学生或下属、重复发表、夸大或歪曲研究成果、研究中不恰当对待人类受试者、虐待实验动物、滥用生物制剂等均是"不负责任的研究行为"。各国际组织、各国政府、各种学术组织、各大学和研究机构相关政策所界定的科研不端行为虽然分类方式不一,尺度掌握略有差异,但大致内容趋于一致。

中国政府历来重视科研诚信建设,较早明确了各种学术不端行为的界定与惩处。1999 年,科技部、教育部、中国科学院、中国工程院和中国科协联合发布《关于科技

---

[1] 全欧科学院. 欧洲科研诚信行为准则(修订版)[EB/OL]. 孙平,译.(2016-05-30)[2022-08-10]. http://www.ircip.cn/web/1044770-1044770.html?id=26645&newsid=632023.

工作者行为准则的若干意见》，明确了科技工作者的行为规范并明确：严禁抄袭他人著作、论文或者剽窃他人科研成果的行为；在科学技术研究活动中，不得为得出某种主观期望的结论而捏造、篡改、拼凑研究结果或者实验数据，也不得投机取巧、断章取义，片面给出与客观事实不符的研究结论；禁止故意夸大项目的学术价值和经济效益，禁止通过弄虚作假等不正当手段骗取项目；未参加研究或者仅从事辅助性、服务性工作的单位和人员，不得以任何方式挤入排名顺序，侵占他人应得的权益；无论何时何地均不得有任何危害国家安全和社会稳定、损害国家荣誉和利益的行为；不得参与、支持任何形式的伪科学和愚昧、迷信活动等。

2004年，教育部发布《高等学校哲学社会科学研究学术规范（试行）》，列出了一些主要的学术不端情形：抄袭、剽窃或侵吞他人学术成果；伪注、伪造、篡改文献和数据；粗制滥造和低水平重复；学术成果重复发表；不当评价、虚假评价、泄密、披露不实信息或恶意中伤等；被评价者干扰评价过程；对批评者压制或报复等。

2012年，教育部以第34号部令的形式发布了《学位论文作假行为处理办法》，专门对学位论文作假行为进行了界定。这些行为主要包括：购买、出售学位论文或者组织学位论文买卖；由他人代写、为他人代写学位论文或者组织学位论文代写；剽窃他人作品和学术成果；伪造数据；其他严重学位论文作假行为。

2015年，中国科协、教育部等七部门发布《发表学术论文"五不准"》，明确了五种与学术论文发表有关的较为严重的学术不端行为：由"第三方"代写论文、由"第三方"代投论文、由"第三方"对论文内容进行修改、提供虚假同行评审人信息、违反论文署名规范。

2016年，教育部发布了《高等学校预防与处理学术不端行为办法》，对高校常见学术不端行为进行了较为全面的界定。该办法所称的学术不端行为是指"高等学校及其教学科研人员、管理人员和学生，在科学研究及相关活动中发生的违反公认的学术准则、违背学术诚信的行为"。重点聚焦了以下几种情形：剽窃、抄袭、侵占他人学术成果；篡改他人研究成果；伪造科研数据、资料、文献、注释，或者捏造事实、编造虚假研究成果；未参加研究或创作而在研究成果、学术论文上署名，未经他人许可而不当使用他人署名，虚构合作者共同署名，或者多人共同完成研究而在成果中未注明他人工作、贡献；在申报课题、成果、奖励和职务评审评定、申请学位等过程中提供虚假学术信息；买卖论文、由他人代写或者为他人代写论文等。并规定了六种应当认定为情节严重的情形：造成恶劣影响的；存在利益输送或者利益交换的；对举报人进行打击报复的；有组织实施学术不端行为的；多次实施学术不端行为的；其他造成严重后果或者恶劣影响的。

2018年，中共中央办公厅、国务院办公厅印发的《关于进一步加强科研诚信建设的若干意见》对从事科研活动和参与科技管理服务的各类人员提出了明确要求：不得抄袭、剽窃他人科研成果或者伪造、篡改研究数据、研究结论；不得购买、代写、代投论文，虚构同行评议专家及评议意见；不得违反论文署名规范，擅自标注或虚假标注获得科技计划（专项、基金等）等资助；不得弄虚作假，骗取科技计划（专项、基金等）项目、科研经费及奖励、荣誉等；不得有其他违背科研诚信要求的行为。

2019年，科技部等20个部门发布的《科研诚信案件调查处理规则（试行）》罗列了以下几种主要科研失信行为：抄袭、剽窃、侵占他人研究成果或项目申请书；编造研究过程，伪造、篡改研究数据、图表、结论、检测报告或用户使用报告；买卖、代写论文或项目申请书，虚构同行评议专家及评议意见；以故意提供虚假信息等弄虚作假的方式或采取贿赂、利益交换等不正当手段获得科研活动审批，获取科技计划项目（专项、基金等）、科研经费、奖励、荣誉、职务职称等；违反科研伦理规范；违反奖励、专利等研究成果署名及论文发表规范及其他科研失信行为。为贯彻实施《中华人民共和国科学技术进步法》等法律法规，进一步规范科研失信行为调查处理工作，科技部会同科研诚信建设联席会议成员单位对《科研诚信案件调查处理规则（试行）》进行了修订，并于2022年8月发布了修订后的《科研失信行为调查处理规则》，《科研诚信案件调查处理规则（试行）》同时废止。

2019年，国家新闻出版总署发布了行业标准《学术出版规范——期刊学术不端行为界定（CY/T 174—2019）》[以下简称"行业标准（CY/T 174—2019）"]，界定了学术期刊论文作者、审稿专家、编辑者三方可能涉及的学术不端行为，并对"剽窃""伪造""篡改""不当署名""一稿多投""重复发表"等术语进行了具体定义，给出了准确的描述，适用于学术期刊论文出版过程中各类学术不端行为的判断和处理。

2020年，科技部发布《科学技术活动违规行为处理暂行规定》，明确科学技术人员的违规行为有：在科学技术活动的申报、评审、实施、验收、监督检查和评估评价等活动中提供虚假材料，实施"打招呼""走关系"等请托行为；故意夸大研究基础、学术价值或科技成果的技术价值、社会经济效益，隐瞒技术风险，造成负面影响或财政资金损失；人才计划入选者、重大科研项目负责人在聘期内或项目执行期内擅自变更工作单位，造成负面影响或财政资金损失；故意拖延或拒不履行科学技术活动管理合同约定的主要义务；随意降低目标任务和约定要求，以项目实施周期外或不相关成果充抵交差；抄袭、剽窃、侵占、篡改他人科学技术成果，编造科学技术成果，侵犯他人知识产权等；虚报、冒领、挪用、套取财政科研资金；不配合监督检查或评估评价工作，不整改、虚假整改或整改未达到要求；违反科技伦理规范；开展危害国家安全、损害社会公共利益、危害人体健康的科学技术活动；违反国家科学技术活动保密相关规定；法律、行政法规、部门规章或规范性文件规定的其他相关违规行为。

2020年，国家自然科学基金委员会修订通过《国家自然科学基金项目科研不端行为调查处理办法》，该办法列举了九类科研不端行为：① 抄袭、剽窃、侵占；② 伪造、篡改；③ 买卖、代写；④ 提供虚假信息，隐瞒相关信息及提供信息不准确；⑤ 通过贿赂或者利益交换等不正当方式获取科学基金项目；⑥ 违反科研成果的发表规范、署名规范、引用规范；⑦ 违反评审行为规范；⑧ 违反科研伦理规范；⑨ 其他科研不端行为。

综合国内外关于学术不端行为的上述界定，我们可以发现，虽然分类具有多个维度，分类方法各不相同，但大致指向的具体行为是基本一致的。根据学术不端行为的严重程度可划分为科研不端行为和有问题的科研行为，中国亦有学者据此将之称为学术不端行为和学术不当行为；根据学术不端行为发生的阶段，可分为申请、研究、发表、评价与评审等过程中的学术不端行为；根据学术不端行为的性质可分为违背研究诚信、违背科技伦理、违反利益冲突规定、侵犯知识产权、违反其他法律法规等。综合以上界定和分类，本章将常见的学术不端行为分为六种情形并进行详细剖析。

第二节 抄袭与剽窃

抄袭和剽窃是最为普遍的核心学术不端行为之一，也是一种古老的学术不端现象。《礼记·曲礼上》所说的"毋剿说，毋雷同"就是强调不要"抄"与"袭"。所谓"剿说"，就是剽窃别人的言论为己说；所谓"雷同"，就是完全因袭别人。"抄袭"和"剽窃"的英译都是"plagiarism"，美国卫生和公众服务部（United States Departrment of Health and Humcun Services，HHS）与美国科学基金会关于剽窃的定义均是擅自使用他人的思想、方法、结果或文字而不标明来源。但在汉语中"抄袭"与"剽窃"有程度上和情感上的差别。"抄袭"是并列结构的词汇："抄"一般指不加注明地逐字逐句复制别人的论述；"袭"指因袭，不加注明使用别人的创新思想和成果。"剽窃"同样也是并列结构的词汇,"剽"是劫夺的意思,"窃"是偷盗的意思。将此种行为比喻为劫夺和偷窃,则有更明显的贬义色彩。现代意义上抄袭与剽窃均指盗窃别人的思想劳动成果,包括对他人创意、构思、方法、材料、字句、版权的盗用。抄袭与剽窃本质上是一样的,本文不再分开论述。

抄袭与剽窃行为分类亦有多重维度:① 从内容上分,可分为抄袭文字表述、剽窃观点、剽窃数据、剽窃图片和音视频、剽窃研究方法等。② 从抄袭与剽窃的方式上分,有直接抄袭、组合抄袭、零星抄袭、隐蔽抄袭等。③ 从抄袭的来源上分,除明目张胆从别人论文、论著中抄袭之外,比较隐蔽的有从外文中抄袭,从未发表作品中抄袭,从未纳入查重的旧书、旧论文等中抄袭,自我抄袭,等等。④ 从情节轻重上分,可分为主观上起意的抄袭,因治学不严谨且不懂学术规范和引文规范而造成的抄袭,因文字录入、软件转换、发表中沟通不畅等技术失误而造成的抄袭等。

学术乃天下之公器,科研和学术活动的目的是增加知识,推动创新。任何研究和学术活动都要站在前人的肩膀上,都要依赖学术共同体常年的创新积累,因此承认前人的贡献是科学和学术的基本规范。大部分科学和学术的创新并不能直接带来利益,一代代科学家与学者专注科学和学术创新很重要的"回报"就是发现权与荣誉,抄袭与剽窃是对这种承认最大的伤害。

一、抄袭文字表述

文字表述是作者表达、论证自己思想和观点的载体,是重要的思想和智力劳动。抄袭文字表述,是指无视前人的贡献和他人的思想劳动,不加引注地使用他人既有的文字段落、句子及词组等。行业标准(CY/T 174—2019)将文字抄袭分为七种:

(1) 不加引注地直接使用他人已发表文献中的文字表述。

(2) 成段使用他人已发表文献中的文字表述,虽然进行了引注,但对所使用文字不加引号,或者不改变字体,或者不使用特定的排列方式显示。

(3) 多处使用某一已发表文献中的文字表述,却只在其中一处或几处进行引注。

(4) 连续使用来源于多个文献的文字表述,却只标注其中一个或几个文献来源。

(5) 不加引注、不改变其本意地转述他人已发表文献中的文字表述,包括概括、删减他人已发表文献中的文字,或者改变他人已发表文献中的文字表述的句式,或者用类似词语对他人已发表文献中的文字表述进行同义替换。

(6) 对他人已发表文献中的文字表述增加一些词句后不加引注地使用。

(7) 对他人已发表文献中的文字表述删减一些词句后不加引注地使用。[1]

以上第一种情形就是直接抄袭文字,是比较明显的学术不端,也比较容易被发现。第二、第三、第四种情形是不规范的引用,造成直接抄袭部分内容的后果。写作中经常出现对某一作品引用过多,一一标注出处会让篇幅增大很多且暴露了过多的引用,因此往往采取掩耳盗铃式的少标注的方法。第五、第六、第七种情形的实质是"洗稿"。直接抄袭的情形随着论文查重系统的广泛使用,已经得到一定程度的遏制。针对查重系统,许多作者会根据查重结果进行修改,通过修改、替换部分文字有效降低了作品的重复率,以便通过查重系统。采取这些做法,虽然在短时期内是可以通过查重系统的审核,但不改变其抄袭的本质。查重系统会不断升级,暂时能逃过查重系统审核的作品可能会在日后升级的查重系统面前露出马脚。

此外,许多学生和作者在写作不使用查重系统检测的学位论文、平时作业、小论文、图书及不公开发表的论文时,往往还是容易侥幸心理作祟,或多或少进行抄袭,而指导教师也没有能力或者意愿去发现其中存在的抄袭现象。其实所有的学位论文都要提交或者保存,甚至留在论文数据库中,图书、作业和内部发表的论文也都客观存在,严重的抄袭迟早是会被发现的。

二、剽窃观点

所谓剽窃观点,行业标准(CY/T 174—2019)定义为:不加引注或说明地使用他人的观点,并以自己的名义发表。其具体表现包括以下五点:

(1) 不加引注地直接使用他人已发表文献中的论点、观点、结论等。

(2) 不改变其本意地转述他人的论点、观点、结论等后不加引注地使用。

(3) 对他人的论点、观点、结论等删减部分内容后不加引注地使用。

---

[1] 全国新闻出版标准化技术委员会. 学术出版规范:期刊学术不端行为界定(CY/T 174—2019)[S/OL].(2019-05-29)[2022-08-10].http://www.dlyj.ac.cn/attached/file/20191126/20191126104826_663.pdf.

(4) 对他人的论点、观点、结论等进行拆分或重组后不加引注地使用。

(5) 对他人的论点、观点、结论等增加一些内容后不加引注地使用。[1]

以上第一种情形是直接抄袭他人论点、观点、结论。如果使用他人的论点、观点和结论，且不构成自己论文的核心部分，可以用直接引用的方式加以合理利用。但直接引用如果不加引号、不注明出处就会变成直接抄袭。第二种情形是转述他人的论点、观点、结论，且不构成自己论文的核心观点，可以用间接引用的方式加以合理利用，但若不加引注，就会变成抄袭。后三种情形是对别人的论点、观点、结论采用删减、增加、拆分组合等方式改头换面进行抄袭，其目的多是避免让别人发现或者通过查重系统，同样是严重的学术不端行为。

任何一个真正创新观点的提出，都是在前人已有贡献的基础上做出的。西方贤人说，太阳底下无新事，研究中形成真正创新的观点是很不容易的。开展研究时，在提出研究设想阶段就要进行查新，文科也要系统梳理前人在该论题的观点、材料、方法、论述等方面的贡献。如果一个所谓的"新观点"前人或他人完全没有涉及，这通常说明该研究者可能完全不了解这个研究领域，或者说明这个论题没有足够的研究价值。对前人观点的发展，不能通过局部修改、剪切、增添等方法瞒天过海，必须对前人的观点给予充分的承认，否则就构成观点剽窃。

不仅是他人已发表的观点和思想，在学术交流、教学、评审及其他场合中对他人未正式发表的观点的使用，如果不加引注，也是抄袭。这里要区分常识与他人观点。如果是常识，即使构成自己论证的关键环节，也不必精准标出来源和出处；但要明确的是，常识不能构成论文、论著的核心论点。论文、论著是用来展示、传达研究成果的，如果没有进行研究，没有形成研究的独特论点和思想，是不能撰写论文和论著的。没有研究基础的学术写作，必然会构成观点的剽窃。

三、剽窃数据

科研中的数据一旦发表就成为公共知识，但如果不加引注或说明地使用他人（已发表和未发表）文献中的数据，并以自己的名义发表就是剽窃数据。行业标准（CY/T 174—2019）将其表现形式概括为以下六种：

---

[1] 全国新闻出版标准化技术委员会. 学术出版规范：期刊学术不端行为界定（CY/T 174—2019）[S/OL]. (2019-05-29)[2022-08-10]. http://www.dlyj.ac.cn/attached/file/20191126/20191126104826_663.pdf.

（1）不加引注地直接使用他人已发表文献中的数据。

（2）对他人已发表文献中的数据进行些微修改后不加引注地使用。

（3）对他人已发表文献中的数据进行一些添加后不加引注地使用。

（4）对他人已发表文献中的数据进行部分删减后不加引注地使用。

（5）改变他人已发表文献中数据原有的排列顺序后不加引注地使用。

（6）改变他人已发表文献中的数据的呈现方式后不加引注地使用，如将图表转换成文字表述，或者将文字表述转换成图表。[1]

其中第一种情形是直接剽窃数据，其他几种情形是较为隐蔽的剽窃方式。第二、第三种情形，如果没有自己研究、实验或调查的基础，就对他人的数据进行修改、添加，在构成剽窃的同时，还构成伪造和篡改；第四、第五种情形，通过删减、重新组合等方式不加引注地使用他人数据，其目的是避免被人发现或被查重系统发现其剽窃行为；第六种情形，虽然数据呈现方式发生变化，但若不注明出处，依然构成剽窃。

四、剽窃图片和音视频

随着科学研究的不断发展，实验设备的不断进步，科技论文中对图片的使用越来越频繁，甚至有些学科开始使用视频。图片，无论是绘制的还是摄制的，都有助于作者更准确地传递信息，甚至有些图片本身就是关键的科研成果。在音乐、美术、影视等专业中，图片和音视频本身就是创新的成果。在所有的学科中，整理出来的图表反映了作者系统、创新的思考。如果不加引注或说明地使用他人（含已发表和未发表）文献中的图片和音视频，并以自己的名义发表，就构成剽窃图片和音视频的行为。行业标准（CY/T 174—2019）将其表现形式概括为以下几点：

（1）不加引注或说明地直接使用他人已发表文献中的图像、音视频等资料。

（2）对他人已发表文献中的图片和音视频进行些微修改后不加引注或说明地使用。

（3）对他人已发表文献中的图片和音视频添加一些内容后不加引注或说明地使用。

---

[1] 全国新闻出版标准化技术委员会. 学术出版规范：期刊学术不端行为界定（CY/T 174—2019）[S/OL]. (2019-05-29)[2022-08-10]. http://www.dlyj.ac.cn/attached/file/20191126/20191126104826_663.pdf.

(4) 对他人已发表文献中的图片和音视频删减部分内容后不加引注或说明地使用。

(5) 对他人已发表文献中的图片增强部分内容后不加引注或说明地使用。

(6) 对他人已发表文献中的图片弱化部分内容后不加引注或说明地使用。[1]

第一种情形是直接剽窃；第二、第三、第四种情形是对他人已发表文献中的图片和音视频分别进行部分内容的修改、增添、删减；第五、第六种情形是专门针对图片的增强和弱化。如果是艺术作品，对他人图片和音视频进行各种修改后据为己有是剽窃，且侵犯他人知识产权；如果是科技和学术论文，对他人图片和音视频进行各种修改后据为己有，不仅是剽窃，还构成篡改与伪造，是非常严重的学术不端行为。

五、剽窃研究方法

研究方法在发现新理论、新观点，揭示事物内在规律，推进科学和学术发展方面非常重要，重大的科学创新往往也意味着方法的创新，将创新的方法运用于别的领域很容易产生新的创新成果。方法的创新使得新理论、新观点、新论述等具有更高的科学价值和学术价值。不加引注或说明地使用他人具有独创性的研究（实验）方法，并以自己的名义发表，就是方法剽窃。行业标准（CY/T 174—2019）将其表现形式概括为以下两种情形：

(1) 不加引注或说明地直接使用他人已发表文献中具有独创性的研究（实验）方法。

(2) 修改他人已发表文献中具有独创性的研究（实验）方法的一些非核心元素后不加引注或说明地使用。[2]

前者是直接的方法剽窃，后者是用较为隐蔽的方法剽窃。从他人未公开发表的手稿、申请材料中未经原作者同意，未标注来源，就使用他人独创性的方法同样构成剽

---

[1] 全国新闻出版标准化技术委员会. 学术出版规范：期刊学术不端行为界定（CY/T 174—2019）[S/OL]. (2019-05-29)[2022-08-10]. http://www.dlyj.ac.cn/attached/file/20191126/20191126104826_663.pdf.

[2] 全国新闻出版标准化技术委员会. 学术出版规范：期刊学术不端行为界定（CY/T 174—2019）[S/OL]. (2019-05-29)[2022-08-10]. http://www.dlyj.ac.cn/attached/file/20191126/20191126104826_663.pdf.

窃。研究方法（包括方法论、算法、科研设计等）是科学研究的核心创见，只要充分承认前人在研究方法上的贡献，研究者对前人方法的任何改进和独特运用都是有价值的科研活动。但如果缺乏对研究独创性的尊重，隐没前人在方法上的贡献，就会构成抄袭，因为这势必会让他人误以为剽窃者自己在方法上有独特贡献。

六、组合抄袭与拼凑写作等

直接抄袭比较容易被识别出来，因此组合抄袭、拼凑写作等方式越来越常见，形式也越来越隐蔽和多样化。组合抄袭（亦称"马赛克抄袭"）的表现形式有：将自己的东西与原创者的东西混在一起，让人无法识别原创者的贡献；不完全从一个来源进行抄袭，而是根据需要可以抄这篇文章的几句话或段落，也可以从另外的地方抄袭几句话；可以抄袭文字，也可以隐蔽地抄袭观点、方法或者材料。学生中比较常见的一种组合抄袭方法是"拼装法"，自己搭一个写作框架，别人的内容如同建筑材料被填充进去。看题目、看结构似乎有新意，然而内容全部是拼凑的，没有真实的研究，更谈不上对发展知识的贡献。20世纪80年代，国内一位"红极一时"的学者在短期内出版了多部学术专著，很多都是同一内容的不同排列组合。其中既有剽窃别人的，又有自我剽窃，相关内容根据图书结构整章、整节穿插组合。

自我抄袭是个充满争议的概念，也是一个灰色地带。目前，国际科学界普遍认为不加声明地将已出版的内容再次部分或整体地出版是自我抄袭。欧美大学中未获允许的重复提交作业亦被视为学术不端行为。自我抄袭与重复发表、不必要发表等概念有交叉，这些行为导致了科研成果的虚假繁荣。近年来，国内也有极少数知名学者因论文内容重复等问题被国际学术刊物撤稿。创新是发表的基础，自我抄袭意味着研究未取得新的进展，但仍以隐蔽或明显的重复来将其装扮成新成果，不过是为了凑数。自我抄袭侵占和消耗总体学术资源，浪费其他研究人员的时间和精力，也是学术不端行为。

"拼凑写作"（patchwriting）一词，是美国雪城大学写作和修辞学教授霍华德提出来的，也译为"补丁写作"，指东拼西凑规避直接抄袭的一种写作手法。通常在间接引用、转述和小结中过多依赖原文也可视为"拼凑写作"。有这么几种情形构成"拼凑写作"：写作者在论述中借鉴他人的论述却没有标明出处；或转述他人论述时没有用自己的语言重新组织；亦有一些人为了掩饰抄袭的痕迹或规避查重软件，通过改换词语、调整次序、增减内容等方法进行"洗稿"——这是比较恶劣的拼凑写作。美国海军学院范德马克所著《潘多拉魔盒的守护者：9个男人和核弹的故事》讲述了发明核弹的9名科学家的生活，并剖析了这些科学家因为发明核弹给世界带来巨大冲击而面临的精神困扰。该书出版后大受欢迎。但很快有人发现这本书中涉嫌剽窃他人著作的内容多达50多处。按照规范，这些内容都应该注明出处，范德马克却认为这些都是合理的"同义转换"。未注明出处的"同义转换"是典型的"拼凑写作"。

随着查重技术的进步，任何抄袭的论文，包括组合抄袭、拼凑写作，最终都逃不出知网等各类文献数据库和各类查重软件的筛查，因为用于比对的文献数据库会不断扩大，查重软件也会不断升级。更何况学术乃天下之公器，若是没有真正的创新，学者和同行在认真研读之后也能发现抄袭的存在。

七、隐蔽抄袭

凡意在遮掩抄袭以躲避同行和查重软件检查的行为均被视作隐蔽抄袭。上文已经介绍了一些隐蔽抄袭的情形。从抄袭的来源来看，从外文资料、外国学者那里进行抄袭是一种比较常见的隐蔽抄袭，不仅各类专业查重软件暂时无法识别，有时就连本专业资深研究人员也未必能及时识别出来。然而，除非这个研究成果完全没有价值，或者抄袭的内容毫无价值，否则抄来的东西迟早会被发现。早些年，有学者利用当时我国学术界与国外交流不够深入，很难及时、全面了解国外研究资料的状况，抄袭外国学者的科研成果，蒙混过关。20世纪90年代，中华人民共和国首例公开披露的学术不端事件就是一起国外"移植"、国内"开花"的剽窃案例。人文社科领域从国外资料中抄袭也不乏其例，如某年轻学者整段翻译抄袭美国人类学家哈维兰的教材《当代人类学》曾引起轩然大波。另有一位年轻学者从英文原著中抄袭，在接受调查时该学者坚决否认存在剽窃行为，认为其属于"采用""参照""改写""改译"。人类文明具有多样性，世界各国的文献浩如烟海，从外文资料中抄袭有时的确不容易被发现。但知识的创新与发展是有逻辑的，新的知识不是凭空出现在人的头脑中的，总是在前人的肩膀上向前更进一步。知识的创新总是建立在人类学术共同体长期努力的基础上，而创新的知识也总会出现在人类学术共同体的某个节点。新知识的出现总有一个最早的节点，后来的抄袭者难免要露出马脚。苏格拉底说"知识就是美德"，确实大部分抄袭者的学术不端行为都有一定程度的错误观念做支撑。一个理性的人一般不会去做他明知是错误且会有严重后果的事；即使去做，也有很多借口。将抄袭行为解释为"采用""参照""改写""改译"就是自欺欺人的借口。实际上，在学术论文和著作的写作中，没有所谓的"采用"，只有引用；没有所谓的"参照"，只有参考；更没有所谓的"改写""改译"，只有间接引用和翻译。

从旧文、旧书中抄袭是另一类比较普遍的隐蔽抄袭行为。查重系统依赖数据库，许多旧文、旧书不在查重软件数据库中。如果从内部期刊报纸及旧文章、旧书中抄袭可能就会暂时逃过查重系统的筛查。有些"聪明人"及论文代写公司就钻了这个空子。曾有某高校研究生从另外一所大学供学生发表论文的内部期刊中抄袭了两篇论文，并借此获取了保送研究生资格及众多荣誉。然而论文发表也就意味着论文的永远公开，若有抄袭存在，即使能暂时逃过查重系统和评审专家的审查，也逃不过知识共同体长期的审查。此外，从学术会议、演讲、内部评审材料、投稿论文中剽窃的学术不端行为也是比较隐蔽的。

审稿人剽窃也非常隐蔽。同行评审是某一领域专家对他人研究成果、研究项目等达到的水平进行评估和评价的行为，是科研内容能否发表、项目能否立项、成果能否获奖的重点评估环节。一般认为能够成为同行评审专家的研究人员应该业务精湛，品德高尚。然而，由于当下同行评审任务越来越重，能成为同行评审专家的人员越来越多，于是评审过程中的抄袭剽窃现象也就时有发生了。据撤稿观察网报道，来自伊朗马什哈德菲尔多西大学的机械工程师米娜·梅雷根向期刊《环境科学与污染研究》投了一篇论文，按照程序等待审稿意见。审稿过程持续了9个月仍未见审稿意见回复，投稿人却在其他期刊上发现该文已被他人发表，发表论文者正是此前所投期刊的审稿人。在申请撤稿的5个月内，这篇剽窃而发的论文被引用了17次，其中还有8次是剽窃者的自引。2015年，波士顿塔夫茨大学的丹辛格团队向美国《内科学年鉴》提交了论文，论文在送外审，受同行评议后不幸被拒。2016年8月，丹辛格博士发现一本影响因子较低的期刊刊出了与自己被拒那篇相似的论文。经与期刊编辑核实，丹辛格博士发现正是当时所投期刊审稿人剽窃了自己的数据内容。丹辛格博士曾在顶级期刊上发表论文，剽窃人钻空子以为在较低级别期刊上发表不易被发觉。这种以审稿人身份为自己谋利的做法，损害了同行评审的信誉，对科学道德的伤害极大。

不仅论文、论著等不允许抄袭与剽窃，许多科研、教学等方面的文档、作品也不允许抄袭与剽窃。科研项目申请书是不允许剽窃的。科研项目申请书是科研人员根据主管机构和委托机构项目指南和自身专业能力及研究条件撰写的申请文书，其中的研究设计、安排和说明等都必须有独创性。国家自然科学基金委员会监督委员会曾多次通报抄袭与剽窃他人国家自然科学基金项目申请书的处理决定，其中还有人剽窃未获资助的项目申请书，大概当事人认为抄袭未获资助项目的申请书不会被发觉。避免此类抄袭与剽窃嫌疑的好办法是要养成在学术写作中充分承认他人创新与贡献的好习惯。无论是公开发表的论文，还是内部的报告和课件等，都不要掠人之美，而是要美人之美，成己之美。

八、不重视学术规范和引文规范而造成的抄袭

严谨治学，不掠人之美是中国古代学者治学的优良传统。然而，从中国古代直至20世纪末，我国学术界并没有非常清晰、明确的学术规范。现代意义的学术规范是随着科学和社会发展而建立并不断完善起来的，其中就包括各种论文写作格式和引文规范。现实中的确有一些作者从本意上看并没有想抄袭，但因为治学还不够严谨，不重视学术规范和引文规范，客观上造成了抄袭。

某知名学者再版的 20 世纪 90 年代的博士论文被另一位教授认定为存在抄袭。该书的主要问题在于不规范的间接引用，也就是说在借鉴前人观点和方法时不够规范。学术诚信的基本原则亘古未变，学术规范却是与时俱进的，而且越来越趋于严格。严格的学术规范，包括明确的论文写作格式和规范，可以有效帮助学者规避学术不端行为。严谨的研究和写作必须充分承认前（他）人的贡献，符合写作格式、引文规范的要求只是基本的要求，并不代表是完全严谨的研究。学术规范是动态变迁的，早年的作品如果不够严谨，修订时应该完全遵照新的学术规范。这一事件激发起整个学术界对学术诚信、严谨治学、学术批评等问题的深入思考，对中国学术规范的进步具有重要意义。

相比之下，著名教授却伯勇于认错以维护学术诚信尊严，值得我们学习。却伯教授是哈佛大学最高等级的校级教授，是美国当代宪法学界最负盛名的学者之一，也是自由派最重要的代表人物之一。2004 年 10 月，美国保守派阵营的《旗帜周刊》指控却伯教授剽窃，其中最关键的证据是却伯教授于 1985 年出版的《上帝拯救这个尊崇的法院》中有一句话（19 个单词）与亨利·亚伯拉罕于 1974 年出版的《大法官与总统》中的一句话完全雷同。自由派学者大多认为这是政治打压。2000 年，美国总统大选小布什与戈尔案，却伯是民主党候选人戈尔在最高法院的代理律师。此次事件，当是保守派有意所为。却伯教授此书是通俗作品，并非学术著作，所以出版时删除了所有脚注和尾注，当然在参考文献中还是提及亚伯拉罕教授这部著作的。百密一疏，此处未注明出处，确实不符合英文写作规范。此时，却伯教授可以打政治牌，也可以进

行冷处理。结果，却伯教授在《旗帜周刊》刊登相关报道，次日就真诚地向亚伯拉罕教授与学术界公开致歉，表示未能注明资料来源，不符合学术诚信要求。哈佛大学也迅速成立了由哈佛大学前校长博克等三人组成的调查委员会负责处理。经过7个月的认真调查，调查委员会最终提交报告认为：却伯教授之错虽非有意为之，却违反了学术规范，由于只涉及个别措辞，而非核心观点，故不予以处罚。却伯教授坚持学术标准，公开道歉，维护了美国高水平大学的学术准则，其勇气值得敬佩。当然，却伯教授也为此付出了重大代价，他期待成为美国最高法院大法官的夙愿也从此梦碎。[1]

在这一事件中，却伯教授明显属于参考文献与引文使用不当。现代学术诚信规则不仅仅关注研究结果的正确、知识与表达的准确，还要求"程序正确"——即使研究结果是正确的，也不能免除学术诚信方面程序规则的检查。这方面中国学术界近些年也逐渐重视起来。事实上，直至进入21世纪，有些学术期刊还非常不严谨，某学报所刊登论文还登载"因篇幅有限，主要参考文献省略"。近年来，《信息与文献 参考文献著录规则》《学术出版规范 引文》《学术出版规范 注释》等一大批相关标准出台，科学出版社《作者编辑手册》、社会科学文献出版社《作者手册》等一批相关专著出版，值得我们重视和学习。

引用是学术研究规范的重要内容。通过引用，向读者介绍此论题前人研究达到的程度；通过引用，提供史料、材料方面的支撑；通过引用，提高论述论证的说服力；等等。引用、注释、参考文献等都要详备，且须标明真实出处，提供与引文相关的准确信息。不能为"引"而"引"，必须符合研究和论证的逻辑需要，且应努力遵从原著的原意，不可断章取义，更不可曲解原意。引用时，应尽可能追溯到相关论说的原创者，尽量避免使用第二手资料。

正确的论文写作格式和引文规范是坚持学术诚信的基本保障，不当引用是一种欺骗行为。有学者明明借鉴的是中文译本，却为了显得自己博学而引用意大利原文，这也是明显的学术不端。有学者总结了常见的不当引用类型：① "李代桃僵"——将引自译著、译文或他人论著的译句，标注为引自原著，即原始外文文献。② 关系引用——只引用关系亲者的论述，而不引用关系疏者的论述，尽管前者对自己没有多大帮助，而后者对自己确有实质性启发。③ 相投引用——只引用与自己立场、观点相同的论述，而不引用与自己立场、观点相左的论述，即使在应该引用时也不引用。④ 避

---

[1] 复旦大学研究生院. 研究生学术道德案例教育百例[M]. 上海：复旦大学出版社，2018：23-25.

重就轻——为了凸显自己成果的分量，只引用一般性论述，而不引用重量级和高水平的论述，以免相形见绌。⑤ 偷天换日——为了彰示自己的"优先权"，只引用自己先前的论述，而不引用他人更早阐明同一论题的论述。⑥ 自吹自擂——不管有无关联、有无必要，把自己的论著尽可能多地列入参考文献之中。⑦ "逼良为娼"——有些期刊或明或暗地要求作者多引用自己期刊的论文，以提高其期刊的引用率，提升其档次等。[1] 此外还有"强迫引用"（强迫他人包括学生引用自己的论述）、"交换引用"（相互约定互相引用）等。即使是不公开发表的学术论文，甚至平时的作业，也要严格遵守学术规范。遵守学术规范，规范引文，也体现了一个人的学养和道德水准。

第三节　伪造与篡改

伪造与篡改是所有学科领域，尤其是实验学科领域最常见的学术不端行为之一，是伪造、篡改、抄袭（FFP）中排在前两位的行为。所谓伪造，是指编造数据或结果，并且进行记录或进行报道；所谓篡改，是指为符合预定的结果而人为修改实验材料或过程，修改或省略数据、结果等，使研究记录不能准确反映真实研究过程。伪造与篡改虽有所区别，但在本质上都是通过弄虚作假来支持自己的既定观点，是总体危害最大的科研不端行为，因此本节将其放在一起叙述。

学术史、科学史上伪造篡改的案例不胜枚举，甚至有一些"学术名人"也是通过伪造与篡改而"崭露头角"的。如此而来的"科研成果"有可能在一时间取得"成功"，甚至引起社会轰动，却无法经重复实验再现。伪造与篡改是进入科研起步阶段的研究生最需要警惕的。科学判断、推理与实验结论间可能存在种种曲折，现实中还有各种科研压力，常有研究生在实验数据与自己的预期不符时，为支持自己预想的结论，就轻易改动数据，以达到数据和结论的一致。经合组织全球科学论坛在界定核心科研不端行为时特别关注一些细微和隐蔽的行为，包括"在分析时有选择地剔除数据，不当地解释数据以得到预期结果（包括不恰当地应用统计方法），在出版物中修改图像，迫于资助方的压力提供虚假数据或结果"[2] 等。这类学术不端的行为不仅危害个人

---

[1] 李醒民. 学术论著"伪注"现象剖析[EB/OL]. (2010-06-18)[2022-08-10]. http://news.sciencenet.cn/sbhtmlnews/2010/6/233285.html? id=233285.

[2] OECD 全球科学论坛. 保障科学诚信及预防科研不端行为的最佳策略[EB/OL]. (2016-05-29)[2022-08-10]. http://www.ircip.cn/web/1044770-1044770.html? id=26645&newsid=631813.

学术前途，有损机构声誉，更有违科学精神，阻碍科学和学术健康发展。

一、伪造

伪造是一种无中生有的造假行为，对科学事业损害极大。最早从政府层面对科研不端行为进行界定的是美国，其联邦政策将伪造定义为"编造数据或结果，并对其进行记录或报告"。这一定义为科学界广泛接受。行业标准（CY/T 174—2019）对伪造的界定是"编造或虚构数据的行为"，并罗列了常见的六种情形，如下所示：

（1）编造不以实际调查或实验取得的数据、图片等。
（2）伪造无法通过重复实验而再次取得的样品等。
（3）编造不符合实际或无法重复验证的研究方法、结论等。
（4）编造能为论文提供支撑的资料、注释、参考文献。
（5）编造论文中相关研究的资助来源。
（6）编造审稿人信息、审稿意见。[1]

伪造行为不仅在自然科学领域十分常见，在人文社会科学领域也屡见不鲜，特别是在一些调查、统计、实物证据等方面。以上第一种情形是数据和图片的伪造；第二种情形是样品的伪造；第三种情形是研究方法和结论的编造；第四种情形是支撑资料、注释、参考文献的编造；最后两种情形是资助来源、审稿人信息、审稿意见等的编造，这亦属于不实陈述的情形。

（一）伪造数据、图片等

以科学实验和实际调查为基础的数据和图片等，既是科学研究新发现的重要载体，也是科学和学术共同体的宝贵财富。如果这些数据、图片是伪造的，在此基础上进行的所有研究就都是无效的，会给该领域研究带来极大伤害。但为何伪造数据、图片屡禁不止？因捏造实验数据而全球"闻名"的荷兰实验社会心理学教授斯塔佩尔的自诉可以帮助我们更深入地了解和思考伪造数据的诱惑。

斯塔佩尔最早开始捏造数据是在 2004 年，在进行一项关于暗示对潜意识影响的研究中，他设计的实验没有取得预期的数据，但他并没有中止这个项目，而是根据自己原先的"大胆假设"捏造了所需的数据，论文最终发表在《人格与社会心理学》杂志

---

[1] 全国新闻出版标准化技术委员会. 学术出版规范：期刊学术不端行为界定（CY/T 174—2019）[S/OL].（2019-05-29）[2022-08-10]. http://www.dlyj.ac.cn/attached/file/20191126/20191126104826_663.pdf.

上。尝到甜头之后,他又发表了20多篇论文,其中与博士生共同完成的论文所需的实验都是他"帮助"做的。2011年,他又在国际顶级的《科学》杂志上发表了论文,通过实验证明了他的一个假设——人们在肮脏的环境中更可能表现出种族歧视的倾向。发现斯塔佩尔伪造数据的是他的两名学生。在接到学生的举报后,蒂尔堡大学联合阿姆斯特丹大学和格罗宁根大学进行了联合调查,发现斯塔佩尔之前至少有55篇论文及指导的10篇博士论文有造假行为,最终学校开除了斯塔佩尔。在第五届世界科研诚信大会上,蒂尔堡大学报告了此案的调查处理情况,以"绝不浪费一次好的危机"为指导思想进行彻底调查,深入探究此事件中暴露出的学科规范、研究方法、研究团队人员分工、科研训练和研究结果检验等方面的缺陷。被揭露造假后,斯塔佩尔撰写了《脱轨》一书。在这本书中及接受记者采访时,他介绍了走上捏造数据之路的心路历程。他认为整个学术界都有问题,包括期刊编辑都不喜欢凌乱的数据和各种的变量,都希望研究者们把数据写得简洁点,他开始造假不过是为了迎合学术期刊。慢慢地,斯塔佩尔形成了一套歪理:他追求的不再是真相,而是美;他不研究"奇怪的课题",哪怕在背后操纵数据,但他也总是让他的实验设计看上去是"合理的"。他的实验设计一直符合人们的直觉。[1] 斯塔佩尔从开始时的被动迎合,到后来从实验设计到实验结果全程主动伪造,从偶尔为之到习以为常,是有一个过程的。由此可见,防微杜渐非常重要。

除数据造假之外,图片造假也是十分常见的。科学史上最著名的例子是萨默林图片造假事件。1974年,美国免疫学者萨默林在面见自己的老师古德院士前,拿出水性笔将作为实验结果展现给老师的图片上的两只白老鼠身上的浅灰色斑点涂黑,由此证明他之前的研究结论:经过一段时间和一定条件的培养,器官可以失去免疫排斥功能。这意味着不同基因个体之间的器官移植成为可能,哪怕是皮肤这一免疫排斥反应最快的人体最大器官。可其他研究人员包括萨默林自己实验室的人都重复不了萨默林的研究结果。实际上,萨默林从黑色老鼠身上移植黑色皮肤至白色老鼠身上时,这些皮肤也仅仅呈浅灰色。作为美国科学院院士、世界著名免疫学家,萨默林的导师古德准备发表一篇声明,宣布萨默林的某些实验无法重复。为了延缓导师发表声明,萨默林伪造了图片,而古德居然信以为真。事后调查中萨默林提出,他多次造假的主要原因之

---

[1] Yudhijit Bhattacharjee.造假的科学:看我如何编造数据,成为学术大师[EB/OL].(2013-06-25)[2022-08-10].https://www.guokr.com/article/437083.

一是导师古德要他提交研究成果的巨大压力。[1] 这一事件在科学史上具有重大意义，号称"科学界的水门事件"，这是促成政府和社会各界加强科研诚信管理的重大学术不端案例之一。

轰动世界的小保方晴子造假事件也是图片造假的著名案例。日本理化学研究所小保方晴子在《自然》上发表了两篇关于利用"刺激触发的多能性获得"诱导细胞重新编程、制备出多能干细胞的文章。该研究声称以酸性溶液处理小鼠细胞，能使其恢复到未分化状态，并具备分化成各种细胞的潜能。很快，这项成功培育出"万能细胞"的研究引起了轰动。然而不久，诸多干细胞学家表示无法重复小保方晴子此项研究结果。自然而然，有人开始将视线聚焦于小保方晴子的论文，发现其中存在图像伪造行为：某个用于基因表达结果的部分图像用在了表示另一基因表达的结果中。而《自然》上小保方晴子担任通讯作者的两篇论文也存在图像问题：一篇文章中电泳结果有一泳道与其他部分颜色深浅不一致，另一篇文章中两幅不同试验的胎盘照片有明显相似之处。随后，日本理化学研究所针对小保方晴子学术不端的传言展开调查。经调查，日本理化学研究所于2014年4月宣布小保方晴子的论文存在篡改和捏造行为，论文中一张显示细胞万能性的图片在2011年另一题目的博士论文中使用过，此行为被认定为"捏造"。这一造假事件影响广泛，小保方晴子从日本理化学研究所辞职，早稻田大学撤销了小保方晴子的博士学位，论文通讯作者查尔斯·瓦坎蒂从哈佛大学附属医院辞职，小保方晴子的导师笹井芳树自缢身亡。[2]

近年来，国内公布的伪造案例也不少，这些人中有不少没有接受过严格的学术诚信训练和教育，只是需要论文评职称、拿项目；有些人则是抱有侥幸心理，对科学研究缺乏应有的敬畏之心。伪造的实验数据和图片毫无科学价值，这样的实验数据和图片有可能严重误导科学研究。

（二）伪造样品、样本

样品、样本等物品在科学研究中有非常重要的作用，许多研究最终需要制成样品、样本进行测试，许多研究需要对样品、样本进行分析、证明等，伪造样品、样本等物品会让整个研究的价值荡然无存。

---

［1］ 中国科学院. 科学与诚信：发人深省的科研不端行为案例［M］. 北京：科学出版社，2013：36-38，43-45.

［2］ 梅进. 日本女科学家小保方晴子博士学位被正式取消［EB/OL］.（2015-11-03）［2022-08-10］. http://news.sciencenet.cn/htmlnews/2015/11/330854.shtm.

考古和古生物学、古人类学领域是伪造样品、样本和实物的重灾区。分子人类学诞生以前，人们普遍相信人类是多地起源进化的，于是古人类学往往与"爱国主义"情绪有关联，某国某地能出土古人类化石、遗址似乎能说明这个国家的文明更加悠久，甚至更加优秀。英国查尔斯·道森造假案就是这样的一个典型。

道森开始只是一个业余的古生物学家，直至45岁在学术界还没有产生较大的影响。为此，道森开始动起了造假的念头。他声称，在皮尔当镇附近的一个河流砾石坑里发现了一块人类头骨的化石碎片，并写信邀请伦敦自然历史博物馆地质学馆长伍德沃德前来。两人很快又一起发现了头骨碎片、部分颚骨、牙齿、动物化石和一些原始工具。1912年12月，两人在伦敦地质学会的会议上公布了他们的重大发现。这些头骨化石的主人被称为"皮尔当人"，是当时"发现"的最早现代人化石，被当时的学术界认为"弥补了类人猿到人类进化过程中缺失的一环"。这些头骨化石类似现代人头骨，其颚骨和牙齿类似猿的，这符合当时人们所认为的人类进化过程中大脑先行发育的设想，同时，还能证明人类起源于当时最发达的欧洲。"皮尔当人"也被誉为"最早的英国人"。之后，道森再接再厉，又在那里发现了新的石器、其他动物的碎片，以及一块雕刻的骨板。这些新的发现消除了科学家们的疑虑。在接下来的40年里，道森的发现被认为是全世界古人类学最重要的发现之一。随着古人类学和考古学的发展，道森的发现越来越不符合科学常识，对"皮尔当人"起疑的科学家越来越多。1953年，英国自然历史博物馆和牛津大学的学者对"皮尔当人"头盖骨进行了检测，结果表明，这个头盖骨实际上是人类骨骼和猩猩骨骼的大杂烩。这块骨头碎片是被染色、做旧后放入坑中的。随着分子生物学的进步，2016年，科学家通过DNA分析进一步验证了这是一场骗局。[1] 道森的虚荣心误导了几十年来古人类学的发展。

自古以来，文物就因为有巨大的文化价值和经济价值而成为造假重灾区，制作赝品成为很多人谋生取利的一项重要"技术"。进入现代社会后，因为考古发现有更加重要的科学价值和历史价值，不少人铤而走险，将制作"赝品"的技术用到考古学当中，极大损害了考古学的发展。日本业余考古爱好者藤村新一因为伪造石器而名重一时，又因被揭穿而"遁入"精神病院，而日本的考古事业一时也被全球视为一个巨大的笑话。

1981年，藤村新一声称从"座散乱木遗址"约4万年前的地层中挖出了旧石器；

---

[1] 方舟子. 皮尔当人骗局. 飞碟探索 [J]，2008（12）：45-46.

1984年又从17万年前的遗址中发现了旧石器。之后，他辞去工作，专心从事考古工作。1993年，他声称发掘出距今40万年前的石器；1994年，发掘出距今50万年前的石器；1995年，发掘出距今60万年前的石器；1999年，又发掘出距今70万年前的石器。日本早期人类历史被藤村新一以一己之力改写，给日本国民带来了巨大荣耀：在石器时代，世界上最先进的文化在日本，"日本猿人"是世界上最智慧的猿人。藤村新一的考古成果甚至还被写进了日本的中小学教科书。为什么总是只有藤村新一到场才能发掘出重要的旧石器？这不仅引起考古界的怀疑，也引起了新闻媒体的怀疑。2000年11月，《每日新闻》的记者在藤村新一考古队准备发掘的考古遗址安装了隐蔽的摄像头，清晰拍下了藤村新一从塑料包里拿出6块石头往坑里填埋的全过程。事件曝光后，日本考古协会迅速开除了藤村新一的会籍，并展开了正式调查。经过两年的调查，日本考古协会发现藤村新一参加的162处考古发掘均有造假行为，没有任何学术价值；日本没有早期或中期石器，也没有猿人存在的证据。日本考古学、古人类学20年来的许多工作都建立在藤村新一的假考古发现的基础上，造假曝光后，连教科书都要重写。

中国亦有这样的案例，如某高校从国外引进的科技人员在自主开发芯片无法达到预期时公然造假，并在新闻发布会上用购买来的芯片涂改商标后进行演示。人文社会科学领域亦有制造假书、假论文的情况。某高校教师为申报教授职称而制造假书，其虚构的专著《新闻发言人制度导论》实为其博士师兄所著，论文《试论"宽带"对传播的影响》的真实作者也另有其人。还有一名高校教师在申请破格申报教授职称时以盗用出版社名义、盗用书号自行制作的非法出版物作为其主要送审成果。更有某高校教师在申报教授和博导资格时伪称写了一本题为《发展经济学的新发展》的专著，为证明此事属实，还专门伪造了出版社的出版证明和6篇书评。

（三）编造研究方法与结论

编造不符合实际或无法重复验证的研究方法、结论等亦十分常见，美国塔氏烧杯里的气泡核聚变闹剧是非常典型的此类案例。美国田纳西州橡树岭国家实验室核工程师塔拉亚克汉在2002年宣称其团队在一个大烧杯中完成了超声波场液体内小气泡内部爆炸实验。这一实验刷新了长期以来科学界对现有实验条件下能否实现气泡核聚变的认知，并且似乎一夜之间就让生产能源变得简易、巧妙、安全。在烧杯中，14兆电子伏特高能中子与氘代丙酮液体相遇产生直径为10~100纳米的气泡，再用声致发光技术使气泡膨胀到1毫米，气泡在超声波场中内爆，伴随着几千度高温和局部的高压，并伴有大量的冲击波、闪光和能量的释放。这一过程仅持续了1皮秒。但后续更多研究人员和实验室不能再现这一颠覆性的1皮秒,科学界对于该成果的论文是否应该发表产生了极大分歧。论文以非封面形式发表在《科学》杂志上,这也引起了三位知名科学家的公开批评。为此,塔氏又动起了歪脑筋,声称来自普渡大学的徐博士和巴特已经独立证实了气泡核聚变,但其实这两位都是他自己实验室的成员,而且这一证实论文也没有经过匿名的同行评审,论文数据的来源和性质均十分可疑。[1]

(四)伪造资料、注释、参考文献

历史上伪造资料、注释等情形还是比较多的。东汉末年,经学最有成就者是郑玄,他兼采今古文经学,参和融通,遍注诸经,蔚成大家,四方之士,负粮影从,影响了整个时代。其后,王肃对郑玄杂糅今古文经学不满。为了攻击郑玄的学说,重振汉学,恢复经学家法统绪,王肃伪造了孔安国《尚书传》《论语注》《孝经注》《孔子家语》《孔丛子》等典籍。书中假托孔子之言,互相证明,以提高其言论的权威性。王肃还根据其所作伪书,作《圣证论》来反驳郑学。晋初,王肃所注《尚书》《诗》《论语》《三礼》《左传》皆立于学官,而郑玄所注群经却不被采用。王学能立于学官主要还是因为王肃是司马氏的姻亲。不过,靠政治力量扶持和作假的学术难以持久,西晋灭亡后,王学就一蹶不振了。[2] 另外,还有借古代名人实现自己著作流传的情形。这类作者或谋取经济、政治利益,或是毁谤别人,或是游戏之作,为后代学术研究增添了许多公案。近代假借名人出版的伪书有《林文忠公家书》《石达开日记》《李鸿章日记》等。伪造资料、注释、参考文献在一些低层次研究中时有出现,作者只是为了凑成一篇论文,认为所写论文不会有人关注。另外,亦有一些图书工作室为了制造"畅销书"而伪造外国作者、伪造权威评论、盗用畅销书及畅销书作家信息等,如《没有任何借口》一书就伪造了一个洋作者费拉尔·凯普,并在封底印有三条伪造的《美国出版年鉴》《哈佛商业评论》《纽约时报书评》的评论。[3]

(五)编造其他信息

因为不少期刊偏重刊载有高层次项目资助的论文,为便于发表,有些作者就编造或套用他人项目资助信息。同行评审环节是学术成果发表、项目资助等的重要检验,

---

[1] 中国科学院. 科学与诚信:发人深省的科研不端行为案例[M]. 北京:科学出版社,2013:130-134,136-138.

[2] 赵吉惠,郭厚安,赵馥洁,等. 中国儒学史[M]. 郑州:中州古籍出版社,1991:362-363.

[3] 程萌. 现代伪书现象研究[D]. 开封:河南大学,2006:3.

肯定性的同行评审意见有利于论文发表。2015年，英国现代生物出版集团撤销了43篇生物医学论文。现代生物出版集团撤回这些文章时提供了共同解释：这些文章的同行评审过程不当，无法保证科学诚信。经过系统调查，发现有第三方机构为这些论文提供同行评审造假。同行评审造假方式多样，既有设计评审圈让评审人互相评审论文，又有冒充真实评审人，甚至捏造不存在的评审人等情形。2017年，施普林格自然出版集团旗下的《肿瘤生物学》的编辑撤下了107篇论文，撤稿原因是编造审稿人和同行评审意见。被撤稿的这107篇论文的同行评审专家的名字是真的，但这些论文评审专家的电子邮件地址与出版机构拥有的专家电子邮件地址无法匹配。调查发现，推荐的同行评审邮箱是由第三方注册的，这样待审论文将回到第三方手中，作者和第三方评审自己的论文，从而使论文获得录用。国际上有影响力的学术期刊普遍实行撤稿制度，如发现已发表的论文存在错误、编造虚假信息等学术不端行为，经过调查证实后是要进行撤稿处理的。

二、篡改

篡改行为不仅在实验科学中十分常见，在人文社会科学领域中也屡见不鲜。美国《关于科研不端行为的联邦政策》对篡改的定义是：操控研究材料、设备或研究过程，或者改动或忽略数据或结果，使其研究无法在研究记录中得到准确展示。[1] 欧洲科学院联盟《欧洲科研诚信行为准则》对篡改的定义是：无正当理由地操纵研究材料、设备或过程，或改动、略去或隐瞒数据或结果。[2] 行业标准（CY/T 174—2019）将篡改定义为：故意修改数据和事实使其失去真实性的行为。以上表述虽略有不同，但意义基本完全一致。此标准还对篡改的表现形式进行了分类：

（1）使用经过擅自修改、挑选、删减、增加的原始调查记录、实验数据等，使原始调查记录、实验数据等的本意发生改变。

（2）拼接不同图片从而构造不真实的图片。

（3）从图片整体中去除一部分或添加一些虚构的部分，使对图片的解释发生改变。

---

［1］ 参见美国研究诚信办公室官方网站发布的《关于科研不端行为的联邦政策》，https://ori.hhs.gov/federal-research-misconduct-policy。

［2］ All European Academies.The european code of conduct for research integrity[M].Berlin：ALLEA，2017.

(4) 增强、模糊、移动图片的特定部分，使对图片的解释发生改变。

(5) 改变所引用文献的本意，使其对己有利。[1]

其中，第一种情形是对数据和记录的篡改，第二、第三、第四种情形是对图片的篡改，第五种情形是对引文文献的篡改和曲解。

(一) 篡改数据和记录

数据是研究、实验和调查所形成的客观数值，体现了研究者对客观规律的探索进展，研究过程中的数据和记录必须是准确而客观的。如果为了迎合最初的研究设计而对数据和记录进行"微调"，就会伤害研究的意义，使研究者所开展的科研工作丧失存在价值。

德国赫尔曼篡改数据事件促成了德国直面本国学术不端问题，出台德国学术不端治理体系建设纲领性文件《关于保障良好学术规范的建议》，并且促使德国各大科研机构和大学构建自己的科学行为规范政策。1997年1月，德国两位著名的癌症研究人员弗里德海姆·赫尔曼和玛丽昂·布拉赫被赫尔曼实验室的一位博士后举报，举报者称两人在德国马普分子医学中心工作期间的论文有数据造假情况。经调查证实，赫尔曼和布拉赫发表的全部347篇论文中竟有多达94篇文章存在篡改数据等学术不端问题。举报还披露，这两位研究人员常依仗自己实验室领导的身份，以毁坏年轻学者职业和科研生涯为威胁，压制知情人的检举。[2]

此时，美国生物医药领域研究虽然得到规范，但篡改数据等科研不端案例依然时有发生。玻尔曼教授原是佛蒙特大学的著名生理学家，他的研究和论文表明，随着年龄的增长，人体代谢水平将会随之发生变化。2000年，一篇交由新助手德尼诺撰写的关于年龄对脂代谢影响的论文暴露了他系统性篡改脂代谢关键性原始数据的行为。他发现新助手交回的论文所得出的初步结论与自己预估的不符，于是直接用自己准备好的"正确"表格数据进行替换。此事被举报后，美国有关机构对伯尔曼进行了三个阶段的审查，最终确定他在发表论文和多个基金申请的过程中都存在系统性篡改数据的行为，这种行为甚至不仅仅局限于他现在所从事的代谢领域，而是广泛存在于1995—2000年他开展的多项研究和交给美国国立卫生研究院及农业部的11份基金申请，总

---

[1] 全国新闻出版标准化技术委员会. 学术出版规范：期刊学术不端行为界定（CY/T 174—2019）[S/OL]. (2019-05-29)[2022-08-10]. http://www.dlyj.ac.cn/attached/file/20191126/20191126104826_663.pdf.

[2] 中国科学院. 科学与诚信：发人深省的科研不端行为案例 [M]. 北京：科学出版社，2013：55-56.

共有多达54项的伪造和篡改行为。伯尔曼此举除了是严重的学术不端行为，还是意图诈骗美国联邦政府、非法占用公共科研资源的刑事犯罪。[1] 伯尔曼因此成为美国历史上第一个因为学术不端行为而锒铛入狱的研究人员。

篡改数据的研究可让科学界和资助者损失惨重。2018年，服务于微软公司的荷兰代尔夫特理工大学研究团队在《自然》上发表论文，该团队声称发现了马约拉纳费米子存在的有力证据。如果这种粒子存在，则可以依靠其实现颠覆性的量子计算技术。2019年年底，匹兹堡大学和澳大利亚新南威尔士大学的两位物理学家通过团队成员获得了研究的完整数据，随即发现完整数据与论文所称的核心观点互相矛盾，他们怀疑论文中的数据是修改过的。2020年4月，《自然》的"编辑关注"指出该论文作者的数据处理方式有潜在问题，之后，论文便启动撤稿程序。论文中的量子化马约拉纳电导峰中未见原数据右侧量子化零偏压峰值和峰分裂部分，而这部分恰与论文结论相悖。此外，论文亦未出现无法支持核心结论的电荷跳跃。在撤稿声明中，该团队承认了修正行为。[2] 2022年，因遗漏关键数据，《自然》宣布撤销该团队的另一篇论文。

有些研究者不愿意承认实验设计的失败，采用"微调""忽略"等办法进行修正，以达成实验目的。有些研究者则在一开始的研究设计阶段就充满偏见，完全靠操纵数据完成研究。

塞缪尔·莫顿是美国19世纪著名人类学家。1840—1851年，他收集了1 000多个不同人种的头骨，通过测量这些头骨的脑容量来比较不同人种的脑量大小。而脑量大小与人的智力水平直接相关，脑量大的人种就是智力水平较高的人种。莫顿是想通过这项研究证明白种人脑量更大，智力水平更高。可是，100多年后，哈佛大学的一位学者于1978年重新检查了莫顿的数据，他发现莫顿在测量中存在严重的数据操纵行为。为了证明黑人脑量小，莫顿专门测量黑人中较小的头骨样本。女性头骨比男性的小，莫顿测量的黑人头骨全部是女性的。为了提高白种人的颅容量数据，莫顿排除了白种人中的小头骨及女性头骨。经过这样一番操作，白种人的颅容量的测量数据显著大于黑人的，因而得出了白种人比黑人聪明得多这样一个种族主义色彩十足的

---

[1] 中国科学院. 科学与诚信：发人深省的科研不端行为案例[M]. 北京：科学出版社，2013：72-73, 75-76.

[2] 贾浩楠，胡子豪. Nature今年首次撤稿给了微软：研究团队成员自曝删改不利数据，量子计算重大进展是假的[EB/OL]. (2021-03-14) [2022-08-10]. https://mp.weixin.qq.com/s/3d1GrbM9nMOnTtd_qpNDJA.

结论。[1]

操纵数据是数据篡改的一个主要方法，人文社会科学领域的调查研究也很容易出现数据操纵现象。调查问卷中常见的数据操纵方法有：① 虚报样本数量，样本数量不足，其数据分析就非常不可靠；② 有倾向的问卷设计，如缺少负面意见的备选，从问卷角度阻碍了被访者真实意愿的表达；③ 实施问卷暗示，操控测量尺度和备选项，调整选项顺序，力图误导问卷者；④ 不执行科学的数据清查，容忍逻辑错误和恶意极值，形成了数据误导；⑤ 不正确地复核数据，拣选有利数据和样本，排除不利数据和样本；⑥ 不合理的加权，通过调整加权得到自己想要的结果。

（二）图片的篡改和不当修饰

随着科学事业的发展，实验仪器设备的进步，高质量图片甚至视频在自然科学论文中的作用越来越重要，特别是在生物医学、化学、材料学、天文学等诸多领域，图像本身就是研究的成果，是语言描述无法替代的。图像有着很强的说服力和吸引力，因此提供高质量图片就成为研究者的重要追求。图像中的细微变化往往意味着研究的进展，于是对图片的不当加工、修饰就构成了篡改。撤稿观察网站公布的案例显示，以图像为主的数据学术不端问题高居论文被撤销的原因之首。斯坦福大学伊利莎白·比克（Elisabeth Bik）研究团队对1995—2014年在40种科学期刊上发表的20 621篇论文的图像进行了视觉筛选，其中3.8%的已发表论文包含有问题的数据，至少有一半表现出暗示、操纵的特征。[2]

在实践中，图片篡改与伪造的界限并不是非常清晰，从目前国内外公布的案例来看，严重的图片篡改最终都构成伪造。也就是说，对图片的关键部分进行比较大的合成、变种、润饰、增强、绘制等很可能构成图片的伪造；即使对图片非关键部分进行加工，如果改变了对特定部位的解释，就构成篡改。以Photoshop为代表的一大批图像处理软件广泛应用于众多领域，可以让科研中产生的图像处理得更好一些，但如果通过拼接改变图片的真实性，通过添加或去除部分图片，增强、模糊、移动图片的特定部分，以改变对图片的解释就是不可接受的行为。可接受的图片处理行为与篡改图片行为之间的界限非常微妙，必须十分小心。美国亚拉巴马大学伯明翰分校的科研诚信

---

[1] 杨守建.中国学术腐败批判[M].天津：天津人民出版社，2001：302-303.

[2] BIK E M，CASADEVALL A，FANG F C.The prevalence of inappropriate image duplication in biomedical research publications[EB/OL].(2016-06-07)[2022-08-10].https://journals.asm.org/doi/10.1128/mBio.00809-16.

和图像处理在线学习工具网站提出了图像处理的十二项准则：

（1）将图像视为数据：数字图像是可能因不当操作而受损的数据，在软件中操作图像意味着更改基础数值。

（2）保存原件：数字图像的处理应始终在原始图像数据的副本上完成，处理后的图像应与未处理的图像进行比较，以确保重要数据没有丢失或无意添加。

（3）简单调整：为使读者能够观察到图像中存在的所有信息而对整个图像进行简单调整通常是可以接受的，但使用商业软件中的许多自动图像调整工具是危险的。

（4）裁剪图像：按正当理由对图片进行裁剪通常是可以接受的，其正当理由包括：以感兴趣的区域为中心；修剪图像边缘周围的"空白"空间；从图像边缘去除碎片。

（5）图像比较：用于比较的数字图像应在相同条件下获取，如果要处理也应进行相同的处理。

（6）对整个图像进行操作：仅在图像的一个区域而不在其他区域执行的操作是有问题的，对图像的特定区域进行选择性增强一般是不允许的。

（7）使用滤镜软件降解数据：通常不建议对生物图像使用滤镜软件来提高图像质量，如果必须使用，则应在文章的图例或方法部分中注明。

（8）使用克隆软件会降低数据质量：使用克隆或复制技术在图像中专门创建原本不存在的对象是研究不端行为。

（9）进行强度测量：数字图像的强度测量应在原始数据上进行，数据应校准到已知标准。不了解采集仪器局限性的科研人员不应进行强度测量。

（10）有损压缩会降低数据质量：避免使用有损压缩。

（11）放大问题：由于通常不可能事先知道最终的放大倍数，因此已知大小的比例尺是表示放大倍数的最佳方式。

（12）像素问题：更改数字图像的大小（以像素为单位）时要小心。[1]

（有删减）

---

[1] University of Alabama at Birmingham.Guidelines for best practices in image processing [EB/OL].[2022-08-10].https://ori.hhs.gov/education/products/RIandImages/guidelines/list.html.

由于科学图片产生和加工的复杂性，研究者很容易发生图片篡改的行为。国家自然科学基金委员会监督委员会经常会通报抠图、复制粘贴、旋转、缩放、图形拼接及涂抹等图片篡改问题。事实上，每年披露出来的图片篡改案例仅是冰山一角。一些期刊开始高度重视识别图片篡改行为，一般先由图片分析师对稿件中的图片逐一进行审查，然后采用人工识别加软件分析的方法分析图片，努力去识别其中复制、粘贴、拼接、增强、形变、模糊、位移、翻转、裁切、插入、擦除等操作，以便判断其合理性。

（三）曲解文献及实验现象等

不准确引用文献，移花接木改变文献原意以附会自己的观点也是一种篡改行为。一个明显案例是亚伯拉罕在《魏玛共和国的崩溃》一书中曲解史料。专攻德国近代史的亚伯拉罕在诺维克的指导下完成了博士毕业论文，并获得了学位。1981年，亚伯拉罕将论文修改后出版，书名为《魏玛共和国的崩溃》。此书出版后大受好评，但德国史专家屠纳教授的一篇批评文章将亚伯拉罕逐出史学研究圈。屠纳教授认为，该书引用史料多有严重失误，有搞错日期的，有搞错人名的，有查无出处的，他认为这应当是亚伯拉罕为论证己说而篡改了证据。亚伯拉罕其时已是普林斯顿大学的助理教授，且历史系已经同意破格授予其终身教职，是史学界前途无量的一颗新星。亚伯拉罕不承认有意作伪，他承认自己有无心之失，原因主要有二：一是时间仓促，二是当初在德国从事档案研究时德语尚未精熟，有不少理解错误。亚伯拉罕的导师也出面为其辩护。但最终，曾任美国德国史学会会长的费德曼一锤定音：亚伯拉罕确实有心作伪，其论证是建立在对史料曲解的基础上的。[1]

对同一种现象的观察与定性有不同理解是正常的，但不能超出一定的限度，不能为了附会自己提出的观点、设计而肆意曲解。豪瑟是哈佛大学知名心理学家，灵长类动物心智研究是其研究重点之一。他认为这些灵长类动物拥有与人类一样的各种社会行为，道德观念同样存在于灵长类动物中，并且顺应了进化进程。2007年，豪瑟的两名助理和一名研究生在豪瑟不知情的情况下分析了豪瑟过去一段很"成功"的实验录像，却得出了相反的结论。他们又重新审查了豪瑟的实验记录，发现他的记录与录像内容并不吻合，比如猴子的微小退缩动作被记录为猴子转头。他们将发现的内容匿名上报。哈佛大学就豪瑟研究中"数据运用及结论形成环节可能存在的学术不端行为"

---

[1] 杨守建. 中国学术腐败批判[M]. 天津：天津人民出版社，2001：320-321.

进行调查。经过调查,哈佛大学确认豪瑟有3篇文章存在8处学术不端问题,有的论文被撤回,有的论文被要求进行修改。[1]

第四节 发表过程中的学术不端行为

科学研究的成果只有在发表之后才有机会得到承认和验证,也才能成为人类知识宝库中的一部分。随着社会的发展,发表科研成果的方式越来越多样化,可以通过学术期刊发表论文、评论,可以通过出版社出版图书,也可以通过学术会议做报告,等等。不同的学科侧重点也不同,但无论通过哪种形式发表,都应当遵循诚信的原则。发表过程中的学术不端行为的主体包括研究者、审稿者、编辑和出版人等,其中研究者的不当行为主要有不当署名、一稿多投、重复发表等。经合组织全球科学论坛《保障科学诚信及预防科研不端行为的最佳策略》将与出版相关的不端行为专门界定为一类,包括在不具资格的情况下署名、不允许对研究做出贡献者署名、人为地增加出版物数量("腊肠式切分发表")、不更正有问题的出版物的记录等。2017年,国际出版伦理道德委员会(Committee on Publication Ethics,COPE)针对期刊出版伦理重新整理出10条"核心实践":学术不端行为的举报、作者与贡献者的确认、投诉与申诉、利益冲突、数据与可重复性、伦理监督、知识产权、期刊管理、同行评审及发表后的讨论与更正;对出版中的学术不端行为,如一稿多投、重复发表、抄袭剽窃、伪造数据、署名变更、挂名作者和枪手、不披露利益冲突、存在伦理问题、审稿人盗用作者的思路或数据等进行了界定并提供了调查处理的一系列流程。2018年,中国科学院发布《关于在学术论文署名中常见问题或错误的诚信提醒》,对署名方面常见的学术不端行为进行了以下十个方面的提醒:

提醒一:论文署名不完整或者夹带署名。
提醒二:论文署名排序不当。
提醒三:第一作者或通讯作者数量过多。
提醒四:冒用作者署名。
提醒五:未利用标注等手段,声明应该公开的相关利益冲突问题。
提醒六:未充分使用致谢方式表现其他参与科研工作人员的贡献,造成

---

[1] 复旦大学研究生院.研究生学术道德案例教育百例[M].上海:复旦大学出版社,2018:29-33.

知识产权纠纷和科研道德纠纷。

提醒七：未正确署名所属机构。

提醒八：作者不使用其所属单位的联系方式作为自己的联系方式。

提醒九：未引用重要文献。

提醒十：在论文发表后，如果发现文章的缺陷或相关研究过程中有违背科研规范的行为，作者应主动声明更正或要求撤回稿件。[1]

2019年，行业标准（CY/T 174—2019）发布，对研究者、审稿者、编辑可能存在的学术不端行为进行了比较全面的规定。

一、不当署名

署名权是著作权的一个重要方面，是表明作者身份，在作品上署上姓名的权利。科学研究中的署名权是科研工作者最重要的权利之一，是获得承认的主要方式。署名的原则是参与科研工作并做出实质性贡献。科研工作的成果署名权可以带来大量的利益，于是就出现了形形色色的不当署名现象，如荣誉作者、幽灵作者、赠送作者等。行业标准（CY/T 174—2019）对不当署名的界定是"与对论文实际贡献不符的署名或作者排序行为"，其表现形式包括以下几点：

（1）将对论文所涉及的研究有实质性贡献的人排除在作者名单外。

（2）未对论文所涉及的研究有实质性贡献的人在论文中署名。

（3）未经他人同意擅自将其列入作者名单。

（4）作者排序与其对论文的实际贡献不符。

（5）提供虚假的作者职称、单位、学历、研究经历等信息。[2]

第一种情形是排除有实质性贡献的作者，一般为未经所有做出实质性贡献作者的同意而擅自发表，通常出于严重的"学阀"行为及其他特殊的非学术目的，其实质是对他人学术成果的"侵占"；第二种情形是受到权势、地位的压迫，或出于资源提供、利益交换等非学术目的在署名中加入未有实质贡献的人；第三种情形是未经同意将学

---

[1] 中国科学院科研道德委员会. 关于在学术论文署名中常见问题或错误的诚信提醒[EB/OL].(2018-04-24)[2022-08-10].https://www.cas.cn/jh/201804/t20180424_4643181.shtml.

[2] 全国新闻出版标准化技术委员会. 学术出版规范：期刊学术不端行为界定（CY/T 174—2019）[S/OL].(2019-05-29)[2022-08-10].http://www.dlyj.ac.cn/attached/file/20191126/20191126104826_663.pdf.

界有影响力的学者列入作者名单，一般是为了便利发表，借大学者名望为其论文质量"背书"；第四种情形是不公正的作者排序；第五种情形是关于作者信息的不实陈述。

关于署名的标准，国际医学期刊编辑委员会（International Committee of Medical Journal Editors，ICMJE）对生物医学类科技期刊刊文署名问题提出的四条标准，成为全球该领域期刊署名的通行规范：

(1) 对研究的思路或设计有重要贡献，或者为研究获取、分析或解释数据。

(2) 起草研究论文或者在重要的智力性内容上对论文进行修改。

(3) 对将要发表的版本作最终定稿。

(4) 同意对研究工作的各个方面承担责任以确保与论文任何部分的准确性或诚信有关的质疑得到恰当的调查和解决。[1]

不同的学科、不同的国家在署名方面的要求确实各有不同，但其基本原则是一致的：在尊重学术发表惯例或期刊要求的基础上，要体现出作者对论文的贡献程度。由于各学科和期刊存在着作者署名和排序惯例的差异，署名顺序就应由论文作者共同确定，不能在同行评审后、论文发表前，任意修改署名顺序。国内人文社会科学的中文期刊一般按照对论文的贡献、作者资历等由作者共同确定排序，其中第一作者是最重要的作者，对论文负有最大的责任。国际多数科技期刊论文除第一作者之外，通讯作者最为重要。通讯作者要负责投稿、与期刊编辑联系、处理审稿意见、论文发表后答复关于论文的提问和质疑等环节、对论文负总的责任等。通讯作者通常是项目的总负责人，承担整个课题的经费、设计，负责论文的设计和把关，对论文内容的真实性、数据的可靠性、结论的可信性，论文是否符合法律法规、学术规范和道德规范等负责。因此，在学术评价中，通讯作者和第一作者十分重要。研究中确有贡献度不分上下的情况，因此不少期刊允许第一作者和通讯作者为共同作者。但不能借此投机取巧，要避免第一作者或通讯作者人数过多。

国内外通报的学术不端案例中，有着各种不当署名的情形。曾有某大学某学院院长经常在学院普通教师论文上署名，这些教师只好保持沉默，也有少数教师希望有所

---

[1] 国际医学期刊编辑委员会.ICMJE《学术研究实施与报告和医学期刊编辑与发表的推荐规范》[EB/OL].周庆辉，陈红云，黄念，译.(2018-09-16)[2022-08-10].http://www.ircip.cn/web/993896-993905.html?id=26645&newsid=965607.

交换，并称之为"资源共享"。东窗事发后，该院长只能退出学术界。这属于"荣誉作者"和"强行署名"的情形。

署名为某大学导师和已毕业学生的一篇哲学方面的论文，被发现是全面抄袭非学术期刊上的一篇文章后，导师声称并不了解论文具体研究过程，也没有看出论文是抄袭来的，只是为了便利学生发表而同意挂名并作为第一作者的。这实际上属于"赠送作者"的情形。每个作者都要对论文内容负责，不知情就不应该署名。导师指导学生，应该从研究设计阶段就入手指导，共同参与研究，认真修改论文，并对论文内容负责。面对学术不端的指控，当事人要配合调查并承担相应责任。

国际学术期刊《调节肽》曾撤稿一篇署名为某高校研究者和美国得州大学健康科学中心苏珊·霍华德的论文，撤稿声明称该文前五位作者未经美国得州大学健康科学中心苏珊·霍华德同意就将后者名字署上。被署名的该美国学者对论文没有任何贡献，没有与其他作者有合作研究，在论文发表前也没有审阅过该论文。这属于"冒用署名"的情形。国际合作研究的成果在某种程度上更能得到关注，擅自署上国际知名学者之名很可能是为了便于发表论文。即使相关人员同意列为作者也是不当署名，因为共同署名者应实质参与研究。如果没有实际合作就不应当虚构合作者，否则研究成果也会被视为虚假成果。

2011年，老牌肿瘤领域SCI期刊《抗癌药物》撤回某高校的一篇论文，撤稿声明指出该文作者信息和提交的作者同意书存疑，经该校学术委员会调查后确认该文第一作者在没有取得另外两位作者许可的情况下就向该刊提交论文发表。按照学术规范，论文发表前应让每一位作者知情同意，每一位作者应对论文发表具有知情权，并认可论文的基本学术观点。2019年，日本冈山大学一博士在发表论文时擅自署上课题组其他成员的姓名，而这些被擅自署名的成员不同意被署名到该论文中——课题组并未同意发表相关研究成果。这属于"擅自署名""擅自发表"的情形。此外，该案中仅有英语编辑贡献的人员被列为作者，而一位重要的合作者却被排除在署名作者之外。

论文应如实注明资金资助来源，要如实声明研究与资助是否存在利益冲突。作者机构的署名应为作者完成论文主要工作时所属机构的名称，反对因作者所属机构变化，而不恰当地使用变更后的机构名称。通讯作者联系方式应使用所属研究机构的固定邮箱。

二、一稿多投与重复发表

在多数国家的科研规范中,重复发表或不必要的发表包含了一稿多投的情形。行业标准(CY/T 174—2019)则将"一稿多投"与"重复发表"分开界定。所谓"一稿多投",是指"将同一篇论文或只有微小差别的多篇论文投给两个及以上期刊,或者在约定期限内再转投其他期刊的行为"。其表现形式有以下几种:

(1)将同一篇论文同时投给多个期刊。

(2)在首次投稿的约定回复期内,将论文再次投给其他期刊。

(3)在未接到期刊确认撤稿的正式通知前,将稿件投给其他期刊。

(4)将只有微小差别的多篇论文,同时投给多个期刊。

(5)在收到首次投稿期刊回复之前或在约定期内,对论文进行稍微修改后,投给其他期刊。

(6)在不做任何说明的情况下,将自己(或自己作为作者之一)已经发表论文,原封不动或做些微修改后再次投稿。[1]

前三种情形是作者为了扩大及时发表的概率而进行的一稿多投。许多作者,特别是人文社科领域的研究生,发表论文有较强的时间要求,且论文水平并不是很高,被刊物录用机会不大,因此投稿就像找工作投简历一样广撒网。虽然绝大多数人在得到一家刊物用稿通知后会自觉联系其他刊物,但这种做法还是有着较大的"一稿多发"的风险——会有期刊自动用稿;第四、第五种情形对稿件进行较小的修改后再次投给其他刊物更为不妥,有学术欺诈的主观故意。第六种情形也可以视为"重复发表"。

"重复发表",亦称"冗余发表""不必要的发表"等。发表是为了发布和交流研究成果,没有研究成果,也就没有必要发表;同一个研究,也不应多次发表。所谓"重复发表",行业标准(CY/T 174—2019)将它定义为:"在未说明的情况下重复发表自己(或自己作为作者之一)已经发表文献中内容的行为。"其表现形式有以下几种:

(1)不加引注或说明,在论文中使用自己(或自己作为作者之一)已发

---

[1] 全国新闻出版标准化技术委员会. 学术出版规范:期刊学术不端行为界定(CY/T 174—2019)[S/OL]. (2019-05-29)[2022-08-10]. http://www.dlyj.ac.cn/attached/file/20191126/20191126104826_663.pdf.

表文献中的内容。

（2）在不做任何说明的情况下，摘取多篇自己（或自己作为作者之一）已发表文献中的部分内容，拼接成一篇新论文后再次发表。

（3）被允许的二次发表不说明首次发表出处。

（4）不加引注或说明地在多篇论文中重复使用一次调查、一个实验的数据等。

（5）将实质上基于同一实验或研究的论文，每次补充少量数据或资料后，多次发表方法、结论等相似或雷同的论文。

（6）合作者就同一调查、实验、结果等，发表数据、方法、结论等明显相似或雷同的论文。[1]

前两种情形都是在不加引注和说明的情况下将已发表文献的内容再次发表，这实际上也构成自我抄袭。值得注意的是，并不是说加了引注和说明就可以将已发表文献的内容再次发表。再次发表和自引都有规范，自引内容应基于论证和综述的需要，再次发表还要经过首发期刊和二次发表期刊的同意。第三种情形是不说明首次发表的出处：首次发表期刊和二次发表期刊均同意的二次发表，如果不注明首次发表的情况，包括用同一种语言或另一种语言，也是学术不端行为。第四种情形是多篇论文中使用同一次调查和同一次实验的数据而不加说明。第五种情形是同一实验和研究的成果经过微调、增补后多次发表。第六种情形是同一实验和研究的不同合作者就同一成果重复发表论文。

一稿多投和重复发表是比较常见的行为，在检索中我们经常发现知网等论文数据库有同一作者、同一题目或近似题目的论文。这些一稿多发的论文极少产自成名的学者，而大多是学术界的边缘人员。国外一稿多发现象也经常发生。2019年，一位曾就职于澳大利亚斯威本科技大学的研究者被曝光曾于2010—2011年存在一稿五发的行为。期刊在对这些文章做撤稿处理时进一步查证发现其重复发表数目高达10篇，这些论文研究内容和结果相同。国际学术期刊《分子组织学》曾撤销了一篇涉嫌中英文期刊重复发表的论文。该期刊编辑声称这篇论文已经在某中文核心期刊发表，中英文发表的两篇论文数据相同。同一研究用不同语言发表要经过原刊文期刊和现刊文期刊同

---

[1] 全国新闻出版标准化技术委员会. 学术出版规范：期刊学术不端行为界定（CY/T 174—2019）[S/OL]. (2019-05-29) [2022-08-10]. http://www.dlyj.ac.cn/attached/file/20191126/20191126104826_663.pdf.

意并加以注明,否则也是重复发表。这里存在学术资源浪费和版权问题,在科学体系内,系统重复计算同一数据,造成数量表征强化,歪曲特定实验的结果,扰乱进一步的研究。

此外,"拆分发表"也是一种发表环节的学术不端行为。有的作者为了增加发表数量,将同一个实验和研究的成果故意切分成几个部分发表。这种主动降低质量的行为也扰乱了科研评价体系。

三、出版人及编辑的学术不端行为

学术期刊和学术著作的出版目的是传播与交流新的科学发现和新的知识。学术出版当然涉及经济甚至盈利的问题,但学术出版不应以营利为目的。为了营利,一些虚假期刊、低劣期刊,甚至非法出版物应运而生。一些正规的学术期刊和出版机构也曾因经费困难而创办增刊、专刊等,收取高额的"版面费"。随着全球开放存取(Open Access,OA)浪潮的兴起,越来越多以营利为目的的期刊问世。为了描述这一现象,美国科罗拉多大学丹佛分校的图书管理员杰弗里·比尔提出了"掠夺性期刊"这一概念。这一概念随即为科学界广泛接受,凡是为了营利而不对论文进行严格评议和审查的学术期刊均被称为"掠夺性期刊"。世界各大科学组织、学术出版组织均对这一现象进行了严厉批评。2019 年,美国医学写作协会、欧洲医学写作协会和国际医学就此发表专业人士协会联合立场声明,并明确了这类期刊的特征:

(1)掠夺性出版商或期刊会积极发送邮件吸引研究人员投稿。

(2)期刊的名称看起来非常眼熟,但实际上是另一家正规期刊名称的变体。

(3)期刊的官网看起来不专业且其图片质量不佳、网站有拼写和语法错误、无效链接以及泛滥的广告。

(4)期刊的官网上没有公布其办公地址或国内电话号码或是给出虚假的地址及电话。

(5)无法在 PubMed 等公认的引文检索系统或全球开放获取期刊数据库等正规的在线数据库中查询到该期刊的索引。

(6)做出不切实际的承诺,保证稿件能快速通过同行评审,或者不提供同行评审流程的相关信息。

（7）文章处理费不透明（其费用可能很高，但也可能很低）或者要求作者投稿时立刻付款（而不是取决于同行评审的结果）。

（8）稿件征收范围过于宽泛，包含多个医学领域或者某领域的多个学科。

（9）大量新创刊的期刊，未发表任何文章或只发表少量文章，且期刊所发表的文章难以获取或质量明显较差。

（10）期刊的编辑委员会是由该期刊所在领域或国家以外的人士组成，或者是由相关领域资深从业者未听闻过的人士组成。

（11）投稿系统过于简单且几乎不提出任何问题，也不要求作者提供利益冲突或作者相关信息。[1]

中国参与的国际科学院组织也发布《打击掠夺性期刊和会议》报告，更精练地描述了掠夺性期刊和会议的特征：

没有进行严格（甚至完全没有）同行评议的快速付费出版或快速付费发布模式、不实地列出享有盛誉的科学家的虚假编委会、欺诈性的影响因素或指标、与合法期刊和会议类似的期刊和会议名称、宣传伪科学的付费评论文章，以及用侵略性的垃圾邮件征集文章和摘要，包括征集超出研究人员专业知识范围的文章和摘要。[2]

以上界定描述可以帮助我们很好地识别"掠夺性期刊"，在这样的刊物上发表论文有时会带来声誉上的很大风险。此外，我们也要认识到，有时极少数正规学术期刊也会化身为"低劣期刊"。从有关部门公布的案例来看，少数期刊为了营利，不仅利用所谓增刊、特刊等牟利，有时正规版面也明码标价，甚至私下权钱交易，也有一些期刊会在收费后发表买家从非法网站、中介、枪手处买来的论文。据武汉大学副教授沈阳表示，不少非法期刊、低劣期刊只要交钱就能代发买家提交的论文。这样的期刊被沈阳定义为"虚假期刊"，其中很多是有刊号的正式期刊，其特征是：内容庞杂，

---

[1] 美国医学写作协会，欧洲医学写作协会，国际医学．美国医学写作协会、欧洲医学写作协会和国际医学发表专业人士协会联合立场声明：掠夺性期刊［EB/OL］．（2020-02-28）［2022-08-10］．https：//www.ismpp.org/assets/images/JPS%20on%20Predatory%20Publishing_Chinese%20translation_FINAL.pdf．

[2] 国际科学院组织．打击掠夺性期刊和会议摘要报告［EB/OL］．（2020-03-10）［2022-08-10］．https：//www.interacademies.org/sites/default/files/2022-03/7.%20Summary%20report%20-%20Mandarin.pdf．

行文不规范；期刊较厚，字体超小，不宜阅读；平均每本刊载 160 多篇论文，不登广告。据沈阳统计，"虚假期刊"厚度平均为 256 页，以 300 元/页计算，整体期刊收费 7.68 万元。[1] 2000 年，国家新闻出版总署《关于禁止"收费约稿"编印图书和期刊的通知》明确规定，任何出版单位不得以任何名义和手段向供稿个人与单位收取任何费用。2012 年，全国哲学社会科学规划办公室《国家社科基金学术期刊资助管理办法（暂行）》也明确规定，国家社科基金资助的期刊不得以任何名义收取版面费。

关于编辑的学术不端行为，行业标准（CY/T 174—2019）进行了全面细致的界定，包括以下七点：

（1）违背学术和伦理标准提出编辑意见：不遵循学术和伦理标准、期刊宗旨提出编辑意见。

（2）违反利益冲突规定：隐瞒与投稿作者的利益关系，或者故意选择与投稿作者有利益关系的审稿专家。

（3）违反保密要求：在匿名评审中故意透露论文作者、审稿专家的相关信息，或者擅自透露、公开、使用所编辑稿件的内容，或者因不遵守相关规定致使稿件信息外泄。

（4）盗用稿件内容：擅自使用未发表稿件的内容，或者经许可使用未发表稿件内容却不加引注或说明。

（5）干扰评审：影响审稿专家的评审，或者无理由地否定、歪曲审稿专家的审稿意见。

（6）谋取不正当利益：利用期刊版面、编辑程序中的保密信息、编辑权利等谋利。

（7）其他学术不端行为。[2]

第五节　申请、评审及评价过程中的学术不端行为

研究项目、成果奖励等申请申报和评审评价工作是科学研究和学术事业的重要组

---

[1] 晏岚. 论文买卖，一年 10 个亿 [J]. 政府法制，2010（09）：17-18.
[2] 全国新闻出版标准化技术委员会. 学术出版规范：期刊学术不端行为界定（CY/T 174—2019）[S/OL]. (2019-05-29) [2022-08-10]. http://www.dlyj.ac.cn/attached/file/20191126/20191126104826_663.pdf.

成部分，其核心要义是如何基于内容给予正确的学术评价，以决定项目是否值得资助及资助力度的大小，成果是否值得奖励及奖励的等级。由于研究项目和科研奖项对于研究者、研究机构的极端重要性，会有一些人和机构采用不正当手段来谋取。申请、申报和评价环节的学术不端行为主体有申报者、申报机构、评审者、组织评审的机构等，对提出申报的研究人员而言，比较常见的表现形式有提供虚假信息、干扰评审等。

一、提供虚假信息

研究项目申报时极为注重学历职称、前期成果、同行评价等内容，一些成果与人才奖项申报时极为重视研究成果的水平和影响，产生的社会效益和经济效益等，于是一些科研人员急功近利，甚至不惜弄虚作假。在国家自然科学基金委员会于 2020 年 9 月通报的案例中，就有一起研究人员虚构项目参与者职称的案例。该申报者在申报材料中将所指导的 5 名在读硕士、博士研究生被列为项目参与人员，5 人的职称均填写为"助理研究员"，另有 1 名项目组成员为临时聘用人员，项目书中也填写为"助理研究员"，实际上此人没有职称。[1] 这些均属于虚假信息。作为基金评审时的重要参考信息，研究人员的职称很大程度上代表从事相关研究的专业能力，虚假信息的提供意味着项目的开展很可能会大打折扣，甚至项目能否按要求完成都会存疑。国家自然科学基金委员会（以下简称"自然科学基金委"）在 2021 年 1 月通报的案例中披露了一起前期成果虚假陈述的案例。某高校教师在其 2014 年度获资助基金项目申请书中将未获授权的两项专利标注为已获授权，捏造了 1 篇论文，还将自己篡改为 3 篇论文的第一作者。自然科学基金委在调查证实其存在学术不端行为后，撤销了这个多年以前立项的获资助项目，追回资金，取消其申请资格 3 年，并对他进行通报批评。[2] 申请书中前期成果的作用是帮助评审者正确把握申报者的研究能力，一旦作假，不仅会影响科研项目的质量，剥夺他人的立项机会，同时也影响整个科研环境。

各级科技奖励对于调动广大科研工作者的工作积极性，鼓励创新，产生更多高质量科研成果有着极为重要的意义。获得科研奖励对科研工作者来说也是极为重要的承认，对科研工作者事业的进一步发展具有极大促进作用。一旦有申报者在申报奖项时

---

[1] 国家自然科学基金委员会.2020 年查处的不端行为案件处理决定（第一批次）[EB/OL].(2020-09-17)[2022-08-10].http://www.nsfc.gov.cn/publish/portal0/tab434/info78684.htm.

[2] 国家自然科学基金委员会.2020 年查处的不端行为案件处理决定（第二批次）[EB/OL].(2021-01-15)[2022-08-10].http://www.nsfc.gov.cn/publish/portal0/tab442/info79607.htm.

弄虚作假，就会影响正常的评审，甚至会严重损害这些奖项及评审机构的权威性。21世纪初，国内多家媒体曝出了一起弄虚作假参加省级科技奖评审的案例。在该案例中，申报材料所声称的多项创新理论和技术成果均是前人提出过甚至已经投入生产应用的技术，且存在打包剽窃多家企业和个人已有技术及产品的行为。申报者通过冒用、更改表述、擅自将技术及产品发明所有者列入报奖名单来伪造合作假象。申报者创办的公司因连年亏损而重组，原因是整个项目试验性产品都存在严重性能缺陷，一直无法投放市场，重组时其设计和生产工艺更是按零值评估，但申报材料竟然声称该项目对当地的涡旋压缩机制造业有"重大贡献"。

此外，在各种申报材料、个人成果介绍等处时有冒用他人论文的情形。国际学术期刊发表论文时署名经常使用作者姓名的首字母缩写，这造成了中国学者英文署名的大量"重名"的现象。曾有某高校教师在学校官网教师个人简介中列入一篇同名作者的论文，引起很大风波。

二、干扰评审

中国是人情社会，不少研究机构、研究人员希望通过"做工作""打招呼""联络感情"等方法影响评审专家。为此，国家有关部门三令五申出台了不少文件，严厉制止这种做法。2018年，自然科学基金委要求申请人、依托单位、评审专家和自然科学基金委工作人员四方分别签署"公正性承诺书"，承诺严格执行回避与保密制度，坚决反对"打招呼""请托"等干扰评审工作的违规行为。"打招呼""请托"等干扰基金评审工作的弄虚作假行为在一定程度上得到遏制。评审专家收到试探性"打招呼"或多或少会承受一定的压力，"打招呼"这类行为严重影响项目评审的公正性，最终影响的是科研基金的合理分配。自然科学基金委监督委员会2020年的第67号决定，通报处理某大学教师干扰基金项目评审问题。通报披露该教师在申报2017年度国家自然科学基金等项目过程中，通过电话联系外省某大学可能参加项目评审的专家，又用电子邮件将自己拟好的评审意见发送给对方。自然科学基金委在调查清楚事实的基础上撤销了该项目，追回已拨资金，并取消其申请资格3年。[1]

2020年年底，科技部印发实施《科学技术活动评审工作中请托行为处理规定（试

---

[1] 国家自然科学基金委员会.2020年查处的不端行为案件处理决定（第二批次）[EB/OL].(2021-01-15)[2022-08-10].http://www.nsfc.gov.cn/publish/portal0/tab442/info79607.htm.

行）》，该规定强调，在科技活动评审过程中，相关单位或个人以直接或间接、明示或暗示等方式，向评审组织者、承担者及其工作人员和评审专家等寻求关照、谋取不正当利益的行为，均属于请托行为，必须严肃惩处。这些行为包括：① 探听尚未公布的评审专家信息、评审结果等和未经公开的评审信息；② 为获得有利的评审结果进行游说、说情等；③ 投感情票、单位票、利益票等，搞"人情评审"；④ 为他人的请托行为提供帮助、协助或其他便利；⑤ 以"打招呼""走关系"或其他方式干扰评审工作、影响评审结果、破坏评审秩序的"请托"行为。[1]

该规定还对申请者和申请单位、评审专家和评审工作人员、评审组织者和承担者各方责任进行了明确。

第六节　违背科研伦理

广义的科研伦理包括科研诚信及科研过程中对生命伦理、法律与道德、习俗与隐私等方面的尊重。狭义的科研伦理是指科研过程中研究者要遵守的与合作者、受试者、生态、社会之间的伦理规范和行为准则，包括人类受试者、动物受试者、隐私、利益冲突等内容。科学产生的能量越来越大，由此而来的对生命尊严、个人隐私等方面的考验也越来越大，其伦理边界也始终需要不断明确。

行业标准（CY/T 174—2019）提出，如果论文涉及的研究未按规定获得伦理审批，或者超出伦理审批许可范围，或者违背研究伦理规范，应界定为违背研究伦理。违背研究伦理的表现形式包括以下五种：

（1）论文所涉及的研究未按规定获得相应的伦理审批，或不能提供相应的审批证明。

（2）论文所涉及的研究超出伦理审批许可的范围。

（3）论文所涉及的研究中存在不当伤害研究参与者，虐待有生命的实验对象，违背知情同意原则等违背研究伦理的问题。

（4）论文泄露了被试者或被调查者的隐私。

---

[1] 中华人民共和国科学技术部. 科技部关于印发《科学技术活动评审工作申请执行为处理规定（试行）》的通知[EB/OL].（2022-12-23）[2022-08-10]. https：//www.gov.cn/zhengce/zhengceku/2020-12/30/content_5575589.htm.

(5) 论文未按规定对所涉及研究中的利益冲突予以说明。[1]

2019年，中国科学院科研道德委员会发布《关于在生物医学研究中恪守科研伦理的"提醒"》，这是一个较高标准的科研伦理规定，对科研机构、伦理委员会和科研人员均做出了"提醒"。其中，对科研人员的"提醒"为：

提醒四：从事生物医学研究的科研人员，应了解国际生物医学伦理的基本准则，了解国家相关的法律法规和部门规章并予以遵守。应了解《赫尔辛基宣言》《人胚胎干细胞研究伦理指导原则》《中华人民共和国药品管理法》《生物医学新技术临床应用管理条例》等准则和法规。

提醒五：按照规定需进行伦理审查的生物医学研究项目，项目负责人应主动在项目实施前提交伦理审查，未经伦理委员会同意或许可，不得进行该项研究；根据研究进展需要更改实验方案、扩大研究范围的，超出原有伦理审查意见范围的，应重新进行伦理审查。

提醒七：从事生物医学研究的科研人员在公开发布其科研内容和成果时，相关内容和成果应经过伦理审查和科学共同体认可。应本着实事求是的原则和严谨负责的态度，客观准确地进行科学传播。

提醒八：从事生物医学研究的机构和科研人员应将研究中涉及人的各类信息及数据妥为保管，建立严格的信息安全制度，切实尊重和保障受试者的基本权益和个人隐私。

提醒九：在各类国内外、境内外科技合作研究中，研究项目已经经过所在国家、地区和机构的伦理委员会审查的，还应当向本单位伦理委员会申请审核。[2]

随着我国科技事业的发展，我国政府、科研机构、大学等都对科研伦理高度重视。科技部、卫生部、中国科学院等有关方面先后制定了《人胚胎干细胞研究伦理指导原则》《人类辅助生殖技术配置规划指导原则》《涉及人的生物医学研究伦理审查办法》《关于负责任的转基因技术研发行为的倡议》等规章制度。2022年，中共中央办公厅、

---

[1] 全国新闻出版标准化技术委员会. 学术出版规范：期刊学术不端行为界定（CY/T 174—2019）[S/OL].（2019-05-29）[2022-08-10]. http://www.dlyj.ac.cn/attached/file/20191126/20191126104826_663.pdf.

[2] 中国科学院科研道德委员会. 关于在生物医学研究中恪守科研伦理的"提醒"：中国科学院科研道德系列"提醒"之二[EB/OL].（2019-04-30）[2022-08-10]. https://www.cas.cn/jh/201904/t20190430_4690562.shtml.

国务院办公厅又发布《关于加强科技伦理治理的意见》，提出了增进人类福祉、尊重生命权利、坚持公平公正、合理控制风险、保持公开透明五大原则，标志着党和政府对科研伦理工作的重视达到了一个新的高度。

一、关于人类受试者

科学要增进人类福祉、尊重生命权利的传统是非常悠久的，最早可以追溯到古希腊的《希波克拉底誓言》。该誓言将不对病人造成伤害作为首要原则，提出了要尊重病人的隐私等理念，深刻影响了整个医学史和科学史。

第二次世界大战中大量存在的人体试验等暴行引起了战后国际社会和科学界的深思，人们认识到必须对涉及人类对象的研究确定新的准则。1947年，纽伦堡法庭就涉及人体的研究提出了十项标准，该文件被称为《纽伦堡法典》。其十项标准构成日后关于人体受试者伦理要求的基础：

（1）受试者的自愿同意绝对必要。

（2）试验应当收到利用其他研究方法或手段是无法达到的对社会有利的富有成效的结果，且不具有随机和非必要的性质。

（3）试验的设计，应以动物实验的结果和对疾病的自然史或其他待研究问题的了解为基础，使预期的结果证明进行试验的正当性。

（4）在试验进行时应避免一切肉体上和精神上不必要的痛苦和创伤。

（5）如果事先有理由相信会造成死亡或残废，则不得进行试验，但做试验的医生自己也作为受试者的试验也许不受此限制。

（6）试验所冒风险的程度，不得超过试验所要解决问题人道主义重要性的程度。

（7）必须做好恰当准备和提供适当设施以保护受试者免除哪怕是极少的创伤、残疾和死亡的可能性。

（8）试验只能由在科学上具有资质的人员进行。应要求进行或参与试验的人员在试验的所有阶段都保持最好的技艺和细心。

（9）在试验过程中，如果受试者达到的肉体或精神状态使得对他来说继续进行试验已不可能时，他应当有令试验停止的自由。

（10）在试验过程中，如果主持试验的科学家通过运用其应具有的良好初衷、高超技艺和细心判断，有很大理由相信继续进行试验可能给受试者造成创伤、残疾或死亡时，必须随时准备在任何阶段终止试验。[1]

1964年，第十八届世界医学会大会在芬兰首都赫尔辛基召开，大会通过的《世界医学协会赫尔辛基宣言》对《纽伦堡法典》进行了全面的细化和完善。由于宣言并不具备国内法的地位，对违规者的法律惩罚仍然模糊，不道德的人体试验并没有因此而消失。美国长期隐瞒的黑人梅毒实验就是一个具有典型意义的案例。

该实验始于20世纪初，本是一项由罗森瓦尔德基金组织提供的慈善项目，初衷是为了解决当地最主要的健康问题——梅毒。塔斯基吉所在的亚拉巴马州一直是美国种族歧视最严重的州之一，当地黑人十分贫困，且被剥夺了接受高等教育和从事公职的权利，这导致很多人几近文盲，医学知识十分匮乏。实验开始时，当地有35%的育龄人口患有梅毒。彼时，青霉素尚未问世，这样的实验仅仅可能有助于缓解梅毒危害，但无法治愈梅毒。直到20世纪30年代，罗森瓦尔德基金因为经济大萧条削减了该项项目的经费，美国公共卫生署才开始关注黑人梅毒，介入当地的研究。当时的负责人是性病科官员莱蒙德·万德莱尔医生和塔里亚菲罗·克拉克，两位官员主导制订的计划是跟踪观察那些未经治疗的黑人男性患者6—9个月，之后便进入治疗阶段。（在了解到他的小组成员采用欺骗手法来达到观察目的后，克拉克便不再同意进行长期的研究，于项目开始之时便退休了。）这一项目将受试黑人梅毒患者与非梅毒患者进行对照，并保证该项目医护工作人员和其他工作人员中有黑人，负责实验的医生也换成了黑人。这一点不仅取信了提供资金资助的罗森瓦尔德基金，也取信了参加实验的黑人受试者。但令人心寒的是，即使是一直在塔斯基吉工作的非洲裔美国人瑞弗斯也没能保证黑人受试者了解实验真相。医生告诉他们，他们患的是坏血症，而非明确指出他们患了梅毒，黑人受试者只收到了维生素和阿司匹林，没有得到应有的治疗，有些人至死都不知道自己患的是梅毒。未告知受试者真实的实验内容侵犯了受试者的知情权，在梅毒治疗药物出现之前承诺治疗好受试者的所谓"坏血"疾病，是明目张胆的欺骗。政府颁发的受试证书及体检所带来的免费食物和治疗还是让这个项目长期地实施了下去。其间，许多受试者因为对自己病情并不知情，让自己的家人也患上了梅毒。1943年，青霉素被证实可以应用于梅毒的治疗，但在项目实施中，这一消息仍未告知

---

[1] 纽伦堡国际军事法庭. 纽伦堡法典（1947）[EB/OL]. 孙平, 译. (2017-09-26)[2022-08-10]. http://www.ircip.cn/web/993898-993919.html?id=26645&newsid=824248.

受试者。实际上,该实验项目一开始就建立在黑人低劣、更容易遭受梅毒病毒攻击这一偏见的基础上。1945年后,青霉素治疗梅毒已经成为全美公开的医学措施,但这种放任梅毒在受试的黑人男性中肆虐的实验行为一直持续到了20世纪70年代。20世纪60年代后期,时任美国公共卫生署性病调查员的布克斯丁开始关注并要求调查塔斯基吉梅毒实验,但一直没有得到政府重视。最终,他辞了职并联系了美联社。1972年,《华盛顿星晚报》和《纽约时报》的报道,使该实验的残酷真相大白于天下。截至真相公布时,仅有74名受试者还活着。[1]

正是由于此案的披露,美国政府加大了对人类受试者的保护力度。1974年,美国国会通过了关于人体受试者研究规则的联邦政策,并要求成立"美国保护生物医学与行为学研究中人体受试者国家委员会"。1978年,该委员会发表《贝尔蒙报告》,进一步划分了医疗与研究的界限,明确了尊重、善行、正义的人体研究伦理原则,以及知情同意、风险和收益评估、受试者选择等具体实施的方法。美国在联邦卫生部门设立了"人类研究保护办公室",并要求大学和研究机构建立机构伦理审查委员会,科研伦理管理逐渐走上正轨,科学界特别是生物医学界逐渐形成共识:尊重受试者不受研究人员的不当影响或胁迫,自行做出有关自身决定的权利;研究要促使利益最大化及减少受试者的风险;不对特定的个人或组织,如智力落后者、特定种族或性别的成员等存在偏见。

由于认识存在局限性,总有些学者对人体受试者的相关伦理要求不够重视。1999年,美国亚利桑那州18岁男孩杰西·杰辛格在宾夕法尼亚大学参加一项基因治疗的临床试验时因特殊的免疫反应不幸去世。美国食品药品管理局调查发现,临床试验的研究人员违反了几条行为规则:杰辛格的身体条件并不完全符合参加试验的标准;大学未报告此前已有两位接受基因治疗的病人产生了严重的副作用;在知情同意文件中未披露曾有接受类似实验的猴子因肝损伤导致死亡的情况;首席科学家与其进行的研究存在利益冲突。

韩国黄禹锡学术不端事件最早是因为生命伦理问题而暴露出来的。2004年,英国《自然》杂志披露,黄禹锡人类胚胎干细胞研究小组中的两位女性研究者出现在卵子捐献者名单之中,这涉嫌违反科学伦理规范。这两位女性研究者是项目结果潜在的利

---

[1] 中国科学院. 科学与诚信:发人深省的科研不端行为案例[M]. 北京:科学出版社,2013:26-29,31-32,34-35.

益关联者,存在着不可估量的对实验结果的主观影响,她们参与项目的实施有违实验结果的中立性,混淆了受试者和实验者的身份,是对利益冲突回避原则的触犯。经黄禹锡两位重要合作伙伴指认,黄禹锡通过支付补偿金等手段获取了女性研究者的卵子。涉及人体的实验研究必须经过当事人自愿的书面知情同意,这一自愿不仅仅指当事人的同意行为,还包括同意背后对引诱、强迫、威胁等动机的排除。两位女性研究者与黄禹锡存在着明显的科研依赖关系,在任何一个理性之人看来,女性研究者在科研团队中都不具备面对领导提出捐献卵子要求时予以坚决拒绝的绝对可能。据报道,其中一位研究者还曾失手打翻过装有卵子的培养皿,这使得所谓的自愿成了笑话。韩国生命伦理审议委员会的声明指出,黄禹锡科研组并未向捐卵女性解释过取卵之后的副作用等事项。[1] 正由于此事的披露,黄禹锡团队造假的事情也随即被扒出来。韩国首尔中央地方法院判决黄禹锡有期徒刑,罪名除了侵吞政府经费,还有非法买卖卵子罪。

2018年,轰动一时的"基因编辑婴儿"案例也暴露了某些学者对于生命伦理的漠视。在某青年学者对外宣布一对基因编辑婴儿诞生后,海内外科学界一致对他进行了谴责,该学者所在大学、中国科协生命科学学会联合体都发表声明,坚决反对有违科学精神和伦理道德的所谓科学研究与生物技术应用。最后,该研究人员以非法行医罪被判处有期徒刑。其实,之前我国已经出台相关政策。2003年,科技部和卫生部联合印发的《人胚胎干细胞研究伦理指导原则》规定,不得将用于研究的人囊胚植入人或任何其他动物的生殖系统;卫生部《人类辅助生殖技术规范》也明确规定禁止以生殖为目的对人类配子、合子和胚胎进行基因操作,针对男女任何一方患有严重性传播疾病的,不得实施体外受精、胚胎移植及其衍生技术。通过药物实现艾滋病毒母婴阻断是医学常识,而采用基因编辑技术能否实现此目标极不明确,相应的副作用也难以判断。而被编辑的基因一旦进入人类基因库,将成为全人类的问题,相应的安全风险难以把控。[2]

基因编辑技术对于疾病治疗具有可观的前景,然而这一事关人类共同生命密码的技术是与伦理问题交织缠绕、与公共利益休戚相关的,其纯熟性、应用范围与影响仍在探索和评估中。科学界对基因编辑一直持极为审慎的态度。2015年,在华盛顿召开

---

[1] 中国科学院. 科学与诚信:发人深省的学术不端行为案例 [M]. 北京:科学出版社,2013:161-162,165-167.

[2] 王攀,肖思思,周颖. 聚焦"基因编辑婴儿"案件 [N]. 人民日报,2019-12-31.

的基因编辑大会达成了将人胚胎和生殖细胞的基因编辑限定于基础学术研究的共识。2019 年 7 月,《中华人民共和国人类遗传资源管理条例》施行,规定我国人类遗传资源的使用应当符合伦理原则,进行伦理审查。是月,中央全面深化改革委员会第九次会议审议通过了《国家科技伦理委员会组建方案》,该会议指出科技伦理是科技活动必须遵守的价值准则,从制度规范、治理机制、伦理监管和审查方面对科技活动进行伦理约束。2020 年 12 月,《中华人民共和国刑法修正案(十一)》正式通过,涉及人类的基因编辑、克隆的胚胎植入体内的行为入刑。

二、实验动物的福利

现代文明条件下动物研究受到审慎的管理,这也体现了人类文明的进步。1822 年,现代科学的发源地英国通过了世界上第一部动物保护法案——《马丁法案》。维多利亚时期,英国又开始对实验动物福利进行立法监管,1876 年通过了《防止虐待动物法》,1911 年的《动物保护法》和 2005 年的《动物福利法》对此又进行了丰富和完善。

第二次世界大战后,平衡学术自由和动物福利之间关系的美国实验动物管理制度逐渐完善。1950 年,美国成立实验动物管理专家小组,并着手制定实验动物管理和设施的专业标准;1963 年,制定并发布《实验动物设施和管理指南》。1966 年,国会通过了《实验动物福利法》,1970 年、1976 年、1985 年和 1990 年又先后进行过修订,这促进了美国实验动物管理与使用的法律规范体系的形成。该法案将负责任地运输、管理和使用动物(在研究设施中、用于展示目的或作为宠物)事宜统一交由美国农业部主管,并通过联邦法规予以落实。在 1985 年通过的《健康研究扩展法案》中,国会授权卫生与公众服务部主管在生物医学和行为研究中负责任地使用动物,具体执行机构是美国国立卫生研究院及其下属的实验动物福利办公室。欧洲范围内的实验动物保护通过欧盟的统一行动保持了较高标准。1985 年,欧洲 26 国达成了《欧洲保护脊椎动物用于科学实验和其他科学研究公约》。2010 年,欧盟出台《保护用于科学目的的动物》指令,要求欧盟各成员国据此通过与公布法律、法规和行政规定。

改革开放以来,我国政府高度重视实验动物管理工作。1988 年,国务院批准实施《实验动物管理条例》,2011 年、2013 年、2017 年又先后进行了修订。1997 年,国家科委制定《实验动物质量管理办法》。2001 年,科技部制定《实验动物许可证管理办法(试行)》。这些文件对实验动物的管理提出了原则性的要求。

2006年，科技部出台《关于善待实验动物的指导性意见》，这是我国第一个维护动物福利的文件。该意见提出并界定了"善待实验动物"的概念范畴，即"在饲养管理和使用实验动物过程中，要采取有效措施，使实验动物免遭不必要的伤害、饥渴、不适、惊恐、折磨、疾病和疼痛，保证动物能够实现自然行为，受到良好的管理与照料，为其提供清洁、舒适的生活环境，提供充足的、保证健康的食物、饮水，避免或减轻疼痛和痛苦等"[1]。该意见采用和接受了"3R"原则（replacement，即替代；reduction，即减少；refinement，即优化），规范了饲养管理过程、应用过程中、运输过程中科学、合理、人道地使用实验动物的具体要求。对虐待动物的个人和机构还规定了处罚措施，包括批评教育、调离岗位、吊销许可证等。

2007年，中国疾病预防控制中心出台《关于非人灵长类动物实验和国际合作项目中动物实验的实验动物福利伦理审查规定（试行）》，规范了实验动物伦理审查程序和实验动物从业人员的职业行为。非人灵长类动物对痛苦的感知能力接近人类，因此对非人灵长类实验动物的伦理审查要求更高。

2014年，由全国认证认可标准化技术委员会提出非归口，由中国合格评定国家认可中心、北京市实验动物管理办公室及国内一些研究机构和有关部门相关专家起草的国家标准《实验动物机构　质量和能力的通用要求》（GB/T 27416—2014）发表。该标准提出动物福利与动物质量密不可分，要求通过规范实验动物机构的人员、设施、环境、管理和运作程序等，对涉及动物繁育和使用全周期的过程进行管理，实现科学和人道地对待动物，减少或避免使用动物，进而保证实验动物和动物实验的质量，保证员工的职业健康，保证安全和环境友好。

2018年，由全国实验动物标准化技术委员会提出并归口，由中国实验动物学会实验动物福利伦理专业委员会等单位起草的《实验动物　福利伦理审查指南》（GB/T 35892—2018）正式发布，对审查机构、审查原则、人员资质、设施条件、实验动物兽医、动物来源、技术规范、动物饲养、动物使用、职业健康与生物安全、动物运输（搬运和运输）、审评程序、评审规则、档案管理等进行了全方位的规范，确立了伦理委员会审查的八大原则：必要性原则、保护原则、福利原则、伦理原则、利益平衡性原则、公正性原则、合法性原则、符合国情原则。对实验动物的使用明确了以下七条要求：

---

[1] 科学技术部. 关于善待实验动物的指导性意见[EB/OL]. (2006-09-30)[2022-08-10]. https://www.most.gov.cn/xxgk/xinxifenlei/fdzdgknr/fgzc/gfxwj/gfxwj2010before/201712/t20171222_137025.html.

(1) 在符合科学原则的条件下，应积极开展实验动物替代方法的研究与应用。避免不必要的动物实验的重复。

(2) 在使用过程中，应将动物的数量减少到最低程度。实验现场避免无关人员进入。

(3) 在对活体动物包括运动麻痹的进行手术、解剖时，均应进行有效麻醉。动物存活性手术应无菌操作。术后恢复期应根据实际情况，进行镇痛和有针对性的护理及饮食调整。

(4) 保定动物时，应尽可能减少动物的不适及痛苦和应激反应。保定器具应结构合理、规格适宜、坚固耐用、安全卫生、便于操作。在不影响实验的前提下，对动物身体的强制性限制应减少到最低程度。

(5) 处死动物应实施适合的安死术。处死现场，不宜有其他动物在场。确认动物死亡后，方可妥善处置尸体。

(6) 在不影响实验结果判定的情况下，应尽早选择"仁慈终点"，尽可能缩短动物承受痛苦的时间。除实验必须的极少数情况外，死亡（安死术除外）不应作为动物实验计划终点。

(7) 对于实验后没有受到影响的野生动物，如空白对照组动物，当不再使用时，经科学的检查和评估，在安全的前提下，可依法放归栖息地。[1]

三、工程伦理及其他

同科研诚信问题的兴起一样，工程伦理问题的兴起也是缘于 20 世纪 70 年代引起全世界关注的负面案件。麦道公司 DC-10 飞机坠毁事件和福特公司斑马车油箱事件造成巨大的人员伤亡，其主要原因在于从事研发活动的科学家与工程师将利润和效率放在了首位，而忽略了对公众的安全和福祉的关注。1974 年，美国职业发展工程理事会（Engineering Council on Professional Development，ECPD）采用了一项新的伦理章程。该章程认为，工程师的最高义务是公众的健康、福祉与安全。人们开始关注工程师的某些利益是否会威胁其职业判断；各种工程风险得到高度重视，工程师有为客户保密的义务，但在某些工程危害公共安全时应有例外。在 20 世纪 90 年代之后，环境问题

---

[1] 全国实验动物标准化技术委员会. 实验动物 福利伦理审查指南（GB/T 35892—2018）[S/OL].（2018-09-01）[2022-08-10]. https://www.lac.pku.edu.cn/docs/20200227111544292237.pdf.

引起公众高度重视，国际电气与电子工程师协会（Institute of Electrical and Electronics Engineers, IEEE）、美国土木工程师学会（The American Society of Civil Engineers, ASCE）、美国机械工程师协会（American Society of Mechanical Engineers, ASME）的章程也加入了相应内容。随着全球化的推进，多元文化价值与专业卓越、伦理诚信构成冲突，这需要工程师拥有过硬的职业技术，遵守法律与职业规范，还要拥有完善的人格，勇于承担社会责任。全球最大的非营利性专业技术学会国际电气与电子工程师协会就提出了三个方面十条伦理准则，包括：在专业活动中坚持最高标准的诚信、负责任的行为和道德操守；公平和尊重地对待所有人，不进行骚扰或歧视，避免伤害他人；努力确保同事和合作者遵守本准则；等等。

人工智能技术的兴起极大改变了人们的社会生活，在其焕发出巨大能量的同时，国际科学界和我国有关部门对人工智能的伦理规范进行了系统的思考。2019年，国家新一代人工智能治理专业委员会发布的《新一代人工智能治理原则——发展负责任的人工智能》，提出了和谐友好、公平公正、包容共享、尊重隐私、安全可控、共担责任、开放协作、敏捷治理的人工智能治理原则。2021年9月，国家新一代人工智能治理专业委员会发布《新一代人工智能伦理规范》，提出了增进人类福祉、促进公平公正、保护隐私安全、确保可控可信、强化责任担当、提升伦理素养六大基本伦理规范。同年11月，联合国教科文组织发布《人工智能伦理问题建议书》。

其他不少学科专业，如机器人、互联网、护理学、商学和管理学等均发展出了自己学科特色的伦理规范。随着科学事业的发展，国际科学界对生物安全、两用技术等予以广泛的关注，并对科学发展可能带来的负面性进行了规范。不少新兴领域也诞生了自己独有的规范，如欧盟委员会于2008年通过了《纳米技术研究行为规范》。

第七节　其他学术不端行为

学术不端行为类型多种多样，在对各种行为进行分类时总有很多交叉重叠。有些行为含有多种学术不端的情形，涉及多个过程，如买卖论文；有些行为可以从不同角度界定，如实验记录与实验数据管理；有些行为触犯多种规范，甚至是法律。本节对一些比较普遍的典型行为，如研究环节的不当行为、买卖论文、利益冲突、侵犯知识产权、违反保密规定及实验室安全规定等做剖析。

一、研究环节的不当行为

研究环节中最明显的科研不端行为是 FFP，即伪造（Fabrication）、篡改（Falsification）和剽窃（Plagiarism）。还有不少行为虽然不能称之为 FFP，却不是负责任的研究行为或最佳科学实践，国外称之为"有问题的研究行为"（Questionable Research Practice，QRP）"有害的研究行为"（Detrimental Research Practice，DRP），国内称之为"学术不当行为"。这类具有一定模糊性的灰色行为，如不加以改正和规范，容易滑向更严重的深渊。研究中的不当行为体现在从研究设计、数据管理、实验记录、安全管理，到数据共享等研究的全过程，主要表现有研究设计草率、采用不恰当的研究方法、分析和计算错误、不保留原始数据、数据管理与储存不当、阻挠数据共享、忽视安全问题等。

不合理的研究设计与研究方法必然导致研究结果的不可靠，而研究设计与研究方法与如何选题密不可分。如果选题不以知识创新为旨归，而是为了发表而发表，或者是为了取得哗众取宠的效果，那么就很可能会在研究设计与方法方面出问题。在做研究设计时必须进行广泛而深入的文献调研，掌握本领域最重要的文献，同时应全面调研信息源，力争不漏掉任何有用的文献信息。此外，还应进行充分的学术交流，如参加学术会议、学术报告、研讨会等获取有用信息，与导师及项目组成员充分沟通讨论等，以避免陷入思维误区。在此基础上对整个研究进行通盘计划，对研究目标、研究内容、拟解决的关键科学问题或技术难点、创新点和特色、拟采取的研究方案或技术路线、预期成果、进度安排等有一个科学合理的考虑，通过一个好的研究设计、研究方法去开展研究、检验假设。

随着科学的不断发展，数据管理也越来越受到重视。2018年，国务院办公厅印发了《科学数据管理办法》，对加强和规范科学数据管理，保障科学数据安全，提高开放共享水平提出了明确要求。国际科学界就科研数据管理与共享已形成了一整套规范。科研数据的所有权并不属于研究者私有，一般来说，研究负责人和承担项目的机构对原始研究数据的存取、应用和维护负有责任，合作者、资助者、学界同行也都拥有权利。应当提醒的是，涉及数据所有权问题时，研究者必须得到资助者和负责研究资金管理机构的批准。要采用适当、可靠的研究和统计方法获取、分析数据，做好数据保护、数据存储和保密工作。各个学科和机构数据保存期限的要求各有不同，研究者应当遵守所属学科的惯例及所在机构的要求，在一个合理期限内妥善保存。有些学科要求保存的时间会更长一些，国际医学期刊编辑委员会要求研究人员保存已发表论文的原始数据和分析过程至少10年，并鼓励将这些资料长期保存在资料库中。数据有保存期限要求主要出于两个方面的考虑：一是研究数据是投入大量人力、物力、财力之后通过创造性劳动获得的知识财富，可使其他科研人员用于其他用途，尤其是那些很难重复获取的独特数据日后很可能派上大用场；二是要将数据提供给同行以检验其可靠程度。

科学和学术是一项公共事业，共享数据有利于科学的健康发展，提高研究的可靠性、促进分析与观点的多样化、推动新的研究、汇集并形成更大数据集。有些国际学术期刊要求所发论文中的数据能够为提出索取要求的其他研究人员所获得，或存储在公共数据库中。美国国立卫生研究院《数据共享政策与实施指南》对数据共享进行了规范：数据应当在保障参与者隐私权、做到保密和保护专有数据的情况下，尽可能供更大范围内的人们更自由地使用。如果接受资助的研究者认为不能共享数据，则必须向美国国立卫生研究院进行说明。科研人员在成果发表之前可以暂不公开已得到确认或验证的数据，这是确立其研究工作优先权所需要的。因此，在成果发表之前，研究生在没有征得指导教师和项目负责人同意的情况下，不得对外公开研究数据及结论。

良好的数据管理离不开规范的实验记录，不保存好数据和实验记录本身就是学术不当行为。福瑞斯特案例就是不保存实验记录的著名案例。福瑞斯特是2007年来到阿姆斯特丹大学的德籍科学家，曾获得著名的社会心理学荣誉——库尔特·勒温奖。2012年，一名研究人员向校方寄来长达35页的信件，对福瑞斯特的3项研究进行质疑。之前，这位研究者曾向福瑞斯特索要实验的原始数据，但只收到福瑞斯特的实验数据集，而没有原始数据。该研究者对福瑞斯特3篇论文的42个实验进行了分析，认为这些实验数据呈现"异常接近线性趋势"，从统计学角度来看几乎是不可能的。阿姆斯特丹大学学术诚信委员会认可这种质疑，但也提出这可能是"草率的研究""存疑的研究实践"，研究者可能忽略了某些异常数据。这位研究者不满意校方的处理，又投诉到荷兰国家科研诚信委员会。该委员会从福瑞斯特处获得了被处理的数据文件，并邀请统计学专家进行分析，结论是"肯定遭到操纵"。为此，论文遭到撤稿处理，福瑞斯特只得辞职离校。这是将福瑞斯特不保存原始数据视同数据操纵进行了处理。2020年，中国科学院发布《关于科研活动原始记录中常见问题或错误的诚信提醒》，对科研活动原始记录问题进行了系统规范：

提醒一：研究机构未提供统一编号的原始记录介质。应建立完整的科研活动原始记录的生成和管理制度，建立相应的审核监督机制；应配发统一、连续编号的原始记录介质，并逐一收回，确保原始记录的完整性。

提醒二：未按相关要求和规范进行全要素记录。包括但不限于以下要素，均应详细记录：实验日期时间及相关环境、物料或样品及其来源、仪器设备详细信息、实验方法、操作步骤、实验过程、观察到的现象、测定的数据等，确保有足够的要素记录追溯和重现实验过程。

提醒三：将人为处理后的记录作为原始记录保存。原始记录应为实验产生的第一手资料，而非人为计算和处理的数据，确保原始记录忠实反映科学实验的即时状态。

提醒四：以实验完成后补记的方式生成"原始"记录。应在数据产生的第一时间进行记录，确保原始记录不因记录延迟而导致丢失细节、形成误差。

提醒五：人为取舍实验数据生成"原始"记录。应对实验产生的所有数据进行记录。通过完整记录科学实验的成功与失败、正常与异常，确保原始记录反映科学实验的探索过程。

提醒六：随意更正原始记录。更正原始记录应提出明晰具体、可接受的理由，且只能由原始记录者更正，更正后标注并签字。文字等更正只能用单线画去，不得遮盖更正内容，确保原始记录不因更正而失去其原始性。

提醒七：使用荧光笔、热敏纸等不易长时间保存的工具和介质进行原始记录。应使用黑色钢笔或签字笔等工具和便于长期保存的介质，确保原始记录的保存期限符合科学研究的需要。

提醒八：未备份重要科研项目产生的原始数据。应实时或定期备份原始数据，遵守数据备份的相关规定，确保重要的科学数据的安全。

提醒九：人事变动时未进行原始记录交接。研究人员调离工作或学生毕业等，应将实验记录资料、归档资料、文献卡片等全部妥善移交，确保原始记录不丢失或不当转移。

提醒十：使用未按规定及时标定的实验设备生成原始记录。应按照相关要求及时核查、标定仪器设备的精度和相关参数，确保生成的数据准确可靠。[1]

---

[1] 中国科学院科研道德委员会. 关于科研活动原始记录中常见问题或错误的诚信提醒[EB/OL]. (2020-05-22)[2022-08-10]. http://www.jianshen.cas.cn/kyddwyh/zdgf/202005/t20200522_4747247.html.

在数据统计、分析和利用时，要避免思维和逻辑上的各种误区，要充分考虑实验设计的有效性、数据采集方法的科学性，以及各种可能的干扰因素。如果需要进行统计和计算，那么要选用恰当的统计方法和工具。不能轻易舍去异常的实验数据，应仔细分析导致其产生的各种可能性，直接忽略异常数据就是一种"篡改"行为。通过分析、再次深入研究也许会有新的发现。

注重实验安全也是负责任的研究行为的一个重要部分，要避免各种鲁莽操作和粗心大意，以防止受试者和研究者受到伤害。研究者应当严格遵守实验室安全管理各项规定，遵守实验程序和操作步骤，保证科学而安全地进行科研和实验，严防实验室安全事故的发生；对各种操作、设计、实施的规章制度（如人体实验、动物使用、放射线、化学物及其他安全问题、转基因动物管理条案等）要加强学习，养成良好的工作习惯。

二、买卖论文

买卖论文是较为恶劣的学术不端行为，组织贩卖论文的行为甚至触犯刑法，可以被定义为"不法经营行为罪"。在国际学术诚信研究领域，买卖论文是"合同欺诈"的主要表现形式。购买论文的重灾区是学位论文与职称评审领域。许多被媒体曝光的研究生学位论文抄袭事件很可能就是买卖论文的结果，只不过仅凭高校的力量很难查清背后的真相，一般就以抄袭论处，开除或者取消学位的处理已经是高校能够给予的最大处罚力度了。

买卖论文一直是国家有关部门严厉禁止的行为，但还是有不少人受利益驱动，铤而走险。2010年，武汉大学副教授沈阳在接受《长江日报》的采访时表示，据其研究买卖论文已形成产业，2009年的规模估算达10亿元。沈阳将买卖论文市场分为代写论文市场、代发论文市场、论文荣誉市场、高额赢利性版面费市场、非法学术期刊市场等。沈阳研究发现，代写论文市场最火爆的时间与大学生临近毕业离校的时间几乎同步。[1] 查重软件在全国高校大面积推广后，抄袭论文风险大增。这在抑制论文抄袭剽窃的同时带来了另一个问题，就是更多的学生寻求论文代写，包括联系中介或直接寻找枪手。很多中介和枪手承诺，他们代写论文质量有保障，绝对能对付查重软件，因此业务量大增。

---

[1] 晏岚. 论文买卖，一年10个亿[J]. 政府法制, 2010 (09): 17-18.

2016年7月，中央电视台新闻频道播出《揭秘论文造假黑色产业链：营销靠网络抄袭变原创》专题报道，曝光了广东某文化传播公司中山分公司等从事论文买卖的非法行为，并揭露了相关黑色产业链的情况，从而印证了沈阳的判断。央视记者经过两个多月的卧底调查，了解了该分公司从事论文代写、代发业务的情况。该分公司有两个重要客户群，一个是职称论文群，另一个是学位论文群，生意火爆，每个业务员每天能接到几十单生意。记者根据论文买家名单，假装公司客服与多位论文买家进行了电话回访，核实了有关情况。在调查过程中，记者也尝试将一篇重复率达80%的论文进行改写，重复率就下降为0。该节目还曝光了成都某文化传播公司代写论文的情况。该公司主要靠为数众多的业务员渗透进全国500多家高校的学生社交软件群去推广"业务"。业务员先混进各种QQ群做推广，和有需求的人私聊。论文造假的背后有着相当完备的产业链，假论文生产线上设置不同部门，这些"中介公司"可以代写包发，顺利发表期刊论文，通过学位论文检测。

其实，许多论文代写公司承诺其枪手队伍如何强大、所代写论文质量如何可靠，都是不可能的，"最好"的结果也就是暂时通过查重软件，却为日后留下了巨大隐患。真正合格的论文都是在前人研究的基础上进行的新的知识创新，对人类知识发展有或大或小的贡献。代写论文的人，特别是产业化写论文的人，只能在形式上写得像论文，而不可能拿出真正合格的论文。在某种程度上，论文代写业务就是查重软件逼出来的，如果没有查重软件，想着投机取巧的人自己就会想办法去抄袭与剽窃。因为查重软件的存在，他们没有能力拿出能逃过查重软件的论文，所以才会想到去购买论文。从公安机关查处的情况来看，互联网上和QQ群、微信群里大量的代写论文广告都是诈骗。因为代写论文的"业务"完全是非法的，如果不是非常必要，从事这个行当的人是不愿意让"顾客"知道他的信息的，既然能隐瞒自己的真实信息，为什么还要交付论文？即使不是诈骗，其所承诺的"合格"论文，实际上也只能是暂时的合格。这种东拼西凑暂时躲过查重系统的所谓论文在日后论文抽查、查重系统升级、读者检举时还是会露出原形的。对此，这些论文中介、枪手是不负责的，也是负不了责的。而且，一旦代写公司或代写者被查处，他们的"客户"名单就会全部暴露。

通过"市场"购买的论文一般质量较差，但有些有权势的人为了谋求学位、职称、荣誉、声望，也会找"可靠"的人做枪手，这些人往往具有一定的研究与写作能力，甚至不乏高校的教师、博士等。由这些枪手来代写论文虽更加隐蔽，但往往最终也会暴露。研究论文是最终研究成果的文字表达，如果要形成成果，必须经过大量艰苦细致的工作，没有这样的工作过程，仅仅是为别人"代笔"，最多只能做到形式上符合论文的要求，其实质一定是粗制滥造的。

代投论文也是充满风险的。2020年9月，科技部网站通报了9起论文造假等违规案件查处结果，其中7起为委托第三方代投论文案件。第三方代投论文很容易弄虚作假，风险极大。科技部会同相关部门和单位对这7起代投论文案件进行了严肃处理，做出了解聘、免职、终止科研基金项目、责令退回资金、取消申报国家自然科学基金项目资格若干年、暂停招生资格、取消学籍、终止学习资格、追回相关奖励和荣誉等处罚。

2020年年初，教育部、科技部发文，要求高校和有关方面要"破五唯"特别是破除"唯论文"，让论文回归科研本身的价值和作用。"打铁必须自身硬"，科研学术没有捷径，容不得丝毫虚假。

三、利益冲突及违反保密、安全等规定

利益冲突一般指个人的利益与公共利益发生冲突，对于研究人员而言，它是指研究人员所追求的利益与其追求真理、发展科学的使命相冲突。经济方面的利益冲突有：研究人员根据企业要求罔顾科学事实开展相关"课题"研究；不负责任地参与某些商业成果或产品的宣传推介活动；接受企业报酬参加由企业控制传播内容和观点的教育活动；科研人员发表论文时隐瞒自己接受相关资助或报酬的事实；等等。随着科学的发展，各国都鼓励研究人员追求正当的利益，包括经济利益，但获得正当利益必须有利于科学发展和公众利益。

美国是科研人员利益冲突管理比较完善的国家。人们对经济利益给研究带来的实际或潜在负面影响的担心，促使卫生与公众服务部和国家科学基金会等机构明确了利益冲突政策，出台了一系列保证研究的客观性的规定，如《研究人员财务披露政策》《利益冲突与道德行为标准》等。相关规定要求各科研机构研究人员在研究开展之前要报告重大利益冲突；机构要管理、减少或者消除重大经济利益冲突（研究者或家属每年获得1万美元的额外收入，或在可能从研究中获益的实体中拥有超过5%的股本），并提供关于处理冲突情况的后续信息。

科研人员避免利益冲突的实质就是坚持知识创新的使命，确保研究的客观性。在项目申报、实施与研究、报告和评审过程中要坚持公正，评审人应当披露各种利益冲突，应当避免仅根据个人意见、各种关系而非科学证据做出判断和决定。其中，包括

学术方面的冲突亦应当披露，如对特定研究领域和特定研究发现有强烈的个人观点、门派之见和学术偏见可能都会影响科学判断。科研人员还有职责方面的利益冲突。科研人员往往具有多重身份，面临多项任务和职责，时间和精力都有限，如：作为科研人员与作为教师义务有所不同，如何履行好两个方面义务；争取和承担的各种项目之间如何分配时间和资源；在本职工作与承担咨询工作及其他有偿兼职等之间如何安排时间与精力并正确披露信息；等等。不当使用科研经费也是一种利益冲突，科研人员使用科研经费时要符合项目资助方的要求，杜绝虚报、冒领、挪用、套取财政科研资金，避免构成犯罪。

科研人员还要遵守国家有关保密、国家安全、实验室安全等方面的规定。2015年，科学技术部、国家保密局发布了新版《科学技术保密规定》，明确泄露以后可能会削弱国家防御和治安能力，降低国家科学技术国际竞争力，制约国民经济和社会长远发展，损害国家声誉、权益和对外关系的科学技术事项应当定为国家科学技术秘密。从事这些科学技术事项研究、管理、服务等工作的人员应当学习相关保密法规，遵守保密要求，不得有各种危害国家安全、违反保密规定的行为。实验室安全事关师生甚至社会公众的生命安全和身体健康，科研人员应认真学习并遵守《中华人民共和国安全生产法》及教育部《高等学校实验室安全规范》等法规和制度。

遵守良好的师生关系规范对研究生健康成长至关重要。对导师而言，要遵守《研究生导师指导行为准则》，认真指导学生的学习和科研，履行好立德树人职责；对研究生而言，在学习中不能仅以取得文凭为目的，要尊重导师，专注学业，遵守有关学业管理的规定，包括科研诚信与科研伦理方面的各项规定，绝不进行危害国家安全、损害社会公共利益、亵渎生命尊严的研究活动。

第五章　域外学术诚信教育与管理

学术诚信特别是科研诚信问题事关各国教育与科技事业的发展，事关各国国运的兴衰，是世界各国及各高水平大学普遍重视的问题。但由于各国发展阶段的不同、文化传统的差别，各大学办学水平的差异、发展战略的侧重不同，它们的学术诚信管理呈现出一定的差异。世界高水平大学主要分布在美洲、欧洲和亚太地区，这三个地区也是世界科技和教育比较发达的地区。本章第一节重点介绍这三个地区的国家及高水平大学学术诚信管理的基本状况，第二节以加拿大滑铁卢大学为例，重点介绍其学术诚信管理情况。

第一节　世界科教发达国家及其高水平大学的学术诚信管理概况

众所周知，一所大学的办学水平高低与该国科技与教育水平的高低呈正相关的关系；同样，一国对学术诚信问题的重视程度与该国科技与教育文化水平、大学办学水平亦呈正相关关系。越是重视学术和科研诚信的国家，其科技和教育往往就越发达；越是重视学术诚信的大学，其办学水平往往就越高。世界上科技与教育发达的国家，往往在学术诚信方面形成政府、大学、科研机构、社会组织互相配合、互相支撑的体系；世界高水平大学的学术诚信管理水平往往也与该国学术诚信管理体系的完善水平高度一致。政府、大学、科研机构与社会组织之间有协同，能力亦有侧重。政府和专门的科研组织更加关注科研诚信的制度建设和对科研不端事件的查处；而高水平大学则除科研诚信之外，更多地关心教学和人才培养过程中的诚信教育，更多地使用"学术诚信"一词。学术诚信的外延较科研诚信更加宽广一些，包含了教学和科研两个层面的诚信。这些科技与教育发达国家的学术诚信管理体系往往是自律加监管的模式，弹性较大，而非单纯强调监管与惩处；世界高水平大学则既关注科研中的诚信监管，又关心教学中的诚信训练，不仅重视教师与科研人员的学术诚信，还重视学生的学术诚信培养。

一、美洲国家及其高水平大学的学术诚信管理

在美洲,世界高水平大学主要分布在美国和加拿大。美国和加拿大是移民国家,早期欧洲移民的文化与信仰决定了他们将诚信问题视为道德的核心,学术诚信是其文化传统在科技与教育领域的具体体现。两国形成了较为完备的学术诚信管理体系,对全球学术诚信建设产生了很大影响。

(一) 美国的学术诚信管理

美国人的重视诚信意识是根植于其文化与宗教传统中的,诚信是美国价值观的重要根基之一。早期移民美洲大陆的清教徒遵从清教精神,致力在新大陆建立一个"山巅之城",倡导虔敬、谦卑、诚信、勤勉等伦理价值,塑造了美国伦理的基础,影响了美国人的性格。美国是世界上最早全面开展学术诚信管理的国家,早在美国建国之初,美国大学就推出了荣誉准则制度,倡导学术诚信,弘扬诚信精神。在美国教育和科技发展的进程中,美国政府和相关部门不断完善学术诚信与科研诚信管理,形成了社会、学校、政府协同的学术诚信管理系统,为美国科技和教育走在世界最前列做出了重要贡献。

1. 美国政府与社会组织的学术诚信管理系统

美国政府介入学术诚信特别是科研诚信管理开始于20世纪70年代末80年代初。随着联邦政府科研经费的投入越来越大,科研欺诈不再仅仅是科学界的事,还是滥用联邦科研经费的腐败行为,国会和政府开始注重科研活动的监管。根据1978年通过的总监察长法案,联邦政府各部门都要成立总监察长办公室,加强对各种腐败行为包括科研腐败行为的监管。总审计署廉洁与效益总统委员会下设了科研不端行为工作组。1981年,国会针对美国国立卫生研究院下属研究中心的科研欺诈案举行了听证会。1985年,美国出台了《健康研究扩展方案》,该方案要求接受联邦科研经费资助的申请人或受奖机构建立审查科学欺诈的行政程序,并报告所有看似重大的涉嫌科学欺诈的调查。1986年7月,美国卫生与公众服务部下属国立卫生研究院发布《资助和合同指南》,对申请人及其机构保证研究客观性的职责明确了要求,该指南于1989年修订后成为美国公共卫生研究资助方面的联邦法规。从1986年开始,负责联邦公共卫生研究科研经费资助的美国国立卫生研究院将接受科研不端指控的职责进行了汇总,统一交由联络办公室负责。1989年,又分别设立了科学诚信办公室和科学诚信审查办公室。1992年,卫生与公众服务部合并了这两个负责科研诚信工作的机构,成立了研究

诚信办公室。1993 年，克林顿签署的《NIH 振兴法案》将诚信办公室确立为一个独立实体，并用"研究不端行为"取代了"科学不端行为"一词。研究诚信办公室成立以后，开展了一系列卓有成效的工作，成为世界范围内推动科研诚信建设先行者和权威机构。2000 年，美国白宫科技政策办公室发布《关于不良研究行为联邦政策》，规定政府科技部门与研究单位共同对监督和发现不良研究行为负有责任，政府部门对联邦资助的研究拥有最终的监督权，研究单位则承担主要责任，并对不良研究行为进行调查和处理。2010 年，白宫科技办公室根据总统要求，正式发布了《科学诚信备忘录》，强化和细化了对联邦政府各部门在科研诚信方面的要求，之后联邦所有的部门都出台了相应的科研诚信政策文本。目前，除国家科学基金会、卫生与公众服务部之外，联邦政府的所有部门，如教育部、农业部、商务部、能源部、内政部、司法部、国务院、国家航空航天局、国家标准技术研究院、国防部等都出台了科学诚信政策条文。这些联邦法规和政策涵盖科研不端行为、数据获取、人类受试者保护、信息安全管理、基因重组、生物医学研究资源共享、利益冲突等诸多领域，形成了联邦政府科研诚信监管机构、联邦科研经费资助机构等负责宏观规范指导，各大学及专门研究机构等各司其职，具体负责宣传教育、调查处罚等事宜的完整管理体系。

研究诚信办公室的主要职责是负责监督和指导美国每年资助额高达 380 亿美元的公共卫生领域科研项目的科研诚信工作，其具体职能是：相关政策、程序和法规的制定与监测；政策分析、评估和研究，卫生与公众服务部研究诚信政策和程序的改进；负责研究行为的教育、培训及研究不端行为的预防；审查和监督美国国立卫生研究院内项目及资助项目的研究不当行为调查；为相关机构提供技术援助；建立关于研究不端行为、研究诚信和预防的知识库；等等。科研诚信办公室是世界上最早的专门负责研究诚信事宜的政府机构和专门组织，开展了很多开创性工作，确定了科研不端行为的定义及处理程序，推广了负责任研究行为的教育与培训，是享有盛誉且全球领先的科研诚信管理机构。

美国国家科学基金会是 1950 年创立的独立联邦机构，支持除医学之外的所有基础科学和工程领域的研究。2022 财年预算为 88 亿美元，旨在促进美国高校等研究机构和研究人员在从天文学到地质学，从数学、计算机科学到社会科学的广泛领域实现新的发现。根据 1978 年监察长法案，1989 年美国国家科学基金会设立总监察长办公室（Office of Inspector General，OIG），成为一个独立且客观地对资助研究进行监督的机构。从 20 世纪 80 年代末开始，美国国家科学基金会持续推动负责任和合乎道德的研究行为，出台了一系列科研不端行为界定、不当行为调查程序、透明度和问责制、合乎道德和负责任的研究等方面的规章，倡导以严谨和正直的方式产生和传播知识、以最高标准进行同行评审、努力保护专有信息和知识产权、公平和尊重地对待学生和同事等做法，在美国科学界科学诚信建设方面发挥了至关重要的作用。

美国国家科学院（National Academy of Sciences，NAS）的科研诚信管理具有较强的示范意义。美国国家科学院成立于1863年，是私立、非营利性质的杰出科学家共同体，之后又衍生出美国国家研究理事会、美国国家工程院、美国国家医学研究院等。1992年，美国国家科学院科学、工程和公共政策委员会开展关于科研诚信影响因素的调研活动，发表了《负责任的科学：确保研究过程的诚信》的报告，回应了当时公众与科学界高度关注的一些科研诚信热点问题，完善了有关科研诚信调查和处理的程序。2002年，又发布了《科研道德：倡导负责行为》，强调科学家及有关机构都要反思其在科学道德建设方面的努力，强调教育和批判性思维对加强科学道德的作用。此外，其他一些重要的学术团体，如美国科学促进会、美国微生物协会、物理学会、化学学会等也推出了自己的道德规范和行为准则。

美国国家实验室系统及其他科研机构也加强了科研诚信的管理。美国国家实验室系统是美国科研系统的重要组成部分，为加强科研诚信工作，该系统专门组建了科研诚信办公室，制定了科研人员行为守则，全面规范了科研诚信方面的要求。

出版及有关学术团体对学术诚信的贡献非常显著。芝加哥手册、APA格式、MLA格式等英语世界三大写作格式就是出版和有关学术团体的贡献。美国芝加哥大学出版社编辑出版的《芝加哥规范手册——写作、编辑和出版指南》（以下简称《芝加哥规范手册》）是英语世界甚至是全球最具权威的学术写作规范之一，被誉为编辑的"圣经"和写作、出版、编辑的"百科全书"。该手册于1906年初版，至2017年已推出第十七版，对学术写作和编辑出版所涉及各个细节都有所界定。全书分三个主要部分：一是出版流程，包括稿件准备、稿件编辑、校对、插图和表格、版权管理等；二是体例与用法，详细列举了语法和用法、标点、拼写、术语和标题、数字、缩略语、外语等方面的规定；三是文献资料，包括注释和书目、作者日期的著录方式、索引等。《芝加哥规范手册》对规范化的写作、引用、注释、出版等提供了全方位的依据。

APA格式是美国心理学会（American Psychological Association，APA）制定的一个广为大家接受的研究论文撰写格式。1929年，《心理学公报》发布了一份仅7页的写作指南，对刊载论文的格式进行了规定。1952年，美国心理学会在此基础上进行完善并独立出版，定名为"美国心理协会刊物准则"，对学术文献的引用和参考文献的撰写方法，以及表格、图表、注脚和附录的编排方式等有较为清晰的规定。该论文写作格式经过7次修订，为许多社会科学领域的学科所采纳，已成为大学学术写作教学领域最有影响力的论文格式之一。

《MLA论文写作手册》是1951年美国现代语言学会（Modern Language Association，MLA）推出的论文写作指导格式。该格式在语言学、文学、社会学、文化研究等学科领域得到广泛应用，为这些领域的学术论文写作规定了详细的书写格式，包括注释和参考文献的格式。1984年、1988年，进行了两次较大的修订；2016年，MLA格式规范手册已经出版到第八版。该论文写作格式的特点是在统一该领域研究者写作规范的基础上，尽量追求准确、简洁和易于理解，让读者能够尽量直观地知晓资料的来源。

此外，与《芝加哥规范手册》类似的还有《韦伯美国标准写作手册》，这也是一部关于英语学术写作的权威指南。美国其他学科领域的学会也都推出了具有自己学科特点的论文格式规范要求，如美国考古学会的AAA格式、美国物理学会的AIP格式、美国医学会的AMA格式、美国化学会的ACS格式等。

科学编辑理事会（The Council of Science Editors，CSE）是美国的一个独立编辑组织，由科学出版界1 000多名从业人员组成。针对科学期刊出版中越来越多的问题，2006年，美国科学编辑理事会发布《促进科学期刊出版诚信白皮书》，规定了各方的学术诚信责任和处理学术不端的程序。编辑要负责对投稿内容保密，披露可能的利益冲突，负责及时出版，通过刊登勘误信息等维护论文的诚信，发现和处理学术不端，等等。作者署名必须符合规范，仅在获取资助、收集数据、研究团队中进行一般性管理等方面有贡献的人是不能署名的，必须是在概念或设计、数据获取、数据分析和解释方面做出重要贡献，起草论文或在知识内容上有重大修改，对出版文本做最终核准的人员才可以署名。作者在保密、信息披露、原创性、药物和设备声明、人体与动物实验等方面具有责任要求。此外，对审稿人、期刊主办机构等的诚信责任及作者署名顺序等均有规定。[1]

美国学者发起成立的国际学术诚信中心（The International Center for Academic Integrity，ICAI）在推动美国及世界学术诚信教育方面发挥了巨大作用。1992年，美国罗格斯大学麦凯布教授等在斯坦福大学发起成立了学术诚信中心，24所高校成为中心

---

[1] 黄小茹. 科学编辑理事会促进科技期刊出版诚信的政策与措施[J]. 编辑学报, 2009, 21 (01): 92-94.

第一批会员。1995 年,该中心得到威廉和弗罗拉·休利特基金会资助;1997 年,该中心迁往杜克大学,开始了与柯南伦理研究所的合作。此后,该中心影响不断扩大,推出了学术诚信基本价值准则项目,开发出了学术诚信评估指南,扩大了国际会议的规模与范围。2007 年,该中心迁往克里姆森大学南卡校区,于 2010 年更名为"国际学术诚信中心",会员扩展到 6 大洲 20 多个国家,并在墨西哥、澳大利亚、新加坡及开普敦等国家和地区召开全球范围的学术诚信会议与论坛。该中心关于学术诚信的定义、标准等被世界各地广泛接受。1999 年,基本价值准则研究报告确认了学术诚信的五种基本价值:诚实、信任、公平、尊重、责任;在 2013 年修订的报告中又增加了"勇气"一项。

2. 美国高水平大学的学术诚信管理

"荣誉准则制度"是美国大学学术诚信教育最突出的特色之一。早在 1817 年,威廉与玛丽学院就推出了荣誉准则制度,将学生诚信品德和荣誉观念的培养融为一体。该校推出无人监考的考试,而学生以人格与荣誉承诺,不在无人监督的情况下破坏信任和秩序。当然,违反承诺者不仅人格和名誉受到损害,同时也将受到开除的处理。自由、宽松又不失严肃的荣誉准则制度尊重学生的人格,也要求学生承担失信后的严重后果,大大提高了人才培养的素质,使得威廉与玛丽学院成为美国最顶尖的精英文理学院之一。

荣誉准则制度大大激发了学生的荣誉感、道德感,考试作弊比例大幅下降,美国的大学纷纷跟进。大学里最早采用荣誉准则制度的是杰弗逊创办的弗吉尼亚大学。1840 年,试图平息学生骚乱的戴维斯教授被学生射杀,学生的品德培养引起教育界的重视。1842 年,新任教授团主席塔克尔教授开始号召学生在试卷中写下一段文字,以证明自己是诚实地完成考试的。这段文字就是著名的弗吉尼亚大学学生诚信承诺:"我以我的名誉担保,在本次考试中我没有获得任何帮助,也未曾为他人提供帮助。"[1] 学生做出诚信承诺后,在无人监考环境中完成考试,这些学生被认为是值得信任的诚信之士。学生有义务遵守承诺并报告他所发现的作弊等学术不端行为,一旦有学生被发现违反承诺有作弊行为,将受到更加严厉的处罚。荣誉准则制度在大学实施亦取得明显效果,考试作弊比例大幅下降,学生愿意以实际行动捍卫自己的荣誉。荣誉准则制度的良好效果使得不少志在培养社会精英的高校纷纷仿效。1893 年,普林斯顿大学

---

[1] 孙纪瑶. 美国大学生学术诚信教育研究[D]. 长春:东北师范大学,2019:60.

引入荣誉准则制度。在这之前该校学生将考试作弊视为与教师斗智斗勇的勇敢行为，不参与作弊的学生反而受到耻笑。1974 年，普林斯顿大学进一步修订和完善了荣誉准则制度。其荣誉准则制度包括荣誉声明、荣誉准则、组织机构、处理程序、惩罚机制等方面。每个加入普林斯顿的新生都被要求签署荣誉声明，拒绝签署的学生将被取消入学资格。荣誉声明在一代代普林斯顿人的努力下成为每个普林斯顿人必须履行的义务，每个学生要宣誓"我以我的人格保证我在这次考试期间没有违反荣誉准则"。[1]

20 世纪 90 年代，随着学术诚信浪潮的兴起，学生主导型的荣誉准则重新兴盛起来。马里兰大学帕克分校对传统的荣誉准则制度进行了改进，将原有的对无人监考考试中学生作弊行为的考查，转换为明确规定学生在学术失信案件处理中的权益，鼓励学生作为独立个体参与各类校园学术诚信活动的策划与组织。这种改进型荣誉准则制度最大的特征是学生不再承担单一责任，而是与教师、管理人员等共同承担责任。越来越多的大学采用了改进型或传统型荣誉准则，但也有些知名大学比较慎重，实施较晚。哈佛大学从 2014 年才开始实施新型荣誉政策。哈佛大学文理学院创建了荣誉理事会，专门处理本科生违反荣誉准则和学术诚信的事件。哈佛大学本科生的荣誉准则内容扩展到学术不端的每一种情形，并达到了较高的学术诚信标准，如准确地引用来源，恰当地收集和使用数据，明确承认他人对自身观点、发现、诠释和结论的贡献等。哈佛大学要求所有本科生签署以下声明："我证明我的学术工作的诚实，并确认符合哈佛学院荣誉准则。"与传统的荣誉准则制度不同，在所有期末作业和考试中，哈佛大学的学生都被要求附上对接受荣誉准则的声明。[2]

荣誉准则制度并不是解决学术诚信问题的万能药，随着时光的流逝，学生的承诺也很容易形式化，从而使学生的自我激励动能弱化。每所大学也都是结合自身实际来加强学术诚信管理的。比如哈佛大学就没有将举报他人作弊列为荣誉准则的内容。另一所常青藤名校康奈尔大学也没有实施荣誉准则制度，但这并不妨碍其对学术诚信进行严格管理。学校制定有清晰、全面的《学术诚信准则》，对各种学术不端行为的界定及处理程序规定得非常详细，比如若无教师、班级同学及相关人员书面同意，学生无权以出售或传播为目的，复写、复制或分发讲座和课程材料（包括听课笔记）。在

---

[1] 孙纪瑶. 美国大学生学术诚信教育研究 [D]. 长春：东北师范大学，2019：79.

[2] 杨柳群. 美国大学生学术不端防治与启示：以哈佛大学、普林斯顿大学、康奈尔大学为例 [J]. 长江师范学院学报，2019，35（06）：99.

处理学生学术不端行为时，该校比其他学校更加重视学生和教师的参与。调查和处理主要依靠教师和学生，而非行政管理人员。教师有权对有学术不端行为的学生实施"分数等级处罚"，严重的要提交听审委员会。[1]

美国大学在科研方面的诚信要求与在教学方面的要求是一致的，对教师的要求也要严格于学生。1985年，美国国会通过《卫生研究拓展法案》，将高校拥有学术不端治理措施作为接受资助的条件。1988年，美国大学协会发布《处理研究欺诈的机构政策和程序框架》。之后，各大学纷纷成立学术诚信办公室、学术不端治理委员会、学术诚信治理委员会等机构。作为科研实力领先的理工大学，麻省理工学院在《教师和职员指南》中对教师和职员提出了明确的学术诚信方面的要求，并在教师学术不端行为的认定和处理程序方面有详细的规定。该程序分为五个步骤：报告学术不端行为、进行质询、进行调查、形成最终调查报告、采取措施。教师有向学生传达学术诚信规定的义务，授课之前教师必须阐明本门课程学术诚信方面的具体标准。[2]

美国大学对学生学术诚信的强调是得到社会支持的。美国是信用社会的典型，信用卡就是美国信用社会的发明。美国社会信用体系相当完备，缺乏良好信用的人简直寸步难行。三大征信服务公司是通过市场化方式运行的，他们对公民信用的评分对于每个公民而言至关重要。大学生在校期间的诚信记录是其个人信用档案的重要组成部分，这对学生而言是一种巨大的威慑，任何学生都不敢轻易拿个人信用开玩笑。贝勒大学规定学术诚信办公室要保存违反荣誉准则案件的档案，并每学期向学校汇报；史蒂文斯理工学院规定，课后作业中的不当合作，最轻处罚是记录在诚信档案中；杜克大学则规定，对违反学术诚信准则严重者的处罚记录永久存放其个人档案中。[3]

美国高校的学术诚信教育还依靠几个著名的商业在线原创性检测程序，包括Turnitin、iThenticate和Plagiarism Detect等。Turnitin是全球历史最久、最权威的检测系统，最初是由美国加州伯克利大学4名学生开发出来供研究所课程使用的同侪评鉴应用程序。因为该程序检测学生作业和论文中的非原创性内容效果非常好，后来很快就发展成论文检测系统的"巨无霸"。这样的检测程序在美国还有很多，教师和学生都

---

[1] 杨柳群. 美国大学生学术不端防治与启示：以哈佛大学、普林斯顿大学、康奈尔大学为例[J]. 长江师范学院学报，2019，35（06）：99-100.

[2] 主要国家科研诚信制度与管理比较研究课题组. 国外科研诚信制度与管理[M]. 北京：科学技术文献出版社，2014：41-42.

[3] 孙纪瑶. 美国大学生学术诚信教育研究[D]. 长春：东北师范大学，2019：63.

可以借此判断作业和论文的原创程度。这些论文原创性检测程序开发公司与大学都有密切的合作，学生登录网站进行提交，教师在各自账号里可以看到学生提交的作业及检测系统核查而成的报告。各大学对学术不端的惩戒力度很大，对学生的作弊、抄袭等行为绝不姑息，处理措施从作业不及格、课程不通过，一直到停学、开除等。研究生撰写论文多使用 iThenticate 论文检测系统审查稿件。

经过多年的努力，美国高水平大学的学术诚信管理取得了显著成绩。这些大学学术诚信的规则制定科学合理，机构健全；管理人员、教师和学生各司其职，学生学习各种学术诚信规则和要求，教师则将学术诚信的原则贯穿于整个教学过程；学校各级学术领导、学术诚信专职管理人员及图书馆、体育馆、学生事务中心等与学生密切接触的管理人员都负有学术诚信管理的职责。

（二）加拿大及其高水平大学的学术诚信管理

加拿大有特色鲜明的学术诚信管理模式：国家三大科研拨款机构宏观指导，各大学、研究机构各司其职，各负其责。加拿大人口不多，社会诚信体系完善，学术诚信的管理效果非常好。

1994 年，三大科研资助与管理机构——加拿大卫生研究院、自然科学与工程研究理事会、人文与社会科学研究理事会联合发布《三大理事会关于研究与学术诚信的政策声明》，该政策声明成为加拿大维护学术诚信、处理学术不端的权威政策文件。该政策声明分为"原则和责任"和"促进科研诚信以及防止和处理科研不端行为的程序"两大部分。

原则和责任方面，该政策声明要求研究人员及研究机构应秉承五大原则：① 不掠人之美，承认他人的实质性贡献；② 使用未公开的任何资料和信息须经过原创作者的同意；③ 研究过程中要始终坚持严谨科学的态度；④ 署名者必须有实质性贡献，承担责任；⑤ 以公开、公正、公平的态度对待利益冲突。任何接受三大机构资助的大学和研究机构必须承担起促进学术诚信的责任，必须严肃认真地对待可能出现的学术不端行为，调查处理结果必须报告三大理事会。

程序方面，各研究机构必须建立公正、负责任的程序：及时受理研究和学术不端行为的举报；在规定时间内进行适当的质询，并在质询过程中尽可能保护举报人和被举报人的隐私；允许被举报人有足够的机会做出回应和保护负责任的举报者。如果是不实指控，应给予被举报人相应的保护，恢复其名誉；如果确有不端行为，应将调查结果和决定采取的措施通知被举报人。处罚大致分为四个层次：一段时间内不得申报项目；撤回拨款或奖励的剩余部分；返还全部；向司法机关提出诉讼。[1]

2011年，三大理事会又发布了《三部门政策框架：负责任的研究行为》，以促进科研人员了解与尊重所有的关于学术诚信的法律和政策。该文件具体规定了科研不端行为的类型：伪造、篡改、剽窃、销毁研究记录、重复出版、不当署名、缺乏适当的致谢、对利益冲突处理不当、提供虚假信息、经费使用不当、违反法律的人体和动物实验等。三大理事会联合建立的负责任的研究行为专家委员会，负责审核涉及三大机构资助项目的科研不端行为调查报告，并提出处理建议。

加拿大原先在学术诚信管理体系上是分散的，各大学、研究机构各自对本机构内的学术诚信负责，处理本机构内部人员的学术不端行为。2018年，加拿大政府科学诚信政策实施治理委员会（其成员包括首席科学顾问、财政部部长和加拿大公共服务专业协会主席等）发布了科学诚信示范政策，要求所有政府部门和机构都要实施、细化这一政策。各部门通过开放日、学习课程、研讨会和视频等方式提高政府雇员的认识水平，并开展了科学诚信政策方面的内部审查，制定和实施了相应的政策或指导方针，编写了相应的科学诚信政策方面的培训材料。这些措施大大推进了加拿大科学诚信文化的建设。

加拿大的大学与学院普遍比较重视学术诚信教育与管理。绝大多数高校都将诚信、诚实等价值列为学校的办学理念或教育的目标，如多伦多大学将诚实视为学术规范的核心价值观，不列颠哥伦比亚大学要求学生做正直诚实的世界公民，等等。大多数学校有详尽清晰的学术诚信规范要求。如维多利亚大学制定有《学术诚信条例》《学位论文评价标准》等，多伦多大学有《学术行为准则》，滑铁卢大学有71号政策，萨斯喀切温大学有《萨斯喀切温大学学术行为指导意见》《萨斯喀切温大学学生学术不端处理规则》，等等。

为了抓好学术诚信工作，各大学对师生比的控制非常严格。很多大学规定一名教师每学期最多只能承担两门课程；全校小班课程数量不低于课程总数的70%。只有这样，教师才有足够的精力去关注每名学生的学习状况，才能对学生进行学术诚信管理的全覆盖，也才能对教师提出学术诚信方面的要求。维多利亚大学要求教师知道如何防止学生的学术不端行为并采取措施。教师要知道在哪些情形下学生容易发生学术不

---

[1] 主要国家科研诚信制度与管理比较研究课题组. 国外科研诚信制度与管理[M]. 北京：科学技术文献出版社，2014：71-73.

端行为,要经常与学生讨论有关学术诚信的政策,要学习一些技术手段,以鉴别学生的抄袭、篡改等行为。在教学中,教师要尽量不给学生做出学术不端行为的机会,要采取很多积极措施予以防范,如不定期调整学业评价方式等。[1]

加拿大各大学普遍开设学术诚信教育课程,本科生、研究生进校往往要先经过专门的学术诚信教育并完成测试。专业课程中往往渗透了学术诚信的内容。比如阿尔伯塔大学的"工程伦理学""教育伦理学""医学伦理学"等课程中都有大量与学术诚信相关的内容。每所大学基本都有学术诚信管理的专门机构,其中麦吉尔大学学术诚信办公室有28名工作人员。不少大学还将学术诚信工作与其他工作密切结合,如不列颠哥伦比亚大学将学生不请假、不迟到、不早退等都纳入学术诚信之中,进行规范管理。

二、欧洲国家及其高水平大学的学术诚信管理

欧洲是现代大学的发源地,也是现代科学的诞生地。欧洲各国普遍都很重视学术诚信管理,学术诚信管理水平较高,且各具特色。

(一)英国及其高水平大学的学术诚信管理

英国是近代科学发源地,诞生过牛顿、达尔文这样的科学巨匠,总体上的学术诚信的氛围很好。但随着科技的发展,科研不端行为也时有发生,其社会危害越来越大,鉴于此,英国政府加强了科技领域的学术诚信管理。1992年,英国科学技术主要管理部门英国科技办公室成立,由英国首相直接任命政府首席科学顾问负责。2004年,英国科技办公室公布了《科学家通用伦理准则》。之后,该机构隶属于新成立的创新、大学与技能部,并更名为"政府科学办公室"。2007年,该办公室对《科学家通用伦理准则》进行了修订。这个准则要求研究人员要严防学术不端行为,表明利益冲突,要保持最新的技能,尊重他人的贡献与权利,尊重生命、法律及公众利益。

英国研究理事会是负责基础研究资助工作的机构,1998年发表了《关于保障良好科学行为》的声明。该声明定义了主要的学术科研不端行为,界定了良好的科学行为,明确了理事会资助机构的研究人员必须在研究理事会规定的政策框架下开展研究活动。2006年,为了共享良好科学行为的做法,研究理事会决定就其所资助的科研机构如何实施良好科研行为的政策和程序展开调查,成立了良好科研行为工作组,并于2009年发布了报告《良好科研行为管理的行为准则和政策:诚信、清晰、恰当管理》。该文

---

[1] 罗发龙. 加拿大维多利亚大学学术诚信教育研究及启示 [J]. 世界教育信息,2009(06):68.

件包括三个部分：良好的科研行为管理指南、良好的科研行为准则、对于不能接受的研究行为的报告和调查指南。该文件重点强调了六种科研不端行为：伪造、篡改、剽窃、不如实说明、原始材料和数据的保留和管理不当、故意与鲁莽疏忽带来的问题。[1]

英国医学研究理事会是英国最大的医学科研资助机构，也是英国最早出台科研诚信管理文件的机构。1997年，英国医学研究理事会制定了《关于科研不端行为指控调查的政策和程序》，并于2009年进行了修订。英国生物技术和生物科学研究理事会于2000年提出《保障良好科学行为的声明》，要求研究人员要将诚信原则贯穿于研究的全过程，包括实验设计、数据生成和分析、成果发布、对直接和间接贡献者的致谢等。重点界定了三种不端行为：剽窃、抄袭、欺诈。其中剽窃是偷盗别人的观点；抄袭是未经允许和承认就复制他人的观点、数据和正文；欺诈是伪造数据、省略分析和发布难以形成的数据。[2]

2006年，英国大学联盟发起成立了英国卫生与生物医学领域科研诚信小组，成员由英国高等教育基金会、各科研委员会、有关政府部门、英国制药工业协会等机构的人员组成。这个机构将向检举学术不端的人士提供帮助和支持，并确保有关事件得到有效处理，从而促进英国的生物医学及相关学科的研究人员保持良好的科研行为，消除大学中存在的科研不端行为。这个机构后来发展成为英国唯一专注于科研诚信管理的机构，更名为"英国科研诚信办公室（The UK Research Integrity Office，UKRIO）"。与美国等其他国家的诚信机构不同，英国科研诚信办公室不是一个制定规章的机构，没有正式的法定权力，只是向大学、研究机构以及研究人员提供遵守学术诚信的最佳实践。2008年，英国科研诚信办公室制定了《科研不端行为调查程序》，提供了调查处理学术不端行为的规范化流程，该流程被许多大学和研究机构采纳。2009年，英国科研诚信办公室又制定了《科研行为准则：促进良好行为、防止科研不端》，作为研究人员和机构进行高质量科研的参考工具。2018年，英国科研诚信办公室和英国皇家学会合作开发"实践中的诚信"工具箱，这个工具箱汇集了各种实现学术诚信的案例与方法。

---

[1] 主要国家科研诚信制度与管理比较研究课题组. 国外科研诚信制度与管理 [M]. 北京：科学技术文献出版社，2014：120-121.

[2] 主要国家科研诚信制度与管理比较研究课题组. 国外科研诚信制度与管理 [M]. 北京：科学技术文献出版社，2014：123.

英国大学联盟、英国就业与学习部、英国研究理事会、国家健康研究中心等联合签署《支持学术诚信公约》，为各大学和研究机构提供了学术诚信管理的全面框架。英国著名的六所"红砖"大学之一的利兹大学积极参与该公约的修订，将该公约提供的重要学术资源分享给师生，并将有关精神体现到学校文件中。学校学术诚信管理的主要文件是《学术诚信政策声明》《学校公开纪律性程序》，并针对授课型学生和研究型学生制定了《学生指南》，提供有关学术诚信方面的课程，包括学校自己开发的内部课程和受到各著名高校欢迎的外部课程。[1] 2020年，英国高等教育质量保证局发布了《英国高等教育学术诚信章程》，明确了高校加强学术诚信建设的七大原则，进一步推进了英国高校的学术诚信教育与管理。

英国高校普遍重视学生学术诚信管理。新生入学时，各大学都会把有关学术诚信的相关规定、资料和手册发给学生，学校网站、图书馆、教师都会加强这方面的宣传和培训，学生在正式提交作业、论文或考试前都会签订承诺书。学校也加强了教师对学生学术实践的指导，教师一般都会强调学术诚信问题，加大指导力度，教会学生如何正确地写作、引用，如何正确使用文献和网络资源等，加强学生学习的过程管理，从草稿到分期完成的论文，学生都有条件去学习和遵守各类学术规范。

（二）德国及其高水平大学的学术诚信管理

虽然德国科研诚信管理的任务主要是由大学与科研机构共同承担的，但德国有很多法律法规涉及对学术不端行为的惩处。德国公务员法规定，严重学术不端者将受到罚款、减薪、调职、开除公职、减少或取消退休金的处罚。德国劳动法规定，严重学术不端行为将被记入人事档案，当事人将受到警告直至解雇的处理。德国高校法规定，严重学术不端者将被取消学位、学术头衔。德国民法规定，严重学术不端者将被禁止出入某些场合，必须交出剽窃的资料，返还各类奖学金和科研资助费，严重的还要承担相应的赔偿责任。严重的学术不端行为可能触犯德国刑法第267条"伪造文件"、第268条"伪造技术资料"、第263条"诈骗"、264条"骗取补贴"等条款。德国版权法、高等教育框架法对版权、署名方法等都有详细规定。高等教育框架法第24条规定，所有对某项研究有贡献的人都应该在出版物中注明。德国出版物的开头要列出所有做出贡献的人的名字，并说明每个人的具体贡献。其规定之明确，是全世界最清晰的：

---

[1] 方结红，李峥. 英国利兹大学学术诚信建设研究及启示[J]. 黑龙江高教研究，2020（07）：70-74.

(1) 某某开展了关于 X 问题的实验并撰写了初稿。

(2) 某某开展了关于 Y 问题的实验。

(3) 某某提出了研究项目的创意,设计了实验规划,负责相关活动的协调,对初稿进行了修改,并为研究项目筹集资金。

(4) 某某也参与了关于 Y 问题的实验,并开展了关于 Z 问题的实验,不过在项目完成前离开了研究小组。

(5) 某人将出版物初稿译成英文。

(6) 该项目的开展受到某某教授的指导等。[1]

在很多情况下,引用他人成果时只会提供第一作者的名字,因此出版物的署名应该把研究工作的真正执行者(贡献最大的)写在第一位。[2]

德国马普学会是德国基础研究领域最大的研究组织,该学会的科学家共获得了 35 项诺贝尔奖,被广泛认为是世界上最重要的基础研究组织之一。该学会拥有 3 个学部(生物和医学部,化学、物理和技术学部、人文和社会科学学部)及 86 个研究所。1997 年,马普学会提出了解决学术不端案件的程序规定;2000 年,又出台了《良好学术实践规则》《关于处理涉嫌学术不端行为的规定》。前者提出了保持科研诚信的一般性原则:认真考虑特定学科获取和选择数据的原则;系统怀疑规则;诚实竞争;诚实地承认前人或同事的贡献等。后者有两个附件,列出了"学术不端行为方式目录"及其可能面临的处罚,将疏忽大意的因素也考虑在内,堵上了几乎所有的漏洞。

主要为大学研究活动提供支持的德意志联合研究会也制定了相关文件,如《关于保障良好学术规范的建议》《研究行为规范》等。《关于保障良好学术规范的建议》一共有 16 条,包括:要求大学和独立研究机构应形成良好的科学行为规范,关注年轻学者和科学家的教育,保证设置独立的调查员及科学不端行为举报的程序,在绩效评估标准中应将原创性和质量标准置于数量标准之上,德国科学基金会应当以调查专员的形式任命一位独立的权威专家(或一个小型委员会),等等。《研究行为规范》是学术不端行为的处理规范,列出了各种学术不端行为的类型、处理程序等。

---

[1] 主要国家科研诚信制度与管理比较研究课题组. 国外科研诚信制度与管理 [M]. 北京:科学技术文献出版社,2014:91-93.

[2] 主要国家科研诚信制度与管理比较研究课题组. 国外科研诚信制度与管理 [M]. 北京:科学技术文献出版社,2014:91-93.

德国高校校长联席会出台了《应对科研不端的程序模型》，各高校也制定了相应的规范。如海德堡大学于1998年通过了《确保良好的科学实践、应对科学中的不端章程》。海德堡大学对学术不端行为进行了界定，包括失实陈述（捏造伪造、更改描述和图表、资助申请等方面的造假等）、侵犯知识产权（未经授权擅自使用作者名字、剽窃他人的创意和方法、成果公开发表前擅自披露等）、不当署名、破坏科研活动、挪用资金、消除原始数据等。学校任命的3名监察员，分别来自人文社会科学、自然科学和医学，对揭发、处理学术不端事件提供咨询，进行核查。

雅各布大学是一所全英文授课的私立大学，该大学设有学术诚信委员，并制定了《确保良好学术实践和处理教学和研究中的学术不端行为的指南》。与该指南相配合，学校专门制定了《学术诚信守则》，明确了学术诚信的定义、教师的责任、学生的责任、学生和教师违反规定后的处理等内容。大学所有师生都要签名承诺自己已经熟读了《学术诚信守则》。该守则对学术诚信的定义是：尊重自己的学术研究并尊重他人的工作，包括要承认自己和他人对项目论文、演讲或其他学术成果的贡献；对自己和他人的研究和学术成果的处理要符合道德规范；相信自己和他人能够诚实地开展工作；公平地对待学术共同体所有成员。[1]

针对引起全世界广泛关注的德国政坛名人博士论文抄袭事件，德国科学委员会于2011年修订了《确保博士论文质量的要求》，具有博士授予资格的高校校长联盟于2012年通过《博士学位授予程序中的质量保证》，各高校普遍加强了学位论文的质量和学术诚信的要求。[2]

（三）欧洲其他国家

同德国一样，法国也没有直接的国家层面的学术诚信法律，但相关法律条款还是较为完备的，如知识产权法第1—7章、刑法第226条、民法第323条第1—7部分及劳动法相关条款。法国教育部早在1971年颁布的法令中就明确严禁高等教育过程中的任何舞弊行为。舞弊当事人及其帮手必须接受大学理事会法令的惩处。该法令第48条规定，在大学及具有科学和文化功能的公立机构里，对作弊的纪律处罚包括：纪律处分、最长为5年的大学和机构除名、最长为5年的任何高等教育机构除

---

[1] 主要国家科研诚信制度与管理比较研究课题组. 国外科研诚信制度与管理[M]. 北京：科学技术文献出版社，2014：99.

[2] 谭晓玉. 欧美主要国家治理学术不端的举措与实践[J]. 天津市教科院学报，2019（03）：46.

名、大学和机构永久除名、任何高等教育机构的永久除名。在处罚期间，被除名者不得注册和参加考试，所有的纪律惩罚措施都要记入当事人档案。此外，大学生学习过程中的学业小论文和毕业论文也不能有抄袭现象，一经发现必须重写，并且还要接受相应的处罚，直至取消学位。1994年，法国国家科研中心成立科学伦理委员会，负责包括科研诚信在内的科学伦理的管理，如明确各种科研不端行为的定义、规定科研人员的责任和义务、调节和调查有关事件等。1999年，法国健康和医学研究院创建科研诚信委员会，负责收集和处理有关投诉和申诉，查处学术不端行为。[1] 2015年，法国制定《国家科研诚信纲领》，明确要求硕士和博士学位课程须纳入科研诚信的管理范畴。

北欧在科研诚信建设方面也处于世界领先地位。1992年，紧随着美国成立科研诚信办公室，丹麦医学研究会也成立了丹麦科学界不诚实事件处理委员会。1998年，丹麦科技与创新部成立丹麦科研不端委员会，这是丹麦处理学术不端行为的最高官方机构，下设三个分委员会。丹麦科研不端委员会依据的最高法律是《研究咨询系统法》。该法案对科研不端的定义、法案的管理权限、处理程序等有全面的规定。丹麦科研不端委员会根据政府条例制定了《丹麦科研不端委员会执行准则》。2014年，丹麦高等教育和科学部制定了《丹麦科研诚信行为准则》。2017年，丹麦通过《关于科学不端行为的法律》。丹麦的大学依据大学法普遍制定了保障良好科学行为的守则，如奥尔胡斯大学于2000年制定了《保障良好科学行为守则》。[2]

芬兰是世界上率先制定国家层面学术诚信准则的国家之一。芬兰学术诚信国家委员会于1991年根据议会法令成立，是教育与文化部下属的一个专家组织，主要负责促进学术诚信并防止学术不端行为。1994年，芬兰教育与文化部组织芬兰研究诚信咨询委员会制定了《芬兰负责任的科研行为和处理不端行为指控的程序》，1998年、2002年、2012年分别对该程序进行了修订。2019年，芬兰学术诚信国家委员会制定《学术诚信自律的应用模式：芬兰学术诚信准则》。芬兰模式的特点是强调自律和分级管理。国家层面的组织负责监督框架运行并能够受理投诉，但不参与案件调查；大学和研究组织承诺遵守这些准则，并根据准则调查嫌疑指控；研究人员了解并遵守这些准则，

---

[1] 蒯强. 法国倡导科研诚信和反对学术不端行为的举措[J]. 复旦教育论坛, 2007 (05): 82-83.
[2] 主要国家科研诚信制度与管理比较研究课题组. 国外科研诚信制度与管理[M]. 北京: 科学技术文献出版社, 2014: 134-139.

其中大学承担科研伦理教育的首要责任。[1]

2006年,挪威高等教育与科学部发布《关于科研伦理与诚信的第56号法令》,设立涵盖所有学科的国家研究伦理委员会及医学和卫生研究伦理区域委员会,以及负责调查的国家科学不端行为调查委员会。2017年,又对该法令进行了全面修订。挪威高等教育机构联合会发布《高等教育部门的不诚实和不符合规则——包括防止措施的建议》的报告,对各大学的学术诚信管理有重要的指导意义。各大学普遍都有一套管理学术诚信的文件和体系,并将科研诚信纳入教学课程。2004年,荷兰大学协会制定《荷兰科学实践行为守则:搞好科学教学与研究的原则》;2012年,对该文件进一步进行了修订。2018年,荷兰皇家艺术与科学院牵头,联合大学协会、大学医学中心联合会、荷兰科学研究组织等制定了《荷兰科研诚信行为准则》。此外,瑞士、瑞典、西班牙、爱尔兰、波兰、乌克兰、克罗地亚等绝大多数欧洲国家制定了相关学术诚信的法规和政策。俄罗斯的大学也不断加强学术诚信管理,2011年,莫斯科大学专门修订章程,强化学术诚信建设。

协调欧洲各国科学界在科学诚信方面采取统一立场的努力始于欧洲科学理事会。欧洲科学基金会是一个独立的科学类非政府组织,成立于1974年,总部位于法国斯特拉斯堡,成员包括30多个国家的79个国家级科学研究委员会、科学院、研究院和其他资助科学研究的基金组织。2000年,欧洲科学基金会发布《关于研究和学术良好科学实践的科学政策简报》;2007年,与美国科研诚信管理办公室共同发起世界科研诚信大会。2011年,欧洲科学基金会和全欧科学院共同制定了《欧洲科研诚信行为准则》。欧盟也在协调成员国科研诚信建设事宜。2017年,全欧科学院组织科学与伦理常设工作组修订了《欧洲科研诚信行为准则》,该准则的修订版经过欧洲及全球相关组织的协商并达成科研诚信方面的一致立场,且经欧洲委员会通过,成为欧盟范围最权威的科研诚信管理文件。

欧洲相关科学组织相互协助、相互支持,共同推进欧洲的科研诚信工作。2007年,第一届世界研究诚信大会之后,为了更好地推动欧洲的科研诚信工作,英国科研诚信办公室主任和欧洲其他国家科研诚信方面组织的相关人士,发起成立欧洲科研诚信办公室网络,并很快将其发展成为一个包括20多个欧洲国家中约30个成员组织的

---

[1] 芬兰学术诚信国家委员会. 学术诚信自律的应用模式:芬兰学术诚信准则之汉英版[EB/OL].(2019-05-27)[2022-08-10]. https://www.tenk.fi/sites/tenk.fi/files/TENK_RCR_chi_eng.pdf.

非正式网络。2020 年，欧洲科研诚信办公室网络发布了由欧盟地平线项目资助的《调查研究不当行为的建议》，对行为准则、研究不端行为和其他不可接受或不负责任的做法的定义，研究诚信系统的建立或改进等，提出了许多新的建设性意见，所提供的研究不端行为调查程序与方法方面的建议得到欧盟委员会的推荐。

三、亚太国家及其高水平大学的学术诚信管理

亚太地区是世界经济增长最快的地区，也是高等教育发展最快的地区。除中国之外，日本、韩国、澳大利亚、新加坡等国的科技与教育较为发达，拥有较多的世界高水平大学。

（一）日本及其高水平大学的学术和科研诚信建设

随着日本严重科研不端事件数量的增加，2005 年，日本学术会议就科研不端行为展开了大规模的调查，发表了《科学研究中不端行为的现状与对策报告》。日本文部科学省和日本综合科技会议出台了《关于处理科研不端行为的指导方针》《关于切实应对科研不端行为的意见》等多部科研诚信建设方面的法规，初步形成了政府层面较为完善的一套防范、查处科研不端行为的制度体系。2006 年，日本国家科学理事会也制定了《科学工作者行为规范》。日本的研究机构，特别是发生过科研不端行为的机构，如日本理化研究所也开始制定机构内部比较详细、有操作性的规章制度，如《科研不端行为及其防治的声明》《应对科研不端的基本政策》等，加强宣传，明确责任，严格查处，遏制了科研不端之风蔓延的势头。

日本的大学也普遍吸取教训，制定与完善有关学术诚信的规范和守则。东京大学吸取多比良和诚论文造假等学术不端事件的教训，制定《东京大学科学研究行为规范》，成立科学研究行为规范委员会，发布了《东京大学科学研究行为规范委员会守则》，对科研不端行为进行了全面界定，对调查处理流程进行了规范。2006 年，早稻田大学教授松本和子被指控错误使用研究经费，为此大学归还了 180 万美元的科研经费，大学校长等受到了削减工资的处罚。2007 年，早稻田大学制定了《学术伦理研究准则》和《防止科研不端行为的守则》，明确了大学和研究人员的职责，界定了科研不端行为，明确了处理流程。[1]

---

[1] 主要国家科研诚信制度与管理比较研究课题组. 国外科研诚信制度与管理[M]. 北京：科学技术文献出版社，2014：171-182.

(二) 韩国及其高水平大学的学术与科研诚信管理

韩国政府及大学长期以来主要依靠学术共同体的传统学术伦理来维护学术诚信，没有颁布相关的科研诚信政策法规，没有建立起一套清晰的学术不端行为的举报程序，更没有设置独立的第三方审查机构，以致尚处于人情社会的韩国学术界科研诚信标准不高，监管不力。震惊全球的"黄禹锡事件"后，韩国全国上下进行了反思，开始较为全面地学习和借鉴科教发达国家特别是美国的学术诚信管理办法，规范了整个国家特别是大学的学术诚信制度体系，加大了对学术不端行为的惩治力度。2006 年，韩国科技部出台《关于国家研发事业中确保研究伦理及真实性的准则》；2007 年，又发布训令《科研伦理保障准则》。这两个准则界定了各种科研不端行为，明确了机构在科研诚信建设方面的责任，规范了科研不端行为的查证和处理程序。2009 年，韩国又发布政令，建议研究人员将整个研究过程记录下来；2011 年，颁布《学术道德建设规划》。2018 年，在修订准则时又进行了细化，新增了"不正当的重复刊登"等内容。[1]

《研究伦理保障准则》要求每年获得 1 000 万美元以上资助的高校必须建立常设的研究诚信委员会，之后各高校普遍建立了研究诚信委员会及相关部门，并通过开设相关课程推动学术诚信和科研伦理建设。高丽大学是韩国首个出台研究伦理指南的大学。2007 年 8 月，在韩国政府发布有关训令后，高丽大学迅速出台《确保研究诚信的研究伦理指南》，对各种科研不端行为进行了界定，对一些原先比较模糊的规定，如重复发表、署名标准等进行了细化。对原先学生守则中的学术不端行为进行了明确规定，不仅作弊、剽窃、伪造被界定为学术不端行为，所有助推学术欺诈的行为都被视为学术不端行为。黄禹锡被曝造假后，首尔大学迅速成立调查委员会进行了调查，并配合有关部门进行了处理。之后，首尔大学加强了科研诚信的管理，成立了研究诚信委员会、生物伦理委员会，出台了研究诚信指南。为了防止类似事件的发生，首尔大学在该事件之后采取了非常严格的管控手段：师生发表论文必须经过研究事务办公室的审查，特别是在《科学》《自然》等重要刊物发表论文必须事先向研究事务办公室报告论文内容及拟发表时间，研究事务办公室指派专家委员会就研究成果发表事宜进行审查。[2]

---

[1] 崔明旭，王箫轲. 韩国学术不端行为现象及原因分析：兼论其应对措施对我国的启示 [J]. 当代韩国，2019（02）：121.

[2] 主要国家科研诚信制度与管理比较研究课题组. 国外科研诚信制度与管理 [M]. 北京：科学技术文献出版社，2014：188-192.

（三）澳大利亚及其高水平大学学术诚信管理

1990 年，澳大利亚国家卫生与医学研究理事会（National Health and Medical Research Council，NHMRC）发布《关于科学实践的声明》，明确了科研人员在研究中的职责。1992 年，澳大利亚通过《国家卫生与医学研究理事会法案》，要求卫生与医学研究理事会制定全国性的科研行为规范和制度。

进入 21 世纪之后，"霍尔事件"促进了澳大利亚学术诚信管理体系的完善。2001 年，澳大利亚研究理事会发布《澳大利亚研究理事会法案》，明确了基层科研单位对学术不端行为的治理负有主要责任。2007 年，澳大利亚国家卫生和医学研究理事会、澳大利亚研究理事会、澳大利亚校长委员会联合发布《澳大利亚负责任研究行为准则》，该准则全面界定了负责任的科研行为和科研不端行为，清晰定义了 17 种科研不端行为，提供了科研不端行为举报的程序与框架，明确了科研机构和科研人员的责任，成为澳大利亚最权威的学术研究诚信规范。该文件对所有领域、学科、机构的研究诚信问题进行了详细的规定，包括研究数据的记录、研究人员的培养监督、署名、同行评议、利益冲突等，还对各基层机构如何查处科研不端行为提出了指导意见和具体要求。2010 年，澳大利亚创新、工业、科学与研究部发起成立澳大利亚科研诚信委员会，该委员会由国家卫生和医学研究理事会、澳大利亚研究理事会联合负责，其职能是审查各大学和研究机构内部程序是否符合科研诚信规范与准则，是否能及时、正确处理各种学术不端指控。2017 年 11 月，澳大利亚大学协会发布《澳大利亚大学学术诚信最佳实践原则》，提出了机构自治第一、人人负起责任、整体大学方法、政策和实践的一致和有效、与学生密切联系并赋能学生、赋能并密切联系员工、共同努力七项原则。2018 年，澳大利亚又组织一个专门的专家工作委员会对《澳大利亚负责任研究行为准则》进行全面修订，并出台了一系列支持该准则的指南，如《关于潜在违反澳大利亚负责任研究行为准则之行为的管理与调查》《作者身份》《研究中的数据和信息管理》《同行评审》《利益披露和利益冲突管理》《合作研究》《研究的出版和传播》等，构建了一个相当完善的负责任研究行为规范体系。

澳大利亚各大学也纷纷制定和完善了本校的学术诚信制度和规范。2009 年，新南威尔士大学制定了《科研不端行为处理程序》。2009 年，澳大利亚国立大学制定了《负责任研究行为准则》。阿德莱德大学先后制定了《负责任研究行为规范》《欺诈、贪腐行为防治法案》等，明确了学术不端行为及其处理办法。悉尼大学编制了《悉尼大学负责任研究实践培训守则》，就负责任科研行为、学术不端行为指控等进行培训。

莫纳什大学制定了《负责任研究调查中有关科研不端行为的投诉》，对学术不端行为的指控专门进行了明确。[1]

（四）新加坡及其高水平大学学术诚信管理

新加坡虽然是个小国，人口不多，但因为经济发达，政府重视，所以教育和科技发展水平较高。科学、技术与研究局是新加坡主要的科学研究资助机构，管理着一批高水平研究机构，它针对其管理和资助的机构制定了相关科研诚信政策。针对其管理的机构，科学、技术与研究局出台了一批科研诚信政策，包括发布最佳科研行为准则、利益冲突声明、科研诚信指南、定期提醒等；针对其资助的研究机构，科学、技术与研究局提出仅向声誉记录良好且拥有良好科研诚信机制的机构提供资助，并通过严格的外部资助评议程序开展资助工作，一旦某实验室被发现可能有违反科研诚信的行为，科学、技术与研究局有权终止资助。科学、技术与研究局对产学研合作过程中的一些科研诚信方面的问题，如由于知识保护而推迟发表、扣押负面结果、在可疑期刊上发表、"赠与作者"与"幽灵作者"、接受企业报酬提供有倾向性公共咨询意见等，提出了规范的处理意见。[2]

新加坡的大学建校历史都不长，但普遍比较重视学术诚信建设，这有力地促进了学校教育质量和科研创新能力的提升。南洋理工大学将学术诚信视为大学的根本，在其制定的《大学行为守则》中，提出要致力形成最高标准的"职业道德和行为标准"。学校层面设立的学术诚信管理机构及岗位有研究诚信及伦理办公室和学术诚信官、学术诚信委员会、纪律委员会、国立教育学院（National Institute of Education，为全校的学术诚信引导、教育活动提供服务的关键部门）等，学院层面设有学院学术诚信官。学校与国际著名在线课程供应者 Epigeum 合作建设配套必修课，面向学校所有教师、研究人员和学生。新生入学时要阅读学校的《诚信守则》，签署诚信声明。[3]

四、国际组织的学术诚信倡议

自 2007 年至今已举办 7 届的世界科研诚信大会对全球科研诚信建设起到了积极推动作用，我国科学界人士参加了历次会议，并分享了我国的实践与建议。首次会

---

[1] 贾宁杰．澳大利亚联邦政府学术诚信制度建设研究［D］．石家庄：河北师范大学，2016：18-21．

[2] 主要国家科研诚信制度与管理比较研究课题组．国外科研诚信制度与管理［M］．北京：科学技术文献出版社，2014：198-201．

[3] 李海芬，童晓敏．新加坡南洋理工大学学术诚信建设研究［J］．比较教育研究，2019（06）：44-47．

议在葡萄牙首都里斯本举办，大会由欧洲科学基金会和美国研究诚信办公室共同组织并得到国际科学协会理事会、全球科学论坛、全欧科学院等国际科学界权威机构及各主要国家科研管理机构的支持。大会努力寻求了在全球范围内建立明确的最佳科研行为框架，讨论了科学研究的行为准则、研究不端行为的政策与调查处理、科研诚信教育、出版中的研究诚信、负责任研究行为的教育、研究诚信方面的公共政策等重大议题，形成了不少共识，引起了世界各国政府和全球科学界的高度关注。第二届世界科研诚信大会讨论通过的《科研诚信新加坡声明》《欧洲科研诚信行为准则》和国际出版伦理委员会组织制定的《负责任的研究成果发表：适用于编辑的国际标准》和《负责任的研究成果发表：适用于作者的国际标准》等都成为国际科学诚信领域的重要文献。之后，每次会议围绕一个主题展开深入讨论，通过了一批科研诚信方面的经典文献，如《科研诚信蒙特利尔声明》《阿姆斯特丹议程》《关于科研人员评价的香港宣言：促进科研诚信》《开普敦声明》等，促进了世界范围的科研诚信进步。

许多国际组织也非常重视科研伦理与学术诚信问题，联合国教科文组织也越来越重视此问题。2003 年，联合国教科文组织通过《国际人类基因数据宣言》；2005 年，通过了《世界生物伦理与人权宣言》；2017 年，又通过了《关于科学和科学研究人员的建议书》，强调了科学对于实现联合国有关人类尊严、进步、公正、和平、人类福祉及尊重环境等理想的责任，呼吁了科学诚信并为科学和研究及其技术应用制定了伦理行为准则。世界卫生组织于 2017 年通过《负责任研究行为准则》和《研究中的不当行为》，规范了世界卫生组织及其合作机构参与研究的所有人员的行为。经济合作与发展组织全球科学论坛于 2007 年制定的《保障科学诚信及预防科研不端行为的最佳策略》是国际科学界较为权威的科学诚信管理文件。

全球研究理事会（Global Research Council，GRC）是 2012 年由美国国家科学基金会、德国科学基金会和中国科学院等 11 家机构发起设立的一个国际性组织。在成立之初，全球研究理事会就发表了《科研诚信原则声明》，明确了各国研究资助机构要在负责任研究行为的框架内，确立领导力、推动力、教育、透明的程序、处理不端行为举报、提供研究资助的条件、国际合作等方面的原则。

国际科学院组织（Inter Academy Partnership，IAP）是 1993 年成立的由各国、区域科学院组成的国际组织，目前有 140 多个成员，中国科学院和中国工程院均是其成员组织。2003 年，为了向联合国提交关于面向政策制定者的高级别科学顾问报告，国

际科学院组织提名15个成员组织成立国际科学院理事会,中国科学院是创始成员之一。为了促使达成负责任研究行为国际共识,并提供清晰明确的相关信息与建议,国际科学院理事会和国际科学院组织于2011年发起了关于应对研究诚信问题的项目。2012年,两个组织的科研诚信委员会提交了《全球研究事业中的负责任行为:政策报告》,描述了负责任研究行为及成果交流的基本价值观,为全球科研人员、研究团体、大学、研究资助机构、学术期刊等提供维护研究诚信的工具。之后,国际科学院组织对此报告进行了全面细化,并以"发展全球化科学:全球研究事业中负责任行为指南"为名由普林斯顿大学出版社于2016年出版。由中国科协代表我国加入的、总部位于巴黎的国际科学理事会(International Council for Science,ICSU)是最重要的国际民间科技组织之一。2014年,该组织修订并发布了《自由,责任与科学的普遍性》,对科研人员的责任进行了进一步明确。

国际科技出版界的相关组织也都明确了相关发表与出版方面的学术诚信规范。国际医学期刊编辑委员会(International Committee of Medical Journal Editors,ICMJE)的相关规范自1978年以来经过了多次修订完善,2017年又进行了全面修订。修订后的《学术研究实施与报告和医学期刊编辑与发表的推荐规范》对作者、贡献者、审稿人、编辑、出版者等的职能和责任进行了细致界定,是全球生物医学领域权威的规范。国际出版道德委员会(Committee on Publication Ethics,COPE)是全球最有影响力的出版伦理与规范方面的权威组织,自1997年成立以来,国际出版道德委员会制定了《良好出版实践指南》《编辑行为规范》《期刊编辑最佳实践指南》《期刊编辑行为规范和最佳实践指南》《同行审稿人道德指南》《撤稿指南》《如何处理署名纠纷:给新研究人员的指南》等权威文献。2017年,制定了出版领域"核心实践"系列文件,包括11个指导文件(不端行为举报、署名权与贡献者、投诉与申诉、利益冲突/竞争的利益、数据与可复现性、伦理监督、知识产权、期刊管理、同行审稿流程、发表后的讨论与更正等)、500多个案例、20个流程图等。2018年,又协同开放存取期刊目录(Directory of Open Access Journals,DOAJ)、开放存取学术出版商协会(Open Access Scholarly Publishers Association,OASPA)和世界医学编辑协会(World Association of Medical Editors,WAME)等组织制定了《学术出版的透明性原则和最佳实践》,对新兴的开放存取领域的科技出版活动进行了规范。

第二节　加拿大滑铁卢大学的学术诚信管理

加拿大滑铁卢大学是 1957 年才创建的一所世界高水平大学。短短几十年时间，滑铁卢大学在投入并不太大的情况下形成了鲜明的办学特色，取得了世界范围的很高声誉，建成了全世界最大的数学和计算机教育及研究中心、最大的合作教育系统，人才培养质量不仅在加拿大，还在全世界都享有盛誉。为了学习借鉴滑铁卢大学先进的办学理念和管理方法，2014 年至 2016 年，苏州大学派出专职管理人员前往该大学跟岗研修。其中，滑铁卢大学的学术诚信管理也是研修小组研究和考察的重点。研修小组系统研究了滑铁卢大学的学术诚信管理体系及管理实践，多次就学术诚信管理问题走访滑铁卢大学学术诚信办公室及相关学院，与滑铁卢大学分管学术诚信的副教务长贝斯·朱克斯、学术诚信办公室主任阿曼达·麦肯齐、数学学院负责本科生教务的副院长史蒂夫·福利诺、理学院负责本科生教务的副院长玛丽·斯帕福特女士等进行了多次交流。还在滑铁卢大学国际处的帮助下，访问了麦克马斯特大学、韦仕敦大学、维多利亚大学等高校，对各校学术诚信管理的异同进行了对比。

一、滑铁卢大学的学术诚信管理体系

滑铁卢大学的学术诚信管理体系是在国际学术中心创始人麦凯布教授指导下进行全面完善的。进入 21 世纪以后，随着互联网技术和高等教育国际化的快速发展，滑铁卢大学的学术诚信问题也日益突出。互联网技术的进步使得学生抄袭、购买论文与作业、不当合作等学术不端行为日益泛滥；国际化的快速推进又让不同发展阶段、不同文化背景国家的学生大量加入滑铁卢大学社区，这些学生对学术诚信的理解与加拿大本土学生有显著不同，不少人根本不理解学术诚信的规则为什么要这样设定。鉴于日益严重的情况，2006 年，滑铁卢大学学术诚信委员会对全校学术诚信状况进行了大规模调研，并形成了大型专题报告《走向公平的竞争环境：滑铁卢大学不断提高学术诚信》，该报告提出了成立学术诚信专门管理机构、全面梳理学校学术诚信政策与程序等 36 项建议，引入了国际学术诚信中心推荐的学术诚信建设机构总体方法。

2008 年，根据学术诚信委员会报告的建议，滑铁卢大学成立了学术诚信办公室，负责协调管理全校学术诚信的宣传与教育活动。2015 年，学术诚信办公室由负责资源的副教务长贝斯分管，有 1 名专职工作人员——阿曼达，她有两个头衔：资源副教务

长的执行助理与学术诚信办公室主任，其职位等级是 USG9（"USG"是"university support group"的缩写，相当于我国的管理与教辅人员。其管理与教辅人员分为 21 级，其中第 21 级最高，此处的"9"意为第 9 级。工资福利就是根据这个岗位等级确定的。等级越高，说明对雇员的要求越高，工作的挑战性越大，岗位就越重要，收入也就越高）。阿曼达可以直接向副教务长报告工作。据阿曼达介绍，其岗位职责主要有以下 7 个方面：

（1）确立学术诚信办公室的日常教育与外展服务的工作目标和重点，以及副教务长所交办的特别工作。与副教务长一起，确立有关学术诚信办公室、资源副教务长办公室、学术领袖项目、合作培养（学校和企业等用人单位合作培养学生，学生在校学习的学期与在企业工作的学期交替，以增强学生实际工作能力的一种培养模式）教育委员会等部门提出的倡议与方案的工作重点，并负责实施。

（2）负责副教务长、学术诚信办公室、学术领袖项目的年度部门工作计划、工作重点与预算（副教务长预算为 36 万加元、学术诚信办公室为 7 万加元、学术领袖项目为 1 万加元）。负责项目经费使用的签字、监控和报告。

（3）负责一些外展项目，如讲座、培训、工作坊等的实施，确保这些项目有效率地开展，招聘和管理合作培养学生来帮助实施这些项目；负责登记参加学术诚信工作坊的学员的成绩等第；负责有关调查问卷的分析研究并决定是否需要改善原有计划或方案。

（4）负责学术诚信有关的网站、面向师生员工的宣传印刷材料、大型宣传活动，与学生成功办公室、继续教育中心等部门配合，促进诚信教育。

（5）组织学术诚信方面的有关研究工作。关注其他大学的好做法，确保滑铁卢大学学术诚信方面的工作方案是最好的。在已经出版的报告和网站中寻找相关信息。与其他单位的专家保持联系。

（6）在副教务长没空时，代表滑铁卢大学参加安大略省学术诚信委员会的活动。阿曼达是滑铁卢大学在该组织的代表，代表学校参加国际学术诚信中心的年会，以支持、沟通、强调该组织所定义的学术诚信的内涵。

（7）为副教务长提供管理执行的支持，是学术领袖项目的主任，是合作培养委员会的成员，是教务长工作团队的成员。

学术诚信办公室成立后开展过几次大型的教育活动。2011 年，学术诚信办公室主导的"以诚信的态度去工作、学习、运动"活动声势浩大。学术诚信办公室向全体学生发出倡议,并在学生中广泛招募宣传员。这些研究生和高年级本科生在接受培训后,代表学术诚信办公室,穿着印有"诚信地工作、学习、运动"字样的T恤,深入到学校的各种运动比赛、教育活动中,宣传学校关于诚信与学术诚信的理念和政策。网络、教室、实验室、宿舍、校园道路等到处都是这次活动的宣传标语"诚信地工作、学习、运动",校园内学术诚信的宣传氛围浓郁。2015年,学术诚信办公室又掀起一轮新的宣传攻势,副校长、教务长伊恩向全体本科生和研究生发出了新的关于学术诚信的备忘录。新的宣传标语与海报也推了出来。新的宣传标语有两个,一个是"诚信铺就成功的道路",一个是"万事如浮云,唯诚信常在"。学术诚信办公室的网站信息丰富,条理清晰,形式活泼。学术诚信的定义、规定等各类信息及相关链接资源都能被非常方便地查阅,针对本科生与研究生的学术诚信教程用动画、视频等方式制作,各种学术诚信辅助工具都有介绍和链接资源,比如抄袭检测软件iThenticate,提交作业原创性检测软件Turnitin,在线数据库和参考文献管理软件RefWorks,等等。

学术诚信办公室成立前后,2006年和2012年,学校开展过两次大规模的调研,摸清了广大师生在学术诚信方面的真实思想。比如哪些行为算中度或严重的作弊行为,只有32%/33%的学生(前者是2006年统计数据,后者是2012年统计数据,下同)认为"合作完成作业"算"是",而教师中的比例是77%/81%;68%/71%的学生认为"拿以前的考卷参考"算"是",教师中是93%/91%;"接受未经教师许可的帮助去完成作业",54%的学生认为"是",90%的教师认为"是"(没有2012年数据);"只是复制了几句(没有规范地引用)",59%/72%的学生认为"是",教师的比例是83%/83%;"从电子资源里复制(未加注明)",60%/66%的学生认为"是",教师的比例是85%/83%。在回答作弊是否校园中存在的严重问题时,22%/21%的本科生认为"是",而教师的比例是57%/45%;对可疑的作弊开展调查是否公平,37%/41%的学生认为"是",教师的比例是62%/60%;学生是否应该互相监督并举报违规行为,56%/50%的学生认为"应当",而教师的比例是45%/39%。从这里我们可以看出,教师和学生的观念显著不同,学生理解的学术诚信标准远远低于教师,这让滑铁卢大学认识到,要想维持一个高标准的学术诚信规则仍然有不少工作要去做。当然,对比2006年与2012年的问卷结果,滑铁卢大学在学生诚信宣传教育方面的工作还是有明显成效的。

滑铁卢大学将学术诚信教育当成学生思想品德教育的重要抓手。在学术诚信办公室的网站上,滑铁卢大学明确了学校对诚信的官方理解:学术诚信是研究、教学和学习的基石,是一种紧密联系着美德、诚实、荣誉的核心价值。一个诚信的人要不停地努力寻找并做出正确的决定。网站引用剑桥在线词典对诚信的解释:"诚信是一种诚实的品质和一种你不愿去改变的强烈道德律令。"作为国际学术诚信中心成员单位,滑铁卢大学还采用了该中心对诚信的定义,具体体现为五种价值——诚实、信任、公正、尊重、责任,后来又增加了"勇气"一条。学术诚信办公室网站声明:为什么诚信对滑铁卢大学非常重要?诚信遍布滑铁卢大学的每一个地方,无论是学习、教学、研究还是工作,大学的所有成员都必须诚实行事。诚实行事将提升滑铁卢大学作为一所领先的教学科研机构的声誉。作为一所高中后教育机构,滑铁卢大学授予学生的学位价值依赖于学生所接受教育的合法性,没有诚信,大学颁发的学位毫无价值。滑铁卢大学的校监和校长在学位授予典礼上经常会强调诚信,指出诚信涵盖大学生涯的每个方面,诚信的概念对学术、科研、体育、校园娱乐、宿舍生活、合作培养教育及校园生活的其他方面而言都非常重要。滑铁卢大学体育部门在诚信方面采用的是加拿大安大略省大学体育协会的行为准则,包括公平竞赛、平等、责任、诚信、体育与学术方面的卓越。滑铁卢大学合作培养学生手册明确:如果有合作培养学生违背滑铁卢大学有关诚信的规定,就取消其合作培养工作学期,甚至撤销其合作培养资格,这可能会延迟毕业。除学生是教育对象之外,学生诚信办公室还和组织与人员发展部举办专门面向全体职员的有关诚信的工作坊。这些工作坊的目标包括:增加知识,提高对个人与工作场所诚信的认识;提升诚信行动和运用滑铁卢大学工作场所基本原则的技巧;创建个性化的个人诚信信条。通过学术诚信办公室卓有成效的工作,滑铁卢大学形成了学术与研究活动及其他活动中都努力追求诚信的良好氛围。

二、滑铁卢大学关于学生学术诚信的各种规定

学生学术诚信教育既是整个学校诚信体系建设的基础,也是学术诚信办公室的主要工作。滑铁卢大学对教师、研究人员从事科学研究的诚信规定非常细致,在实际生活中触犯科研诚信的现象虽也偶有发生,但比较少,学术诚信办公室及各学院负责学术诚信副院长的主要精力都在抓本科生、研究生的学术诚信工作。学院里主抓学术诚信工作的是分管本科生事宜的副院长,后来又增加了分管研究生教育的副院长。

在我国语境中,学术是与学者、学问、科研等联系在一起的,本科生的学习活动不算是学术活动,一般的教学活动在大多数情况下也不算学术活动。而"academic"一词来源于古希腊柏拉图学派学园的所在地地名"Akademeia","academia"一词后来逐渐被引申为知识的积累。因此,英文中的"学术"(academic)一词主要是指一种学

院化的活动,包括教学和研究,大学的教学活动当然是最主要的学术活动之一。我国语境中的"学术"更类似于滑铁卢大学的"学术研究"这一概念。中西方对学术诚信的理解除有发展阶段的区别之外,还有巨大的文化差异。中国大学只是对考试作弊等行为严加惩罚,对其他一些欧美国家认为是违犯学术诚信规则的行为并没有明确规定,甚至在某种程度上还是鼓励的:比如"未经许可的辅导与帮助"——不少课程的回家作业是需要独立完成的,若无任课教师许可,与人合作完成作业在滑铁卢大学就是违规的——学生商讨着完成作业在我国的文化中至少不是坏事,我国甚至鼓励成绩好的学生帮助成绩不好的学生,帮助同学和接受同学的帮助根本无须任课教师同意。滑铁卢大学所规定的学生学术诚信方面的纪律,比我国高校考试违纪的范围要广得多。在滑铁卢大学,只要试图在学业评价中取得不恰当的好处,包括抄袭别人的作业(不管有无获得许可)或者让别人抄袭你的作业,将别人的作业(品)当成自己的提交,捏造数据;考试或测验中向未经许可的人咨询,在考试和测验中使用或试图使用未经批准的辅助工具等都视为作弊行为。

滑铁卢大学关于本科生学术诚信的规定主要在71号规定中,这是一个关于学生纪律处分的文件。在71号规定中,学生纪律分为两类:一类是学术(教学)活动中违犯纪律,另一类是非学术活动中违犯纪律。前者系统全面地规定了学生违犯各类学术诚信规定的情形与处理办法。

71号规定的第二条是其原则部分,文件规定:"学生应当明白什么是学术诚信,以免违犯,并为自己的行为负责。学生有义务证明他们的学术工作是诚实和符合伦理的。"这些行为包括:

(1)遵守大学的政策,以及联邦和本省的法律。

(2)在参考有关信息和进行团队作业时要按教师的要求去做。

(3)要提交原创的作业,充分地标明引用来源,尊重他人的著作权。

(4)不抄袭他人,也不借作业给别人,保护好自己的计算机文件(防止别人抄袭)。

(5)如果必要,一定要问清楚作业的要求,学生如果不确定自己的行为是否会违犯学术诚信的规则,应当向他们的任课教师、实验指导教师和指导教师询问清楚。

(6)在研究和展示研究成果的过程中要坚持学术诚信的原则。

71号规定第三部分详细规定了学术违纪与非学术违纪的各种情形。其中违犯学术纪律的行为包括：

（1）作弊。

（2）抄袭。

（3）未经任课教师许可的合作或协作。

（4）未经任课教师许可的辅助或帮助。

（5）未经同意，重新提交旧作品（作业）。

（6）违反考试规则。

（7）代考、代做作业。

（8）未经任课教师明确同意就获取、分发或接收任何保密学术材料（指考试、测验的试题，以及其他不应当公开的实验结果、学术信息和文件）。

（9）盗窃知识产权。

（10）入学（注册）后发现存在着学术或招生欺诈行为。

（11）涂改、伪造或隐瞒有关文件。

（12）虚假的陈述（包括杜撰研究和实验结果；篡改提交的日期和时间；篡改已打过分的作业，并重新提交；为了入学及其他学术目的，隐瞒之前的某些学习成绩；虚假地陈述个人身份；以错误的假象获取医疗及其他证书或学生的身份；篡改有关文件和证书，包括健康要求，测验、考试的成绩单；因为其他目的提交虚假的证明等）。

（13）阻挠或干预（指阻挠与干预其他人的学术活动。阻挠或干预的对象包括但不限于以下情形：数据及文件；作为实验对象的人与动物；书面的或其他形式的创作，如绘画、雕塑和文本等；研究需要的化学品；其他物品、研究所需的设备，图书馆、电子的和其他学术活动所需的材料等）。

（14）科研中的不端行为（包括违反道德的人体与动物试验）；违犯有关法规条例（如著作权法）等。

违反规定后的惩罚是：

（1）警告。

（2）纪律察看（指当某学生有不能被接受的行为，且可能还会进一步有违纪事情的情况时，给该生一个书面的警告。该警告的副本会放进学生的纪律记录中,但不放进成绩单和成绩报告中)。

(3) 在作业、测验、考试及课程成绩等第上进行惩罚;或者在适用情况下,取消学期成绩或修改最终成绩等第。

(4) 其工作学期作废(滑铁卢大学参与合作培养项目的学生学制为5年,包括8个学术学期和6个工作学期。一旦工作学期作废,就需要延长毕业年限,甚至丧失合作培养资格)。

(5) 额外的学术作业作品。

(6) 取消特惠待遇。

(7) 可能作为学位要求的额外课程。

(8) 社区服务。

(9) 停学(指一段时间内限制学生注册的一种惩罚,类似于我国大学的留校察看。在察看期间,违规学生将失去一些权利,如参加讲座、考试、参与合作培养项目及毕业。在察看期间,该生所选所有课程都不能计入获取学位的学分。此外,就研究生而言,在察看期中,任何完成的研究与文章都不能提交。停学将这样被记录在成绩单上:"停学,从某日到某日"。在重新恢复学习后,该记录将从成绩单中移除,但会保留在学生的纪律记录中)。

(10) 开除(指终止该生在大学内所有的作为学生的权利与权益,而且不能再次被大学录取。这个学生将被大学所有的专业拒绝,他的学术记录、纪律记录和成绩单将永远记录着这个制裁:"开除,生效日期,不可以申请重新入学")。

(11) 撤销学位、文凭、证书、排名或学分。

在对违犯学术规则的学生进行处理时,还要考虑其他一些因素:

(1) 所犯错误的严重程度。

(2) 所涉及作业的相对权重。

(3) 学生学术经验的多寡。

(4) 学生是否承认错误,承担相应责任并采取教育性的处理措施。

(5) 情有可原的环境(有助于弄明白学生采取此行为的原因)。

(6) 其他加重的因素。

(7) 有无违纪记录。

（8）对研究生而言，该生违规的作品的重要程度。

学院负责处理学生违犯学术纪律的人是负责本科生与研究生事务的副院长，其处理流程是：

（1）由任课教师做出非正式处理。任课教师发现违犯学术诚信的行为，要与该生见面，并拿出一个初步处理意见，然后提交给学院负责本科生事务的副院长；副院长收到报告后决定是否采纳他们拟议的初步处理意见，并通知学生和任课教师。

（2）受到有关违规的指控。大学的任何成员在发现有关违规事件后，要在5个工作日内调查被指控的违规行为，通知分管副院长并提供相关信息；副院长收到后，要决定是给一个非正式处理，还是启动随后的调查程序。副院长与学生见面，并讨论非正式的处理意见，双方达成一致后所形成的文件及报告要及时上报学校秘书处。

（3）正式调查。在收到指控之后，如果情形较为严重不能采用非正式处理方法，副院长要以书面形式通知学生指控的内容及适用的政策与案例。学生在收到通知后的5个工作日内要以书面的形式回复副院长。副院长在收到学生的回复后（或在规定给学生回复的期限结束后）进行调查；这当中，任何一方都可以要求约定时间进行会谈。调查结束后，副院长要把调查结果与处理决定书面通知学生，并向学校秘书处提交报告。之后，双方中任何一方都可以要求约定时间进行会谈。学生如果不服决定，可以在收到处理决定后10个工作日之内进行申诉。

滑铁卢大学的本科生学术纪律规定非常细致，对违规的情形描述非常仔细，处理程序严谨而又不失柔和，既充分保证了学生的权利，又充分尊重了诚信的价值。不少规定与中国大学相比还是有显著区别的。如我国大学一般不要求学生保护好自己的作业不被他人抄袭，只要被抄袭学生能证明自己不是故意借给别人抄的（或者不能证明他是故意借给别人抄的），他就不需要承担责任；在布置作业后，我国大学的教师一般不会明确要求学生不要互相讨论，不要合作解决；我国大学的教师不太会禁止学生间的辅导与互助，也不太会反对学生请教高手；对学生将原创的作业提交给不同的课程也不太会介意；对课程作业原创性的要求也比较宽容，而滑铁卢大学教师手中则有各种手段检测学生的作业、论文是否有抄袭（如 iThenticate、Turnitin、RefWorks 等）。

滑铁卢大学生师比很低，助教制度完善，一般情况下教师可以关注到每名学生的情况，作业布置得比较多，教师（助教）都会进行批改，各种考试也比较多，论文与学术写作、课堂讨论、小组合作、实验、编程、汇报等需要教师打分的机会比较多，因此规范这些行为的学术诚信规则也比较多。在教学过程中，滑铁卢大学要求教师在布置占成绩权重较大的作业时，要发《学术诚信确认表》给学生，并要求学生签字确认。除提示学生有关政策规定之外，还要确认以下几个问题：

（1）在作业中，是否已标明或注出了所参考、引用的所有观点、词句和其他知识产权。

（2）是否已经列出了作业中所应列出的正确参考文献。

（3）作业是否独立完成，所有观点与答案都是自己的，是否与他人合作。如果与他人合作，请列出合作对象与合作内容。

（4）是否第一次提交这份作业或论文（无论整体还是部分）用于学业评估。如果不是，请列出何时最初提交这份作业或论文，如哪个学期、哪个课程、哪个教授等。（提示：只有一些特殊的作业，且事先经教授同意，方才有可能被接受）。

三、滑铁卢大学关于教师学术不端行为的规定

与周边的麦克马斯特大学和韦仕敦大学等校明显不同，滑铁卢大学关于教师学术诚信的有关规定不是用学校规章制度的方式公布的，而是用大学与教师协会签订协议备忘录形式规定的。协议备忘录第十四章"学术研究的诚信"对教师层面的学术诚信规定得非常细致。虽然本质上关于教师学术诚信的规定是学校及全球范围内的学术共同体所要求的，但体现形式是教师协会的自律要求。无疑，这些关于学术诚信的规定，教师会发自内心去尊重的。

协议备忘录14.1.2款明确了大学与教师协会双方对负责任研究行为的界定，共以下四条：

（1）提供准确可靠的信息去申请科研基金。

（2）按照约定，负责任地使用研究经费。

（3）促进和保护研究的质量、准确性和可靠性。

（4）在受到违规指控后配合调查，保证处理程序顺利进行。

协议备忘录14.2.2款罗列了一些常见学术不端行为，并给出了以下具体界定：

（1）捏造：编造数据、材料来源、方法和调研结果，包括图表和图像。

（2）篡改：操纵、改变、忽略数据和材料来源、方法及调查结果，包括图表和图像。不能对事实进行确认，从而导致不准确的结果和结论。

（3）破坏研究记录：有针对性地破坏自己的或别人的研究数据或记录，以避免发现不利于自己的错误，或者以此避免与研究基金的约定、有关机构的政策、法律、规章，以及专业与学科的标准相矛盾。

（4）抄袭：提交或使用其他人已发表或未发表的成果。将别人的贡献当成自己的，包括理论、概念、数据、材料来源、方法与调研结果（未列为参考资料，或在某些需要许可的情形下未获得许可）。

（5）多余的发表：没有充分的理由或没有充分致谢（充分承认前人的贡献）；再发表自己先前已发表的作品及其中的部分（包括数据），无论用同一种语言还是用其他的语言。

（6）无效作者：不准确的作者署名，包括署名权归属于那些对知识内容负责不足的人，被列为作者却对这部分内容只有很少贡献甚至没有贡献。

（7）不充分地致谢：没有恰当地承认别人的贡献，以及与此相一致的他们各自的贡献和相关出版物的版权。

（8）不能很好地管理好利益冲突：不能恰当地管理真实的、潜在的或可以预期到的利益冲突。

（9）在申请经费和奖项时提供不完全、不准确的信息（在相关文件如支持信、进展报告等）。

（10）在申请或持有一个机构的经费时，有被三家机构（特指加拿大健康研究所、加拿大自然科学和工程研究理事会及加拿大社会科学与人文科学研究理事会）或世界范围的其他研究基金机构认定为不合格、不负责任的研究行为，包括违犯了伦理、诚信及财务管理政策。

（11）未经别人同意，将其列为共同申请人、合作者或者伙伴。

（12）使用经费（拨款与奖励基金）不符合资助机构的资助宗旨和目的；挪用经费（拨款与奖励基金）；违反大学或资助机构的财务政策；提供不完全、不准确或错误的信息作为支取经费的证明文件。

（13）研究活动中存在不符合资助机构相关政策要求，不遵守相关政策、法律和规定的行为。

（14）没有遵从滑铁卢大学69号规定，存在利益冲突：该研究者没有向大学披露他与某公司有着重大的利益关系，而这个公司与学校签有承担研究或提供研究的材料及相关服务的合同。特别是这个研究关涉到这个公司的产品或他的直接竞争对手的产品。重大经济关系包括所有权、大量股票的持有、董事关系、显著酬金或咨询费用，但不包括常规股份制的大型上市公司。

（15）没有获得作者许可就使用在文稿、申请书同行评议阶段获知的新的信息、概念和数据。

滑铁卢大学教师协会与滑铁卢大学所签订的备忘录中关于教师研究的学术诚信规则与我国大学的学术诚信规则要求基本相同，世界范围内科学共同体关于研究诚信的要求也越来越接近。该备忘录所界定的学术不端行为比较全面，有些细节规定非常细致，一些用语概括性很强，如利益冲突、不必要的发表、不实陈述等词汇可以概括很多具体的学术不端行为。教师如果被发现有严重的学术不端行为，后果会很严重，滑铁卢大学校董会有一项权力就是取消其终身教职。

滑铁卢大学相信，学术诚信是科学技术发展与人类文明进步的价值基础，唯有基于学术诚信的研究才是真正的研究，才可能对科技进步有真正促进作用；凡是违背学术诚信的研究多是伪研究，一定对科技进步有阻碍与干扰作用。"它山之石，可以攻玉"，滑铁卢大学狠抓学术诚信的成功实践会给我们很好的借鉴与启迪。

结语　不负韶华，做新时代合格的研究生

"芳林新叶催陈叶，流水前波让后波。"2021年是中国共产党成立100周年，是"十四五"规划开局之年，也是全面建成小康社会、开启全面建设社会主义现代化国家新征程的关键之年。大学是青年人学习知识、增长才干的地方。2018年5月2日，习近平总书记在北京大学师生座谈会上的讲话中指出："当代青年是同新时代共同前进的一代。我们面临的新时代，既是近代以来中华民族发展的最好时代，也是实现中华民族伟大复兴的最关键时代。广大青年既拥有广阔发展空间，也承载着伟大时代使命。青年是国家的希望、民族的未来。我衷心希望每一个青年都成为社会主义建设者和接班人，不辱时代使命，不负人民期望。对广大青年来说，这是最大的人生际遇，也是最大的人生考验。"[1] 可以说，每一代青年都有属于自己的际遇和机缘，也都要在自己所处的时代条件下谋划人生、砥砺奋进、创造历史。各位研究生要珍惜大好时光，迎难而上，锐意进取，以奋斗者的姿态向未来迈进，特别要认识到是否确立崇高的理想信念、是否受到良好的学术训练、具有怎样的精神状态将决定自身成长与成才的广度、深度、信度、效度。广大研究生要与时代同步伐、与祖国共命运、与人民齐奋斗，自觉把社会主义核心价值观落细、落小、落实，成为科学理想信念的坚定信仰者、优良学术道德的自觉践行者和优良学风的积极建设者，牢记社会主义建设者和接班人的使命担当，为全面建设社会主义现代化国家而努力奋斗，让中华民族伟大复兴在我们这一代人的不懈奋斗中梦想成真！

（一）努力学习科学理论，用科学理论武装头脑

马克思主义是我们党和国家的根本指导思想，是中国特色社会主义大学的鲜亮底色，是当代大学生同新时代共同奋进的宝贵密钥。广大研究生要把学习马克思主义中国化的最新理论成果——习近平新时代中国特色社会主义思想作为首要任务，学深悟

---

[1] 习近平.在北京大学师生座谈会上的讲话[N].人民日报，2018-05-03.

透践行科学理论,努力掌握科学的世界观和方法论,树立政治意识、大局意识、核心意识、看齐意识,坚定中国特色社会主义道路自信、理论自信、制度自信、文化自信,做到坚决维护习近平同志党中央的核心、全党的核心地位,坚决维护党中央权威和集中统一领导,学会运用科学理论分析和解决全面深化改革、推进国家治理体系和治理能力现代化建设中的重大现实问题。在当代中国,广大研究生用科学理论武装头脑,就是要以习近平新时代中国特色社会主义思想为指导,正确认识当今世界百年未有之大变局和中华民族伟大复兴的战略全局这两个大局,科学看待新时代新的发展阶段,深入贯彻新发展理念,全面推进高质量发展,统筹发展与安全两件大事,加快形成以国内大循环为主体、国内国际双循环相互促进的新发展格局。这是以习近平同志为核心的党中央基于国内外形势做出的重大战略部署,是党和国家当前及今后一个时期的行动纲领,为我们研究生成长成才提供了全新的发展平台。

用科学理论武装头脑,就是要树立社会主义核心价值观。学校教育,育人为本;德智体美,德育为先。"十年树木,百年树人",就是说高校要成为培育和锻造担当民族伟大复兴大任的时代新人的大熔炉。大学作为立德树人、培养人才的场所,既是青年人学习知识、增长才干、放飞梦想的地方,也是深入实践、创造价值、成就人生的地方。立德树人的成效是检验学校一切工作的根本标准,高校通过以文化人、以德育人,不断提高学生思想水平、政治觉悟、道德品质、文化素养,把立德树人内化到大学建设和管理各领域、各方面、各环节。牢牢抓住全面提高人才培养能力这个核心点,加强中华优秀传统文化、革命文化、社会主义先进文化教育,加强党史、新中国史、改革开放史、社会主义发展史教育,引导广大研究生做社会主义核心价值观的坚定信仰者、积极传播者、模范践行者。在这个过程中,把社会主义核心价值观贯穿于高校办学育人的全过程,用社会主义核心价值观引领知识教育、文化传承与创新,引领科学道德和学风建设。

用科学理论武装头脑,就是要树立坚定的科学信仰。在 2020 年全国科学道德和学风建设宣讲教育报告会暨宣传月启动仪式上,全国政协副主席、中国科协主席万钢强调:"要恪守求实精神,维护科学道德,自觉遵守学术规范,真正把做人、做事、做学问统一起来,既要著作等身,更要著作等'心',真正让践行科学家精神成为行动自觉。"[1]

---

[1] 赵清建,张蕃.2020 年全国科学道德和学风建设宣讲教育报告会暨宣传月启动仪式在京举办[EB/OL].(2020-11-21)[2022-08-10].https://tech.gmw.cn/2020-11/21/content_34388216.htm.

这对广大研究生坚定科学信仰，弘扬科学家精神提出了新的、更高的要求，也为我们研究生自立自强、创新自信提出了发展方向。广大研究生要看到身上的担子，认识到自身的历史使命，最大限度地解放和激发作为未来建设者所蕴藏的巨大潜能，主动担当未来科技发展的重大使命，在建设教育强国、科技强国的事业中，在新时代全面建成社会主义现代化强国的进程中，立鸿鹄志，做奋斗者，不断提高科学理论认识水平，不断坚定科学信仰。

（二）坚持诚信至上原则，培育诚实守信品行

坚持诚信至上原则是遵守科学道德和学风建设的基本原则。诚信品行是包括研究生在内的广大科技工作者立身之本、立业之基。广大研究生应继承和发扬老一辈科技工作者的优良传统，以创新为己任，以诚信为根基，自觉培养诚信的科研品行，努力遵守学术规范，坚守学术诚信，完善学术人格，维护学术尊严，克服浮躁心理，努力成为良好学术风气的维护者、严谨治学的力行者、优良学术道德的传承者，让科技工作成为太阳下最干净的职业，让学术研究成为世界上最值得尊敬的净土。广大研究生在参与导师有关课题设计、数据采集、资料分析、科研成果公布等方面，应坚持实事求是、学术诚信至上。广大研究生要自觉遵守诚信规范，坚决抵制学术不端，有责任保证所搜集和发表数据的科学性、有效性和准确性，绝对不能因伪造、篡改、抄袭原始数据、信息资料而触碰科研道德的"红线"。

坚持严谨学习是成长进步的阶梯，是提高本领的根本途径。一分耕耘，一分收获。积之愈厚、发之愈佳。马克思明确指出："在科学上没有平坦的大道，只有不畏劳苦沿着陡峭山路攀登的人，才有希望达到光辉的顶点。"[1] 广大研究生在学习科学知识、进行科学研究时，需要付出大量的时间、精力和心血。求实严谨的工作作风既是包括广大研究生在内的科研人员在科研活动中潜移默化形成的精神气质，也是科技工作者得到社会各界普遍尊重的重要条件。各位研究生在进行科研活动时，要时刻在思想上守住底线、不踩红线，养成认真负责、严谨踏实的工作习惯。在科研工作中，每一个实验过程、每一条实验数据、每一项实验记录、每一个实验结果都来不得半点马虎，都需要科研人员如实记录，仔细整理，认真分析，得出结论。立志从事科学研究的青年学生，要严格遵循学术规范，养成良好学风，敢于质疑、勇于创新，要励精图治、

---

[1] 中共中央马克思恩格斯列宁斯大林著作编译局. 马克思恩格斯文集：第五卷[M]. 北京：人民出版社，2009：24.

勇攀高峰，在建设创新型国家的伟大事业中有所作为。

要树立良好的科学道德和学术诚信，广大研究生在平时的学习、生活、工作过程中要耐得住寂寞、经得起诱惑、守得住底线，做到欲修学、先立身，坚决抵制学术上的不正之风；严格遵循学术规范，养成良好学风；要敢于质疑、勇于创新；了解历史，报效爱国，立下"强国之志"；在学术上要实事求是，学出真本事，做出真学问，真正成为全面建设社会主义现代化国家的强大力量。广大研究生要自觉将科学道德和学风建设贯穿于自身成长成才的全过程，严格尊重知识产权，不得剽窃、抄袭他人成果，不得在未参与工作的研究成果上署名，反对任何以不正当手段牟取私利的行为。

（三）掌握科学研究方法，提升科学研究能力

研究生阶段是决定人才水平层次高低的关键时期。当今世界，人类已经进入高科技快速发展的时代，人工智能、大数据、区块链、云计算等接踵而来、日新月异。广大研究生要跟上时代前进的步伐，提升自己的科技素养，就要了解科学创新的前沿知识、研究动态。不仅要了解科学研究的新进展、新过程和新方法，而且要了解最新科学技术发展对整个社会和人类文明发展所产生的影响。任何事物的产生和发展，都有其规律性，不论其发展的具体进程如何，最终都不可能摆脱客观规律。每一名研究生只有经过严格的科学训练，学会正确的思维方法，掌握基本的科学方法，养成良好的学习习惯，才能深刻把握与有效驾驭客观规律，也才能在科学事业上不断提升自己、完善自己、超越自己、成就自己。

"青春虚度无所成，白首衔悲亦何及。"广大研究生要大力培养励志奋斗精神，既要尊重客观规律性，又要发挥主观能动性，做到理想坚定，信念执着，不怕困难，勇于开拓，顽强拼搏，永不气馁。无论是在课程学习、课题研究中，还是在科技创新、学术研究活动中，每一名研究生都要沉下身子、静下心来，一丝不苟、勤学苦练，以钉钉子的精神，练就过硬的本领，将严格的科学训练作为一种责任、一种精神追求、一种生活方式，从而不断把科学研究引向深入，创造出前人未有的研究成果。

掌握各种必备的科学知识并在实际科研工作中不断运用，逐步达到运用自如、融会贯通的境界。中国工程院院士钱七虎教授指出："科学是老老实实的学问，容不得一点点的马虎和心浮气躁。"他强调，"科学最讲求严谨，最讲求踏实。我深深感到，不论进行科学研究，还是做任何一项工作，都要沉得下心气、耐得住寂寞，一定要有一

股百折不挠的韧劲、一颗板凳甘坐十年冷的恒心"。[1] 在进行科学研究活动过程中，必然会面临许多困难与风险。一切停滞的观点、悲观的观点和无所作为的观点都是极其要不得的。遵循严谨的科学态度、掌握严格的科学方法、讲求踏实的科研作风，既是科技工作者的谋生之道，也是确立和完善个人知识结构的重要保障。广大研究生要勤于、善于和乐于思考，在科技创新团队的共同努力下，努力研究科技前沿新情况，不断探索解决科技发展新问题，着力攻克基础前沿难题和核心关键技术。

加强科学道德和学风建设，就是要培育勇于创新、勇攀高峰的钻研精神。研究生阶段的学习过程，是创新的过程，就是发现问题、筛选问题、研究问题、解决问题的过程。习近平指出："学习就必须求真学问，求真理、悟道理、明事理，不能满足于碎片化的信息、快餐化的知识。要通过学习知识，掌握事物发展规律，通晓天下道理，丰富学识，增长见识。"[2] 广大研究生要始终保持对未知领域的好奇心和探索激情，培育正视挑战的勇气、智慧和能力，跳出舒适区、勇蹚深水区、敢闯"无人区"。创新既是一个民族进步的灵魂，也是一个国家兴旺发达的不竭动力。广大研究生要成为新时代各行各业建设的"梦之队"，就必须解放思想、与时俱进、不断创新，积极借鉴与吸取人类科学家、思想家一切有益的科技成果和思想文化遗产，提倡各种学术思想和学术流派切磋交流，提倡对各种思想文化广纳博鉴，努力形成百花齐放、百家争鸣、博采众长、创新发展的生动局面。

（四）弘扬爱国奋斗精神，强化社会责任意识

幸福都是奋斗出来的，奋斗本身就是一种幸福。习近平总书记指出："爱国，不能停留在口号上，而是要把自己的理想同祖国的前途、把自己的人生同民族的命运紧密联系在一起，扎根人民，奉献国家。"[3] 在新时代广大研究生自觉弘扬践行爱国奋斗精神，就是要把个人理想自觉融入国家发展伟业，让爱国奋斗成为我们这个时代的社会风尚，在社会实践的创造性发展中不断采用新办法、推出新举措、概括新经验，并在总结历史经验和新鲜经验的基础上将它不断上升到科学理论的新高度，真正把论文写在祖国的大地上，成就新时代精彩的学问与人生。作为伟大祖国建设事业的强大生力军，广大研究生要珍惜这个伟大时代，始终保持昂扬向上的精神状态和一往无前的

---

[1] 袁于飞，云利孝. 一生为国奋斗的战略科学家［N］. 光明日报，2019-03-27.
[2] 习近平. 在北京大学师生座谈会上的讲话［N］. 人民日报，2018-05-03.
[3] 习近平. 在北京大学师生座谈会上的讲话［N］. 人民日报，2018-05-03.

奋斗姿态，站得更高、看得更远、走得更远、干得更实，勇做新时代中国特色社会主义伟大事业的探索者、创新者和奋斗者。

要树立"心有大我、至诚报国"的爱国情怀。爱国奋斗是人世间最深层、最持久的情感力量，也是一个人的立德之源、立功之本。新时代广大研究生要以炽热的爱国之情、报国之志，融入全面建成社会主义现代化强国的伟大事业之中，融入建设世界科技强国的伟大实践之中。科学研究的特色、风格、气派既是学科发展的产物，也是科学事业走向成熟的标志；既是科技创新实力的象征，也是科学道德和学风建设自信的体现。要看到，目前我国是世界第二大经济体，是自然科学、哲学社会科学大国，无论是科学研究队伍、论文数量，还是科研项目政府投入、专利申请数量等都在世界上名列前茅，但学术命题、学术思想、学术观点、学术标准、学术话语上的能力还有待进一步增强，科学道德、学术诚信的建设水平与我国综合国力和国际地位的匹配度也有待进一步提升。广大研究生要珍惜大好学习时光，既要看到差距、砥砺奋进，又要求真学问、练真本领，更好地融入创新型国家建设，增强自主创新的实力、活力和能力，下功夫推动我国从"中国制造"向"中国创造"的历史性跨越，努力使我国的社会生产力、综合国力、科技实力在新时代迈上一个新的大台阶，更好地为国争光、为民造福。

建设社会主义现代化强国，发展是第一要务，创新是第一动力，人才是第一资源。广大研究生要正确认识时代责任和历史使命，增强报效祖国、服务人民的社会责任感。社会责任意识要集中体现在爱国奋斗精神上，要为祖国的富强和人民的福祉贡献才智和精力，所进行的一切科学研究都要顾及社会影响，都要对社会负责。我国在世界经济中的地位将持续上升，同世界经济的联系会更加紧密，这更需要我们研究生具有开阔的视野、广阔的胸怀，以为中华民族谋复兴、为中国人民谋福祉、为世界人民谋大同为己任，为人类进步事业发展做出更大贡献。

广大研究生要以高度的道德意识、细致的伦理情怀，把尊重人类尊严、关注人类未来的信念贯穿到科研活动的全过程中。要坚守科研伦理，积极弘扬科学家精神，严格自律，坚决抵制浮夸浮躁之风，把科学研究做实、做细、做深，自觉肩负起历史赋予的重任，不断创造属于中国的发展奇迹，真正在全社会营造尊重知识、崇尚创新、尊重人才、热爱科学、献身科学的浓厚氛围。

（五）弘扬科学精神与人文精神，造就完善人格

新时代的科学精神同人文精神是相互联系、相互渗透、有机统一的。如果说科学

精神注重于解决"是什么"的问题,那么,人文精神就侧重于研究"应该怎么样"的问题。在科学精神的推动下,我国科学技术取得了举世瞩目的巨大成就,创造出了无数引以为豪的更先进的科技成果、更丰富的文化产品、更优质的物质产品;同样,也只有在人文精神的引导下,科学技术才能向着最有利于人民群众日益增长的美好生活和实现人类命运共同体美好发展的方向前进。在某种意义上说,人文精神与科学精神是承载和引导人类社会不断前行的两条轨道,失去了其中的任何一条,社会就无法协调发展,更不可能顺利前进。

广大研究生应该珍惜这个伟大时代,做新时代的奋斗者,不仅要潜心学问、研究客观世界的规律,还要具有崇高的社会责任感和道德感,关心整个社会和人类的命运,把祖国和人民放在心中,把国家和人民的利益放在首位,把个人的理想与党和国家的需要、民族的前途命运紧密联系在一起;要看重和爱护自身人格,做到自立、自尊、自强、自信,尊重别人并且以诚信待人待事,忧国忧民,一身正气;要继承和发扬科技界、社科界热爱祖国、奉献人民的优良传统,求真务实,团结协作,奋发图强,接续奋斗,努力在新时代创造我国科学事业和人文社科事业更加辉煌的业绩。

伟大的科技工作者都是具有丰厚人文素养的知识分子,这种人文素养不仅能够融合理性思维和感性思维,促进科学精神与人文精神融合,塑造自己的完善人格和高尚情操,而且能够引导科技工作者对人类未来进行深入思考、对社会福祉深切关怀、对科学技术的终极价值有准确把握,从而为他们攀登科学高峰带来无穷的创造力。广大研究生要自觉把做人、做事、做学问统一起来,加强人文精神与科学精神的融合,打通科学研究与人文社科研究的通道,造就完善的人格和高尚的情操,努力成为高素质、创新型人才,在新时代着力解决经济社会发展中的一些长期积累、制约全局的深层次矛盾和问题,不断满足人民日益增长的美好生活需要,真正让践行科学家精神成为献身祖国、服务人民伟大事业的实际行动,努力实现社会的全面进步和人的全面发展。

新时代的中国,前所未有地靠近世界舞台中心,前所未有地接近实现中华民族伟大复兴的目标,前所未有地具有实现这个目标的能力和信心。一代人有一代人的奋斗,一个时代有一个时代的担当。习近平总书记指出:"青年一代有理想、有担当,国家就有前途,民族就有希望。今天高校学生的人生黄金期,同'两个一百年'奋斗目标的实现完全吻合。亲自参与这个伟大历史进程,实现几代中国人的夙愿,实乃人生之大幸。当代学生建功立业的舞台空前广阔,梦想成真的前景无限光明。正确认识时代责任和历史使命,用中国梦激扬青春梦,为学生点亮理想的灯、照亮前行的路,激励学生自觉把个人的理想追求融入国家和民族的事业中，勇做走在时代前列的奋进者、开拓者；正确认识远大抱负和脚踏实地，珍惜韶华、脚踏实地，把远大抱负落实到实际行动中，让勤奋学习成为青春飞扬的动力，让增长本领成为青春搏击的能量。"[1] 伟大的时代呼唤伟大的人才，伟大的人才造就伟大的事业。时间不等人！历史不等人！时间属于奋进者！历史属于奋进者！

  为了实现中华民族伟大复兴的中国梦，我们必须同时间赛跑、同历史并进。这是历史赋予广大研究生的神圣使命。广大研究生要志存高远，脚踏实地，自觉坚持以人民为中心的发展思想，把社会责任、使命担当放在人生发展的第一位，严肃对待学术诚信的社会效果，自觉践行社会主义核心价值观，坚守人格底线、国格底线、道德底线、法律底线，不为浮华所扰，不为名利所惑，做真善美的信仰者、追求者和传播者，以深厚的学识修养赢得尊重，以高尚的人格魅力引领风气，在为祖国、为人民立德立言中成就自我、实现价值，让青春在为祖国、为人民、为民族、为人类的奉献中焕发出更加绚丽的光彩！

---

[1] 学习小组. 习近平首次点评"95后"大学生[N]. 人民日报，2017-01-03.

附　录

关于进一步加强科研诚信建设的若干意见（节选）

（中共中央办公厅、国务院办公厅于〔2018〕17号）

科研诚信是科技创新的基石。近年来，我国科研诚信建设在工作机制、制度规范、教育引导、监督惩戒等方面取得了显著成效，但整体上仍存在短板和薄弱环节，违背科研诚信要求的行为时有发生。为全面贯彻党的十九大精神，培育和践行社会主义核心价值观，弘扬科学精神，倡导创新文化，加快建设创新型国家，现就进一步加强科研诚信建设、营造诚实守信的良好科研环境提出以下意见。

一、总体要求

（一）指导思想

全面贯彻党的十九大和十九届二中、三中全会精神，以习近平新时代中国特色社会主义思想为指导，落实党中央、国务院关于社会信用体系建设的总体要求，以优化科技创新环境为目标，以推进科研诚信建设制度化为重点，以健全完善科研诚信工作机制为保障，坚持预防与惩治并举，坚持自律与监督并重，坚持无禁区、全覆盖、零容忍，严肃查处违背科研诚信要求的行为，着力打造共建共享共治的科研诚信建设新格局，营造诚实守信、追求真理、崇尚创新、鼓励探索、勇攀高峰的良好氛围，为建设世界科技强国奠定坚实的社会文化基础。

（二）基本原则

——明确责任，协调有序。加强顶层设计、统筹协调，明确科研诚信建设各主体职责，加强部门沟通、协同、联动，形成全社会推进科研诚信建设合力。

——系统推进，重点突破。构建符合科研规律、适应建设世界科技强国要求的科研诚信体系。坚持问题导向，重点在实践养成、调查处理等方面实现突破，在提高诚信意识、优化科研环境等方面取得实效。

——激励创新，宽容失败。充分尊重科学研究灵感瞬间性、方式多样性、路径不确定性的特点，重视科研试错探索的价值，建立鼓励创新、宽容失败的容错纠错机制，形成敢为人先、勇于探索的科研氛围。

——坚守底线，终身追责。综合采取教育引导、合同约定、社会监督等多种方式，营造坚守底线、严格自律的制度环境和社会氛围，让守信者一路绿灯，失信者处处受限。坚持零容忍，强化责任追究，对严重违背科研诚信要求的行为依法依规终身追责。

（三）主要目标

在各方共同努力下，科学规范、激励有效、惩处有力的科研诚信制度规则健全完备，职责清晰、协调有序、监管到位的科研诚信工作机制有效运行，覆盖全面、共享联动、动态管理的科研诚信信息系统建立完善，广大科研人员的诚信意识显著增强，弘扬科学精神、恪守诚信规范成为科技界的共同理念和自觉行动，全社会的诚信基础和创新生态持续巩固发展，为建设创新型国家和世界科技强国奠定坚实基础，为把我国建成富强民主文明和谐美丽的社会主义现代化强国提供重要支撑。

二、完善科研诚信管理工作机制和责任体系

（四）建立健全职责明确、高效协同的科研诚信管理体系

科技部、中国社科院分别负责自然科学领域和哲学社会科学领域科研诚信工作的统筹协调和宏观指导。地方各级政府和相关行业主管部门要积极采取措施加强本地区本系统的科研诚信建设，充实工作力量，强化工作保障。科技计划管理部门要加强科技计划的科研诚信管理，建立健全以诚信为基础的科技计划监管机制，将科研诚信要求融入科技计划管理全过程。教育、卫生健康、新闻出版等部门要明确要求教育、医疗、学术期刊出版等单位完善内控制度，加强科研诚信建设。中国科学院、中国工程院、中国科协要强化对院士的科研诚信要求和监督管理，加强院士推荐（提名）的诚信审核。

（五）从事科研活动及参与科技管理服务的各类机构要切实履行科研诚信建设的主体责任

从事科研活动的各类企业、事业单位、社会组织等是科研诚信建设第一责任主体，要对加强科研诚信建设作出具体安排，将科研诚信工作纳入常态化管理。通过单位章

程、员工行为规范、岗位说明书等内部规章制度及聘用合同，对本单位员工遵守科研诚信要求及责任追究作出明确规定或约定。

科研机构、高等学校要通过单位章程或制定学术委员会章程，对学术委员会科研诚信工作任务、职责权限作出明确规定，并在工作经费、办事机构、专职人员等方面提供必要保障。学术委员会要认真履行科研诚信建设职责，切实发挥审议、评定、受理、调查、监督、咨询等作用，对违背科研诚信要求的行为，发现一起，查处一起。学术委员会要组织开展或委托基层学术组织、第三方机构对本单位科研人员的重要学术论文等科研成果进行全覆盖核查，核查工作应以3—5年为周期持续开展。

科技计划（专项、基金等）项目管理专业机构要严格按照科研诚信要求，加强立项评审、项目管理、验收评估等科技计划全过程和项目承担单位、评审专家等科技计划各类主体的科研诚信管理，对违背科研诚信要求的行为要严肃查处。

从事科技评估、科技咨询、科技成果转化、科技企业孵化和科研经费审计等的科技中介服务机构要严格遵守行业规范，强化诚信管理，自觉接受监督。

（六）学会、协会、研究会等社会团体要发挥自律自净功能

学会、协会、研究会等社会团体要主动发挥作用，在各自领域积极开展科研活动行为规范制定、诚信教育引导、诚信案件调查认定、科研诚信理论研究等工作，实现自我规范、自我管理、自我净化。

（七）从事科研活动和参与科技管理服务的各类人员要坚守底线、严格自律

科研人员要恪守科学道德准则，遵守科研活动规范，践行科研诚信要求，不得抄袭、剽窃他人科研成果或者伪造、篡改研究数据、研究结论；不得购买、代写、代投论文，虚构同行评议专家及评议意见；不得违反论文署名规范，擅自标注或虚假标注获得科技计划（专项、基金等）等资助；不得弄虚作假，骗取科技计划（专项、基金等）项目、科研经费以及奖励、荣誉等；不得有其他违背科研诚信要求的行为。

项目（课题）负责人、研究生导师等要充分发挥言传身教作用，加强对项目（课题）成员、学生的科研诚信管理，对重要论文等科研成果的署名、研究数据真实性、实验可重复性等进行诚信审核和学术把关。院士等杰出高级专家要在科研诚信建设中发挥示范带动作用，做遵守科研道德的模范和表率。

评审专家、咨询专家、评估人员、经费审计人员等要忠于职守，严格遵守科研诚信要求和职业道德，按照有关规定、程序和办法，实事求是，独立、客观、公正开展工作，为科技管理决策提供负责任、高质量的咨询评审意见。科技管理人员要正确履

行管理、指导、监督职责，全面落实科研诚信要求。

三、加强科研活动全流程诚信管理

（八）加强科技计划全过程的科研诚信管理

科技计划管理部门要修改完善各级各类科技计划项目管理制度，将科研诚信建设要求落实到项目指南、立项评审、过程管理、结题验收和监督评估等科技计划管理全过程。要在各类科研合同（任务书、协议等）中约定科研诚信义务和违约责任追究条款，加强科研诚信合同管理。完善科技计划监督检查机制，加强对相关责任主体科研诚信履责情况的经常性检查。

（九）全面实施科研诚信承诺制

相关行业主管部门、项目管理专业机构等要在科技计划项目、创新基地、院士增选、科技奖励、重大人才工程等工作中实施科研诚信承诺制度，要求从事推荐（提名）、申报、评审、评估等工作的相关人员签署科研诚信承诺书，明确承诺事项和违背承诺的处理要求。

（十）强化科研诚信审核

科技计划管理部门、项目管理专业机构要对科技计划项目申请人开展科研诚信审核，将具备良好的科研诚信状况作为参与各类科技计划的必备条件。对严重违背科研诚信要求的责任者，实行"一票否决"。相关行业主管部门要将科研诚信审核作为院士增选、科技奖励、职称评定、学位授予等工作的必经程序。

（十一）建立健全学术论文等科研成果管理制度

科技计划管理部门、项目管理专业机构要加强对科技计划成果质量、效益、影响的评估。从事科学研究活动的企业、事业单位、社会组织等应加强科研成果管理，建立学术论文发表诚信承诺制度、科研过程可追溯制度、科研成果检查和报告制度等成果管理制度。学术论文等科研成果存在违背科研诚信要求情形的，应对相应责任人严肃处理并要求其采取撤回论文等措施，消除不良影响。

（十二）着力深化科研评价制度改革

推进项目评审、人才评价、机构评估改革，建立以科技创新质量、贡献、绩效为导向的分类评价制度，将科研诚信状况作为各类评价的重要指标，提倡严谨治学，反对急功近利。坚持分类评价，突出品德、能力、业绩导向，注重标志性成果质量、贡献、影响，推行代表作评价制度，不把论文、专利、荣誉性头衔、承担项目、获奖等情况作为限制性条件,防止简单量化、重数量轻质量、"一刀切"等倾向。尊重科学研究规律,合理设定评价周期,建立重大科学研究长周期考核机制。开展临床医学研究人员评价改革试点,建立设置合理、评价科学、管理规范、运转协调、服务全面的临床医学研究人员考核评价体系。

四、进一步推进科研诚信制度化建设(略)

五、切实加强科研诚信的教育和宣传(略)

六、严肃查处严重违背科研诚信要求的行为

(十九)切实履行调查处理责任

自然科学论文造假监管由科技部负责,哲学社会科学论文造假监管由中国社科院负责。科技部、中国社科院要明确相关机构负责科研诚信工作,做好受理举报、核查事实、日常监管等工作,建立跨部门联合调查机制,组织开展对科研诚信重大案件联合调查。违背科研诚信要求行为人所在单位是调查处理第一责任主体,应当明确本单位科研诚信机构和监察审计机构等调查处理职责分工,积极主动、公正公平开展调查处理。相关行业主管部门应按照职责权限和隶属关系,加强指导和及时督促,坚持学术、行政两条线,注重发挥学会、协会、研究会等社会团体作用。对从事学术论文买卖、代写代投以及伪造、虚构、篡改研究数据等违法违规活动的中介服务机构,市场监督管理、公安等部门应主动开展调查,严肃惩处。保障相关责任主体申诉权等合法权利,事实认定和处理决定应履行对当事人的告知义务,依法依规及时公布处理结果。科研人员应当积极配合调查,及时提供完整有效的科学研究记录,对拒不配合调查、隐匿销毁研究记录的,要从重处理。对捏造事实、诬告陷害的,要依据有关规定严肃处理;对举报不实、给被举报单位和个人造成严重影响的,要及时澄清、消除影响。

(二十)严厉打击严重违背科研诚信要求的行为

坚持零容忍,保持对严重违背科研诚信要求行为严厉打击的高压态势,严肃责任追究。建立终身追究制度,依法依规对严重违背科研诚信要求行为实行终身追究,一经发现,随时调查处理。积极开展对严重违背科研诚信要求行为的刑事规制理论研究,推动立法、司法部门适时出台相应刑事制裁措施。

相关行业主管部门或严重违背科研诚信要求责任人所在单位要区分不同情况,对

责任人给予科研诚信诫勉谈话;取消项目立项资格,撤销已获资助项目或终止项目合同,追回科研项目经费;撤销获得的奖励、荣誉称号,追回奖金;依法开除学籍,撤销学位、教师资格,收回医师执业证书等;一定期限直至终身取消晋升职务职称、申报科技计划项目、担任评审评估专家、被提名为院士候选人等资格;依法依规解除劳动合同、聘用合同;终身禁止在政府举办的学校、医院、科研机构等从事教学、科研工作等处罚,以及记入科研诚信严重失信行为数据库或列入观察名单等其他处理。严重违背科研诚信要求责任人属于公职人员的,依法依规给予处分;属于党员的,依纪依规给予党纪处分。涉嫌存在诈骗、贪污科研经费等违法犯罪行为的,依法移交监察、司法机关处理。

对包庇、纵容甚至骗取各类财政资助项目或奖励的单位,有关主管部门要给予约谈主要负责人、停拨或核减经费、记入科研诚信严重失信行为数据库、移送司法机关等处理。

(二十一)开展联合惩戒

加强科研诚信信息跨部门跨区域共享共用,依法依规对严重违背科研诚信要求责任人采取联合惩戒措施。推动各级各类科技计划统一处理规则,对相关处理结果互认。将科研诚信状况与学籍管理、学历学位授予、科研项目立项、专业技术职务评聘、岗位聘用、评选表彰、院士增选、人才基地评审等挂钩。推动在行政许可、公共采购、评先创优、金融支持、资质等级评定、纳税信用评价等工作中将科研诚信状况作为重要参考。

七、加快推进科研诚信信息化建设

(二十二)建立完善科研诚信信息系统

科技部会同中国社科院建立完善覆盖全国的自然科学和哲学社会科学科研诚信信息系统,对科研人员、相关机构、组织等的科研诚信状况进行记录。研究拟订科学合理、适用不同类型科研活动和对象特点的科研诚信评价指标、方法模型,明确评价方式、周期、程序等内容。重点对参与科技计划(项目)组织管理或实施、科技统计等科技活动的项目承担人员、咨询评审专家,以及项目管理专业机构、项目承担单位、中介服务机构等相关责任主体开展诚信评价。

(二十三)规范科研诚信信息管理

建立健全科研诚信信息采集、记录、评价、应用等管理制度,明确实施主体、程序、要求。根据不同责任主体的特点,制定面向不同类型科技活动的科研诚信信息目录,明确信息类别和管理流程,规范信息采集的范围、内容、方式和信息应用等。

(二十四)加强科研诚信信息共享应用

逐步推动科研诚信信息系统与全国信用信息共享平台、地方科研诚信信息系统互联互通,分阶段分权限实现信息共享,为实现跨部门跨地区联合惩戒提供支撑。

八、保障措施(略)

高等学校哲学社会科学研究学术规范(试行)

(教育部社会科学委员会2004年6月22日第一次全体会议讨论通过)

一、总则

(一)为规范高等学校(以下简称高校)哲学社会科学研究工作,加强学风建设和职业道德修养,保障学术自由,促进学术交流、学术积累与学术创新,进一步发展和繁荣高校哲学社会科学研究事业,特制订《高等学校哲学社会科学研究学术规范(试行)》(以下简称本规范)。

(二)本规范由广大专家学者广泛讨论、共同参与制订,是高校师生及相关人员在学术活动中自律的准则。

二、基本规范

(三)高校哲学社会科学研究应以马克思列宁主义、毛泽东思想、邓小平理论和"三个代表"重要思想为指导,遵循解放思想、实事求是、与时俱进的思想路线,贯彻"百花齐放、百家争鸣"的方针,不断推动学术进步。

(四)高校哲学社会科学研究工作者应以推动社会主义物质文明、政治文明和精神文明建设为己任,具有强烈的历史使命感和社会责任感,勇于学术创新,努力创造先进文化,积极弘扬科学精神、人文精神与民族精神。

(五)高校哲学社会科学研究工作者应遵守《中华人民共和国著作权法》《中华人民共和国专利法》《中华人民共和国国家通用语言文字法》等相关法律、法规。

（六）高校哲学社会科学研究工作者应模范遵守学术道德。

三、学术引文规范

（七）引文应以原始文献和第一手资料为原则。凡引用他人观点、方案、资料、数据等，无论曾否发表，无论是纸质或电子版，均应详加注释。凡转引文献资料，应如实说明。

（八）学术论著应合理使用引文。对已有学术成果的介绍、评论、引用和注释，应力求客观、公允、准确。伪注、伪造、篡改文献和数据等，均属学术不端行为。

四、学术成果规范

（九）不得以任何方式抄袭、剽窃或侵吞他人学术成果。

（十）应注重学术质量，反对粗制滥造和低水平重复，避免片面追求数量的倾向。

（十一）应充分尊重和借鉴已有的学术成果，注重调查研究，在全面掌握相关研究资料和学术信息的基础上，精心设计研究方案，讲究科学方法。力求论证缜密，表达准确。

（十二）学术成果文本应规范使用中国语言文字、标点符号、数字及外国语言文字。

（十三）学术成果不应重复发表。另有约定再次发表时，应注明出处。

（十四）学术成果的署名应实事求是。署名者应对该项成果承担相应的学术责任、道义责任和法律责任。

（十五）凡接受合法资助的研究项目，其最终成果应与资助申请和立项通知相一致；若需修改，应事先与资助方协商，并征得其同意。

（十六）研究成果发表时，应以适当方式向提供过指导、建议、帮助或资助的个人或机构致谢。

五、学术评价规范

（十七）学术评价应坚持客观、公正、公开的原则。

（十八）学术评价应以学术价值或社会效益为基本标准。对基础研究成果的评价，应以学术积累和学术创新为主要尺度；对应用研究成果的评价，应注重其社会效益或经济效益。

（十九）学术评价机构应坚持程序公正、标准合理，采用同行专家评审制，实行回避制度、民主表决制度，建立结果公示和意见反馈机制。评审意见应措辞严谨、准确，慎用"原创"、"首创"、"首次"、"国内领先"、"国际领先"、"世界水平"、"填补重大空白"、"重大突破"等词语。评价机构和评审专家应对其评价意见负责，并对评议过程保密，对不当评价、虚假评价、泄密、披露不实信息或恶意中伤等造成的后果承担相应责任。

（二十）被评价者不得干扰评价过程。否则，应对其不正当行为引发的一切后果负责。

六、学术批评规范

（二十一）应大力倡导学术批评，积极推进不同学术观点之间的自由讨论、相互交流与学术争鸣。

（二十二）学术批评应该以学术为中心，以文本为依据，以理服人。批评者应正当行使学术批评的权利，并承担相应的责任。被批评者有反批评的权利，但不得对批评者压制或报复。

七、附则

（二十三）本规范将根据哲学社会科学研究事业发展的需要不断修订和完善。

（二十四）各高校可根据本规范，结合具体情况，制订相应的学术规范及其实施办法，并对侵犯知识产权或违反学术道德的学术不端行为加以监督和惩处。

（二十五）本规范的解释权归教育部社会科学委员会。

学位论文作假行为处理办法

（中华人民共和国教育部令第 34 号）

第一条 为规范学位论文管理，推进建立良好学风，提高人才培养质量，严肃处理学位论文作假行为，根据《中华人民共和国学位条例》、《中华人民共和国高等教育法》，制定本办法。

第二条 向学位授予单位申请博士、硕士、学士学位所提交的博士学位论文、硕士学位论文和本科学生毕业论文（毕业设计或其他毕业实践环节）（统称为学位论文），出现本办法所列作假情形的，依照本办法的规定处理。

第三条 本办法所称学位论文作假行为包括下列情形：

（一）购买、出售学位论文或者组织学位论文买卖的；

（二）由他人代写、为他人代写学位论文或者组织学位论文代写的；

（三）剽窃他人作品和学术成果的；

（四）伪造数据的；

（五）有其他严重学位论文作假行为的。

第四条 学位申请人员应当恪守学术道德和学术规范，在指导教师指导下独立完成学位论文。

第五条 指导教师应当对学位申请人员进行学术道德、学术规范教育，对其学位论文研究和撰写过程予以指导，对学位论文是否由其独立完成进行审查。

第六条 学位授予单位应当加强学术诚信建设，健全学位论文审查制度，明确责任、规范程序，审核学位论文的真实性、原创性。

第七条 学位申请人员的学位论文出现购买、由他人代写、剽窃或者伪造数据等作假情形的，学位授予单位可以取消其学位申请资格；已经获得学位的，学位授予单位可以依法撤销其学位，并注销学位证书。取消学位申请资格或者撤销学位的处理决定应当向社会公布。从做出处理决定之日起至少3年内，各学位授予单位不得再接受其学位申请。

前款规定的学位申请人员为在读学生的，其所在学校或者学位授予单位可以给予开除学籍处分；为在职人员的，学位授予单位除给予纪律处分外，还应当通报其所在单位。

第八条 为他人代写学位论文、出售学位论文或者组织学位论文买卖、代写的人员，属于在读学生的，其所在学校或者学位授予单位可以给予开除学籍处分；属于学校或者学位授予单位的教师和其他工作人员的，其所在学校或者学位授予单位可以给予开除处分或者解除聘任合同。

第九条 指导教师未履行学术道德和学术规范教育、论文指导和审查把关等职责，其指导的学位论文存在作假情形的，学位授予单位可以给予警告、记过处分；情节严重的，可以降低岗位等级直至给予开除处分或者解除聘任合同。

第十条 学位授予单位应当将学位论文审查情况纳入对学院（系）等学生培养部门的年度考核内容。多次出现学位论文作假或者学位论文作假行为影响恶劣的，学位授予单位应当对该学院（系）等学生培养部门予以通报批评，并可以给予该学院（系）负责人相应的处分。

第十一条 学位授予单位制度不健全、管理混乱，多次出现学位论文作假或者学位论文作假行为影响恶劣的，国务院学位委员会或者省、自治区、直辖市人民政府学位委员会可以暂停或者撤销其相应学科、专业授予学位的资格；国务院教育行政部门或者省、自治区、直辖市人民政府教育行政部门可以核减其招生计划；并由有关主管部门按照国家有关规定对负有直接管理责任的学位授予单位负责人进行问责。

第十二条 发现学位论文有作假嫌疑的，学位授予单位应当确定学术委员会或者其他负有相应职责的机构，必要时可以委托专家组成的专门机构，对其进行调查认定。

第十三条 对学位申请人员、指导教师及其他有关人员做出处理决定前，应当告知并听取当事人的陈述和申辩。

当事人对处理决定不服的，可以依法提出申诉、申请行政复议或者提起行政诉讼。

第十四条 社会中介组织、互联网站和个人，组织或者参与学位论文买卖、代写的，由有关主管机关依法查处。

学位论文作假行为违反有关法律法规规定的，依照有关法律法规的规定追究法律责任。

第十五条 学位授予单位应当依据本办法，制定、完善本单位的相关管理规定。

第十六条 本办法自 2013 年 1 月 1 日起施行。

博士硕士学位论文抽检办法

（国务院学位委员会、教育部学位〔2014〕5 号文）

第一条 为保证学位授予质量，做好博士、硕士学位论文抽检工作，制定本办法。

第二条 博士学位论文抽检由国务院学位委员会办公室组织实施，硕士学位论文抽检由各省级学位委员会组织实施；其中，军队系统学位论文抽检由中国人民解放军学位委员会组织实施。

第三条 学位论文抽检每年进行一次，抽检范围为上一学年度授予博士、硕士学位的论文，博士学位论文的抽检比例为 10% 左右，硕士学位论文的抽检比例为 5% 左右。

第四条 博士学位论文抽检从国家图书馆直接调取学位论文。硕士学位论文的抽取方式，由各省级学位委员会和中国人民解放军学位委员会自行确定。

第五条 按照学术学位和专业学位分别制定博士学位论文评议要素和硕士学位论文评议要素。

第六条 每篇抽检的学位论文送3位同行专家进行评议，专家按照不同学位类型的要求对论文提出评议意见。

第七条 3位专家中有2位以上（含2位）专家评议意见为"不合格"的学位论文，将认定为"存在问题学位论文"。

第八条 3位专家中有1位专家评议意见为"不合格"的学位论文，将再送2位同行专家进行复评。2位复评专家中有1位以上（含1位）专家评议意见为"不合格"的学位论文，将认定为"存在问题学位论文"。

第九条 专家评议意见由各级抽检部门向学位授予单位反馈。硕士学位论文抽检的专家评议意见还应同时报送国务院学位委员会办公室。

第十条 学位论文抽检专家评议意见的使用。

（一）学位论文抽检专家评议意见以适当方式公开。

（二）对连续2年均有"存在问题学位论文"，且比例较高或篇数较多的学位授予单位，进行质量约谈。

（三）在学位授权点合格评估中，将学位论文抽检结果作为重要指标，对"存在问题学位论文"比例较高或篇数较多的学位授权点，依据有关程序，责令限期整改。经整改仍无法达到要求者，视为不能保证所授学位的学术水平，将撤销学位授权。

（四）学位授予单位应将学位论文抽检专家评议意见，作为本单位导师招生资格确定、研究生教育资源配置的重要依据。

第十一条 学位论文抽检坚决排除非学术因素的干扰，任何单位和个人都不得以任何方式干扰抽检工作的正常进行，参与评议工作的专家要公正公平，独立客观地完成评议工作。

第十二条 本办法由国务院学位委员会办公室负责解释。

发表学术论文"五不准"

（科协发组字〔2015〕98号）

1. 不准由"第三方"代写论文。科技工作者应自己完成论文撰写，坚决抵制"第三方"提供论文代写服务。

2. 不准由"第三方"代投论文。科技工作者应学习、掌握学术期刊投稿程序，亲自完成提交论文、回应评审意见的全过程，坚决抵制"第三方"提供论文代投服务。

3. 不准由"第三方"对论文内容进行修改。论文作者委托"第三方"进行论文语言润色，应基于作者完成的论文原稿，且仅限于对语言表达方式的完善，坚决抵制以语言润色的名义修改论文的实质内容。

4. 不准提供虚假同行评审人信息。科技工作者在学术期刊发表论文如需推荐同行评审人，应确保所提供的评审人姓名、联系方式等信息真实可靠，坚决抵制同行评审环节的任何弄虚作假行为。

5. 不准违反论文署名规范。所有论文署名作者应事先审阅并同意署名发表论文，并对论文内容负有知情同意的责任；论文起草人必须事先征求署名作者对论文全文的意见并征得其署名同意。论文署名的每一位作者都必须对论文有实质性学术贡献，坚决抵制无实质性学术贡献者在论文上署名。

本"五不准"中所述"第三方"指除作者和期刊以外的任何机构和个人；"论文代写"指论文署名作者未亲自完成论文撰写而由他人代理的行为；"论文代投"指论文署名作者未亲自完成提交论文、回应评审意见等全过程而由他人代理的行为。

高等学校预防与处理学术不端行为办法

（中华人民共和国教育部令第40号）

第一章　总则

第一条　为有效预防和严肃查处高等学校发生的学术不端行为，维护学术诚信，促进学术创新和发展，根据《中华人民共和国高等教育法》《中华人民共和国科学技术进步法》《中华人民共和国学位条例》等法律法规，制定本办法。

第二条　本办法所称学术不端行为是指高等学校及其教学科研人员、管理人员和学生，在科学研究及相关活动中发生的违反公认的学术准则、违背学术诚信的行为。

第三条　高等学校预防与处理学术不端行为应坚持预防为主、教育与惩戒结合的原则。

第四条　教育部、国务院有关部门和省级教育部门负责制定高等学校学风建设的宏观政策，指导和监督高等学校学风建设工作，建立健全对所主管高等学校重大学术不端行为的处理机制，建立高校学术不端行为的通报与相关信息公开制度。

第五条　高等学校是学术不端行为预防与处理的主体。高等学校应当建设集教育、预防、监督、惩治于一体的学术诚信体系，建立由主要负责人领导的学风建设工作机制，明确职责分工；依据本办法完善本校学术不端行为预防与处理的规则与程序。

高等学校应当充分发挥学术委员会在学风建设方面的作用，支持和保障学术委员会依法履行职责，调查、认定学术不端行为。

第二章　教育与预防

第六条　高等学校应当完善学术治理体系，建立科学公正的学术评价和学术发展制度，营造鼓励创新、宽容失败、不骄不躁、风清气正的学术环境。

高等学校教学科研人员、管理人员、学生在科研活动中应当遵循实事求是的科学精神和严谨认真的治学态度，恪守学术诚信，遵循学术准则，尊重和保护他人知识产权等合法权益。

第七条　高等学校应当将学术规范和学术诚信教育，作为教师培训和学生教育的必要内容，以多种形式开展教育、培训。

教师对其指导的学生应当进行学术规范、学术诚信教育和指导，对学生公开发表论文、研究和撰写学位论文是否符合学术规范、学术诚信要求，进行必要的检查与审核。

第八条　高等学校应当利用信息技术等手段，建立对学术成果、学位论文所涉及内容的知识产权查询制度，健全学术规范监督机制。

第九条　高等学校应当建立健全科研管理制度，在合理期限内保存研究的原始数据和资料，保证科研档案和数据的真实性、完整性。

高等学校应当完善科研项目评审、学术成果鉴定程序，结合学科特点，对非涉密的科研项目申报材料、学术成果的基本信息以适当方式进行公开。

第十条　高等学校应当遵循学术研究规律，建立科学的学术水平考核评价标准、办法，引导教学科研人员和学生潜心研究，形成具有创新性、独创性的研究成果。

第十一条　高等学校应当建立教学科研人员学术诚信记录，在年度考核、职称评定、岗位聘用、课题立项、人才计划、评优奖励中强化学术诚信考核。

第三章 受理与调查

第十二条 高等学校应当明确具体部门，负责受理社会组织、个人对本校教学科研人员、管理人员及学生学术不端行为的举报；有条件的，可以设立专门岗位或者指定专人，负责学术诚信和不端行为举报相关事宜的咨询、受理、调查等工作。

第十三条 对学术不端行为的举报，一般应当以书面方式实名提出，并符合下列条件：

（一）有明确的举报对象；

（二）有实施学术不端行为的事实；

（三）有客观的证据材料或者查证线索。

以匿名方式举报，但事实清楚、证据充分或者线索明确的，高等学校应当视情况予以受理。

第十四条 高等学校对媒体公开报道、其他学术机构或者社会组织主动披露的涉及本校人员的学术不端行为，应当依据职权，主动进行调查处理。

第十五条 高等学校受理机构认为举报材料符合条件的，应当及时作出受理决定，并通知举报人。不予受理的，应当书面说明理由。

第十六条 学术不端行为举报受理后，应当交由学校学术委员会按照相关程序组织开展调查。

学术委员会可委托有关专家就举报内容的合理性、调查的可能性等进行初步审查，并作出是否进入正式调查的决定。

决定不进入正式调查的，应当告知举报人。举报人如有新的证据，可以提出异议。异议成立的，应当进入正式调查。

第十七条 高等学校学术委员会决定进入正式调查的，应当通知被举报人。

被调查行为涉及资助项目的，可以同时通知项目资助方。

第十八条 高等学校学术委员会应当组成调查组，负责对被举报行为进行调查；但对事实清楚、证据确凿、情节简单的被举报行为，也可以采用简易调查程序，具体办法由学术委员会确定。

调查组应当不少于3人，必要时应当包括学校纪检、监察机构指派的工作人员，可以邀请同行专家参与调查或者以咨询等方式提供学术判断。

被调查行为涉及资助项目的，可以邀请项目资助方委派相关专业人员参与调查组。

第十九条　调查组的组成人员与举报人或者被举报人有合作研究、亲属或者导师学生等直接利害关系的，应当回避。

第二十条　调查可通过查询资料、现场查看、实验检验、询问证人、询问举报人和被举报人等方式进行。调查组认为有必要的，可以委托无利害关系的专家或者第三方专业机构就有关事项进行独立调查或者验证。

第二十一条　调查组在调查过程中，应当认真听取被举报人的陈述、申辩，对有关事实、理由和证据进行核实；认为必要的，可以采取听证方式。

第二十二条　有关单位和个人应当为调查组开展工作提供必要的便利和协助。

举报人、被举报人、证人及其他有关人员应当如实回答询问，配合调查，提供相关证据材料，不得隐瞒或者提供虚假信息。

第二十三条　调查过程中，出现知识产权等争议引发的法律纠纷的，且该争议可能影响行为定性的，应当中止调查，待争议解决后重启调查。

第二十四条　调查组应当在查清事实的基础上形成调查报告。调查报告应当包括学术不端行为责任人的确认、调查过程、事实认定及理由、调查结论等。

学术不端行为由多人集体做出的，调查报告中应当区别各责任人在行为中所发挥的作用。

第二十五条　接触举报材料和参与调查处理的人员，不得向无关人员透露举报人、被举报人个人信息及调查情况。

第四章　认定

第二十六条　高等学校学术委员会应当对调查组提交的调查报告进行审查；必要的，应当听取调查组的汇报。

学术委员会可以召开全体会议或者授权专门委员会对被调查行为是否构成学术不端行为以及行为的性质、情节等作出认定结论，并依职权作出处理或建议学校作出相应处理。

第二十七条　经调查，确认被举报人在科学研究及相关活动中有下列行为之一的，应当认定为构成学术不端行为：

（一）剽窃、抄袭、侵占他人学术成果；

（二）篡改他人研究成果；

（三）伪造科研数据、资料、文献、注释，或者捏造事实、编造虚假研究成果；

（四）未参加研究或创作而在研究成果、学术论文上署名，未经他人许可而不当使用他人署名，虚构合作者共同署名，或者多人共同完成研究而在成果中未注明他人工作、贡献；

（五）在申报课题、成果、奖励和职务评审评定、申请学位等过程中提供虚假学术信息；

（六）买卖论文、由他人代写或者为他人代写论文；

（七）其他根据高等学校或者有关学术组织、相关科研管理机构制定的规则，属于学术不端的行为。

第二十八条 有学术不端行为且有下列情形之一的，应当认定为情节严重：

（一）造成恶劣影响的；

（二）存在利益输送或者利益交换的；

（三）对举报人进行打击报复的；

（四）有组织实施学术不端行为的；

（五）多次实施学术不端行为的；

（六）其他造成严重后果或者恶劣影响的。

第五章　处理

第二十九条 高等学校应当根据学术委员会的认定结论和处理建议，结合行为性质和情节轻重，依职权和规定程序对学术不端行为责任人作出如下处理：

（一）通报批评；

（二）终止或者撤销相关的科研项目，并在一定期限内取消申请资格；

（三）撤销学术奖励或者荣誉称号；

（四）辞退或解聘；

（五）法律、法规及规章规定的其他处理措施。

同时，可以依照有关规定，给予警告、记过、降低岗位等级或者撤职、开除等处分。

学术不端行为责任人获得有关部门、机构设立的科研项目、学术奖励或者荣誉称号等利益的，学校应当同时向有关主管部门提出处理建议。

学生有学术不端行为的，还应当按照学生管理的相关规定，给予相应的学籍处分。

学术不端行为与获得学位有直接关联的，由学位授予单位作暂缓授予学位、不授予学位或者依法撤销学位等处理。

第三十条　高等学校对学术不端行为作出处理决定，应当制作处理决定书，载明以下内容：

（一）责任人的基本情况；
（二）经查证的学术不端行为事实；
（三）处理意见和依据；
（四）救济途径和期限；
（五）其他必要内容。

第三十一条　经调查认定，不构成学术不端行为的，根据被举报人申请，高等学校应当通过一定方式为其消除影响、恢复名誉等。

调查处理过程中，发现举报人存在捏造事实、诬告陷害等行为的，应当认定为举报不实或者虚假举报，举报人应当承担相应责任。属于本单位人员的，高等学校应当按照有关规定给予处理；不属于本单位人员的，应通报其所在单位，并提出处理建议。

第三十二条　参与举报受理、调查和处理的人员违反保密等规定，造成不良影响的，按照有关规定给予处分或其他处理。

第六章　复核

第三十三条　举报人或者学术不端行为责任人对处理决定不服的，可以在收到处理决定之日起30日内，以书面形式向高等学校提出异议或者复核申请。

异议和复核不影响处理决定的执行。

第三十四条　高等学校收到异议或者复核申请后，应当交由学术委员会组织讨论，并于15日内作出是否受理的决定。

决定受理的，学校或者学术委员会可以另行组织调查组或者委托第三方机构进行调查；决定不予受理的，应当书面通知当事人。

第三十五条　当事人对复核决定不服，仍以同一事实和理由提出异议或者申请复核的，不予受理；向有关主管部门提出申诉的，按照相关规定执行。

第七章　监督

第三十六条　高等学校应当按年度发布学风建设工作报告，并向社会公开，接受社会监督。

第三十七条　高等学校处理学术不端行为推诿塞责、隐瞒包庇、查处不力的，主管部门可以直接组织或者委托相关机构查处。

第三十八条　高等学校对本校发生的学术不端行为，未能及时查处并做出公正结论，造成恶劣影响的，主管部门应当追究相关领导的责任，并进行通报。

高等学校为获得相关利益，有组织实施学术不端行为的，主管部门调查确认后，应当撤销高等学校由此获得的相关权利、项目以及其他利益，并追究学校主要负责人、直接负责人的责任。

第八章　附则

第三十九条　高等学校应当根据本办法，结合学校实际和学科特点，制定本校学术不端行为查处规则及处理办法，明确各类学术不端行为的惩处标准。有关规则应当经学校学术委员会和教职工代表大会讨论通过。

第四十条　高等学校主管部门对直接受理的学术不端案件，可自行组织调查组或者指定、委托高等学校、有关机构组织调查、认定。对学术不端行为责任人的处理，根据本办法及国家有关规定执行。

教育系统所属科研机构及其他单位有关人员学术不端行为的调查与处理，可参照本办法执行。

第四十一条　本办法自2016年9月1日起施行。

医学科研诚信和相关行为规范（节选）

（国卫科教发〔2021〕7号）

第一章　总则

第一条　为践行社会主义核心价值观，加强医学科研诚信建设，提高医学科研人员职业道德修养，预防科研不端行为，依据《中华人民共和国科学技术进步法》、《中华人民共和国著作权法》、《中华人民共和国人类遗传资源管理条例》、《涉及人的生物医学研究伦理审查办法》、《关于进一步加强科研诚信建设的若干意见》、《关于进一步弘扬科学家精神加强作风和学风建设的意见》、《科研诚信案件调查处理规则（试行）》等相关规定，制定本规范。

第二条 本规范所称的医学科研行为,是指开展医学科研工作的机构及其人员在基础医学、临床医学、预防医学与公共卫生学、药学、中医学与中药学等学科领域开展的涉及科研项目申请、预实验研究、研究实施、结果报告、项目检查、执行过程管理、成果总结发表、评估审议、验收等环节中的行为活动。

第三条 所有从事医学科研活动的人员（以下简称医学科研人员）应当自觉遵守本规范,大力弘扬科学家精神,追求真理、实事求是,遵循科研伦理准则和学术规范,尊重同行及其劳动,防止急功近利、浮躁浮夸,坚守诚信底线,自觉抵制科研不端行为。

第四条 所有开展医学科研工作的机构均应当遵守本规范,开展常态化科研诚信教育培训,加强制度建设,努力营造有利于培育科研诚信的机构环境。

第二章 医学科研人员诚信行为规范

第五条 医学科研人员在科研活动中要遵循科研伦理准则,主动申请伦理审查,接受伦理监督,切实保障受试者的合法权益。

第六条 医学科研人员在进行项目申请等科研与学术活动时,必须保证所提供的学历、工作经历、发表论文、出版专著、获奖证明、引用论文、专利证明等相关信息真实、准确。

第七条 医学科研人员在采集科研样本、数据和资料时要客观、全面、准确;要树立国家安全和保密意识,对涉及生物安全、国家秘密、工作秘密以及个人隐私的应当严格遵守相关法律法规规定。

第八条 医学科研人员在研究中,应当诚实记录研究过程和结果,如实、规范书写病历,包括不良反应和不良事件,依照相关规定及时报告严重的不良反应和不良事件信息。

第九条 医学科研人员在涉及传染病、新发传染病、不明原因疾病和已知病原改造等研究中,要树立公共卫生和实验室生物安全意识,在相应等级的生物安全实验室开展研究,病原采集、运输和处理等均应当自觉遵守相关法律法规要求,要按照法律法规规定报告传染病、新发或疑似新发的传染病例,留存相关凭证,接受相关部门的监督管理。

第十条 医学科研人员在研究结束后,对于人体或动物样本、毒害物质、数据或资料的储存、分享和销毁要遵循相应的生物安全和科研管理规定。

论文相关资料和数据应当确保齐全、完整、真实和准确，相关论文等科研成果发表后1个月内，要将所涉及的原始图片、实验记录、实验数据、生物信息、记录等原始数据资料交所在机构统一管理、留存备查。

第十一条　医学科研人员在动物实验中，应当自觉遵守《实验动物管理条例》，严格选用符合要求的合格动物进行实验，科学合理使用、保护和善待动物。

第十二条　医学科研人员在开展学术交流、审阅他人的学术论文或项目申报书时，应当尊重和保护他人知识产权，遵守科技保密规则。

第十三条　医学科研人员在引用他人已发表的研究观点、数据、图像、结果或其他研究资料时，要保证真实准确并诚实注明出处，引文注释和参考文献标注要符合学术规范。在使用他人尚未公开发表的设计思路、学术观点、实验数据、生物信息、图表、研究结果和结论时，应当获得其本人的书面知情同意，同时要公开致谢或说明。

第十四条　医学科研人员在发表论文或出版学术著作过程中，要遵守《发表学术论文"五不准"》和学术论文投稿、著作出版有关规定。论文、著作、专利等成果署名应当按照对科研成果的贡献大小据实署名和排序，无实质学术贡献者不得"挂名"。

第十五条　医学科研人员作为导师或科研项目负责人，要充分发挥言传身教作用，在指导学生或带领课题组成员开展科研活动时要高度负责，严格把关，加强对项目（课题）成员、学生的科研诚信管理。

导师、科研项目负责人须对使用自己邮箱投递的稿件、需要署名的科研成果进行审核，对科研成果署名、研究数据真实性、实验可重复性等负责，并不得侵占学生、团队成员的合法权益。

学生、团队成员在科研活动中发生不端行为的，同意参与署名的导师、科研项目负责人除承担相应的领导、指导责任外，还要与科研不端行为直接责任人承担同等责任。

第十六条　医学科研人员应当认真审核拟公开发表成果，避免出现错误和失误。对已发表研究成果中出现的错误和失误，应当以适当的方式公开承认并予以更正或撤回。

第十七条　医学科研人员在项目验收、成果登记及申报奖励时，须提供真实、完整的材料，包括发表论文、文献引用、第三方评价证明等。

第十八条　医学科研人员作为评审专家、咨询专家、评估人员、经费审计人员参加科技评审等活动时，要忠于职守，严格遵守科研诚信要求以及保密、回避规定和职业道德，按照有关规定、程序和办法，实事求是，独立、客观、公正开展工作，提供负责任、高质量的咨询评审意见，不得违规谋取私利，不参加自己不熟悉领域的咨询评审活动，不在情况不掌握、内容不了解的意见建议上署名签字。

第十九条 医学科研人员与他人进行科研合作时应当认真履行诚信义务和合同约定，发表论文、出版著作、申报专利和奖项等时应当根据合作各方的贡献合理署名。

第二十条 医学科研人员应当严格遵守科研经费管理规定，不得虚报、冒领、挪用科研资金。

第二十一条 医学科研人员在成果推广和科普宣传中应当秉持科学精神、坚守社会责任，避免不实表述和新闻炒作，不人为夸大研究基础和学术价值，不得向公众传播未经科学验证的现象和观点。

医学科研人员公布突破性科技成果和重大科研进展应当经所在机构同意，推广转化科技成果不得故意夸大技术价值和经济社会效益，不得隐瞒技术风险，要经得起同行评、用户用、市场认可。

医学科研人员发布与疫情相关的研究结果时，应当牢固树立公共卫生、科研诚信和伦理意识，严格遵守相关法律法规和有关疫情防控管理要求。

第二十二条 医学科研人员学术兼职要与本人研究专业相关，杜绝无实质性工作内容的兼职和挂名。

第三章 医学科研机构诚信规范（略）

第四章 附则

第三十四条 本规范自发布之日起施行。

哲学社会科学科研诚信建设实施办法（节选）

（社科办字〔2019〕10号）

一、总则

第一条 为在全国范围内培育和践行社会主义核心价值观，弘扬科学精神，营造诚实守信的良好科研环境，培根铸魂，构建科学权威、公开透明的哲学社会科学成果评价体系，根据相关法律法规和《关于进一步加强科研诚信建设的若干意见》等文件，制定本办法。

第二条 本办法适用于全国范围内哲学社会科学领域的党政机关、企事业单位和社会组织，以及从事哲学社会科学工作的相关人员。

第三条 科研诚信建设应坚持教育、预防、监督、惩戒相结合，教育优先、预防为主的原则。

第四条 哲学社会科学领域的党政机关、企事业单位和社会组织应当依据本办法建设相应的科研诚信管理体系，完善管理制度和工作机制。

二、组织体系（略）

三、教育预防

第十条 哲学社会科学科研诚信建设联席会议建立哲学社会科学科研诚信数据库，对科研失信行为进行记录和公示，实现科研诚信信息的公开透明，发挥社会监督作用。

第十一条 哲学社会科学科研诚信建设责任单位应当完善学术治理体系，建立科学公正的科研制度，营造鼓励创新、宽容失败、不骄不躁、风清气正的学术环境。

第十二条 哲学社会科学科研诚信建设责任单位应当把科研诚信和学术道德教育作为学习培训的必要内容，以多种形式开展教育培训。

第十三条 哲学社会科学科研诚信建设责任单位应建立覆盖科研活动全领域全流程的科研诚信监督检查制度，在科研项目、人才计划、科研奖项、成果发表等各项科研活动的各个环节加强科研诚信审核。

第十四条 哲学社会科学科研诚信建设责任单位应当建立科研管理信息平台，建立涵盖科研项目、学术称号等内容的科研诚信档案，建立对学术成果、学位论文所涉及内容的知识产权查询制度。

第十五条 哲学社会科学领域各单位应当建立个人科研诚信记录，在年度考核、职称评定、岗位聘用、评优奖励中强化科研诚信考核。

第十六条 哲学社会科学工作者在科研活动中应当遵循实事求是的科学精神和严谨认真的治学态度，恪守学术诚信，遵循学术准则，尊重和保护他人知识产权等合法权益。

四、受理调查

第十七条 哲学社会科学科研诚信建设责任单位应建立科研诚信举报的受理、调查、处理、公布机制，应明确具体部门负责受理对本单位人员的科研诚信举报。

第十八条 对违背科研诚信行为的举报应当符合以下条件：

（一）应当实名举报；

（二）有明确的举报对象；

（三）有明确的违规事实；

（四）有客观的证据材料或者查证线索。

第十九条 被举报人所在单位接到举报或上级部门转办的举报后，应当在15个工作日内进行初步核查，确认是否受理。

第二十条 对违背哲学社会科学科研诚信行为的调查，应采取诚信调查和学术鉴定相结合的方法。诚信调查由责任单位的专门机构负责，对案件涉及的事实情况进行调查；学术鉴定由责任单位成立专门评审组，对案件的学术问题进行审查评议。

第二十一条 对引发社会普遍关注的，或涉及多个部门和单位的哲学社会科学科研诚信事件，哲学社会科学科研诚信管理办公室根据哲学社会科学科研诚信建设联席会议决定，具体组织协调相关单位分别开展或联合开展调查。

第二十二条 调查组应当在决定受理之日起180日内进行调查并形成调查报告。调查报告应当包括事实认定及理由、调查过程、调查结论等。

五、认定处理

第二十三条 在科研及相关活动中有下列情况的，应当认定为违背科研诚信行为：

（一）抄袭、剽窃、侵占他人研究成果；

（二）伪造科研数据、资料、文献、注释，或者捏造事实、编造虚假研究成果；

（三）违反署名规范，未参加研究或创作而在研究成果、学术论文上署名，未经他人许可而不当使用他人署名，虚构合作者共同署名，或者多人共同完成研究而在成果中未注明他人工作、贡献；

（四）采取弄虚作假、贿赂、利益交换等方式获取项目、经费、职务职称、奖励、荣誉等；

（五）故意重复发表论文；

（六）买卖论文、由他人代写或者为他人代写论文；

（七）虚构同行评议专家及评议意见；

（八）利用管理、咨询、评价专家等身份或职务便利，在科研活动中为他人谋取利益；

（九）其他违背科研诚信的行为。

第二十四条　对认定存在违背科研诚信行为的单位或个人，由相关部门或机构视情节轻重，给予约谈警示、通报批评、中止项目执行和项目拨款、终止项目执行和项目拨款直至限制项目申报资格、在一定期限内不接受其项目的申请等处理。

对于严重违背科研诚信行为的单位或个人，实行终身追责。

构成违纪的，依据《事业单位工作人员处分暂行规定》《财政违法行为处罚处分条例》等相关文件，视情节轻重给予警告、记过、降低岗位等级或撤职、开除等处分。

涉嫌犯罪的，由司法机关依法追究其刑事责任。

此外，按照多部门印发《关于对科研领域相关失信责任主体实施联合惩戒的合作备忘录》的相关办法进行惩处。

第二十五条　责任单位将处理完结的违背哲学社会科学科研诚信案件相关信息及时报送其上级主管部门，并在哲学社会科学科研诚信数据库进行记录。

第二十六条　各系统主管部门和责任单位要依据国家构建社会信用体系的有关规章制度对违背哲学社会科学科研诚信的主体实施联合惩戒。

六、申诉复核

第二十七条　当事人对处理决定不服的，可以在收到处理决定之日起30个工作日内，以书面形式向调查处理责任单位提出异议或者复核申请。

第二十八条　调查处理责任单位应当于收到申诉之日起10个工作日内作出是否复查的决定。

决定受理的，责任单位应另行组织调查组重新展开调查；决定不予受理的，应当书面通知当事人，并说明不予复查的原因。复查应当自决定受理之日起60日内完成。

第二十九条　当事人对复核决定不服，仍以同一事实和理由提出异议或者申请复核的，不予受理。

七、保障监督（略）

八、附则（略）

科研失信行为调查处理规则（节选）

(国科发监〔2022〕221号)

第一章　总则

第一条　为规范科研失信行为调查处理工作，贯彻中共中央办公厅、国务院办公厅《关于进一步加强科研诚信建设的若干意见》精神，根据《中华人民共和国科学技术进步法》《中华人民共和国高等教育法》等规定，制定本规则。

第二条　本规则所称的科研失信行为是指在科学研究及相关活动中发生的违反科学研究行为准则与规范的行为，包括：

（一）抄袭剽窃、侵占他人研究成果或项目申请书；

（二）编造研究过程、伪造研究成果，买卖实验研究数据，伪造、篡改实验研究数据、图表、结论、检测报告或用户使用报告等；

（三）买卖、代写、代投论文或项目申报验收材料等，虚构同行评议专家及评议意见；

（四）以故意提供虚假信息等弄虚作假的方式或采取请托、贿赂、利益交换等不正当手段获得科研活动审批，获取科技计划（专项、基金等）项目、科研经费、奖励、荣誉、职务职称等；

（五）以弄虚作假方式获得科技伦理审查批准，或伪造、篡改科技伦理审查批准文件等；

（六）无实质学术贡献署名等违反论文、奖励、专利等署名规范的行为；

（七）重复发表，引用与论文内容无关的文献，要求作者非必要地引用特定文献等违反学术出版规范的行为；

（八）其他科研失信行为。

本规则所称抄袭剽窃、伪造、篡改、重复发表等行为按照学术出版规范及相关行业标准认定。

第三条　有关主管部门和高等学校、科研机构、医疗卫生机构、企业、社会组织等单位对科研失信行为不得迁就包庇，任何单位和个人不得阻挠、干扰科研失信行为的调查处理。

第四条 科研失信行为当事人及证人等应积极配合调查，如实说明情况、提供证据，不得伪造、篡改、隐匿、销毁证据材料。

第二章 职责分工（略）

第三章 调查

第一节 举报和受理

第十一条 举报科研失信行为可通过下列途径进行：

（一）向被举报人所在单位举报；

（二）向被举报人所在单位的上级主管部门或相关管理部门举报；

（三）向科技计划（专项、基金等）项目、科技奖励、科技人才计划等的管理部门（单位）举报；

（四）向发表论文的期刊或出版单位举报；

（五）其他途径。

第十二条 举报科研失信行为应同时满足下列条件：

（一）有明确的举报对象；

（二）举报内容属于本规则第二条规定的范围；

（三）有明确的违规事实；

（四）有客观、明确的证据材料或可查证线索。

鼓励实名举报，不得捏造、歪曲事实，不得诬告、陷害他人。

第十三条 对具有下列情形之一的举报，不予受理：

（一）举报内容不属于本规则第二条规定的范围；

（二）没有明确的证据和可查证线索的；

（三）对同一对象重复举报且无新的证据、线索的；

（四）已经作出生效处理决定且无新的证据、线索的。

第十四条 接到举报的单位应在15个工作日内提出是否受理的意见并通知实名举报人，不予受理的应说明情况。符合本规则第十二条规定且属于本单位职责范围的，应予以受理；不属于本单位职责范围的，可转送相关责任单位或告知举报人向相关责任单位举报。

举报人可以对不予受理提出异议并说明理由；异议不成立的，不予受理。

第十五条　下列科研失信行为线索，符合受理条件的，有关单位应主动受理，主管部门应加强督查。

（一）上级机关或有关部门移送的线索；

（二）在日常科研管理活动中或科技计划（专项、基金等）项目、科技奖励、科技人才管理等工作中发现的问题线索；

（三）媒体、期刊或出版单位等披露的线索。

第二节　调查

第十六条　调查应制订调查方案，明确调查内容、人员、方式、进度安排、保障措施、工作纪律等，经单位相关负责人批准后实施。

第十七条　调查应包括行政调查和学术评议。行政调查由单位组织对相关事实情况进行调查，包括对相关原始实验数据、协议、发票等证明材料和研究过程、获利情况等进行核对验证。学术评议由单位委托本单位学术（学位、职称）委员会或根据需要组成专家组，对涉及的学术问题进行评议。专家组应不少于5人，根据需要由相关领域的同行科技专家、管理专家、科研诚信专家、科技伦理专家等组成。

第十八条　调查需要与被调查人、证人等谈话的，参与谈话的调查人员不得少于2人，谈话内容应书面记录，并经谈话人和谈话对象签字确认，在履行告知程序后可录音、录像。

第十九条　调查人员可按规定和程序调阅、摘抄、复印相关资料，现场察看相关实验室、设备等。调阅相关资料应书面记录，由调查人员和资料、设备管理人签字确认，并在调查处理完成后退还管理人。

第二十条　调查中应当听取被调查人的陈述和申辩，对有关事实、理由和证据进行核实。可根据需要要求举报人补充提供材料，必要时可开展重复实验或委托第三方机构独立开展测试、评估或评价，经举报人同意可组织举报人与被调查人就有关学术问题当面质证。严禁以威胁、引诱、欺骗以及其他非法手段收集证据。

第二十一条　调查中发现被调查人的行为可能影响公众健康与安全或导致其他严重后果的，调查人员应立即报告，或按程序移送有关部门处理。

第二十二条　调查中发现第三方中介服务机构涉嫌从事论文及其实验研究数据、科技计划（专项、基金等）项目申报验收材料等的买卖、代写、代投服务的，应及时报请有关主管部门依法依规调查处理。

第二十三条　调查中发现关键信息不充分或暂不具备调查条件的，可经单位相关负责人批准中止调查。中止调查的原因消除后,应及时恢复调查,中止的时间不计入调查时限。

调查期间被调查人死亡的,终止对其调查,但不影响对涉及的其他被调查人的调查。

第二十四条 调查结束应形成调查报告。调查报告应包括线索来源、举报内容、调查组织、调查过程、事实认定及相关当事人确认情况、调查结论、处理意见建议及依据,并附证据材料。调查报告须由全体调查人员签字。一般应在调查报告形成后的15个工作日内将相关调查处理情况书面告知参与调查单位或其他具有处理权限的单位。

需要补充调查的,应根据补充调查情况重新形成调查报告。

第二十五条 科研失信行为的调查处理应自决定受理之日起6个月内完成。

因特别重大复杂在前款规定期限内仍不能完成调查的,经单位负责人批准后可延长调查期限,延长时间一般不超过6个月。对上级机关和有关部门移送的,调查延期情况应向移送机关或部门报告。

第四章 处理

第二十六条 被调查人科研失信行为的事实、情节、性质等最终认定后,由具有处理权限的单位按程序对被调查人作出处理决定。

第二十七条 处理决定作出前,应书面告知被调查人拟作出处理决定的事实、依据,并告知其依法享有陈述与申辩的权利。被调查人逾期没有进行陈述或申辩的,视为放弃权利。被调查人作出陈述或申辩的,应充分听取其意见。

第二十八条 处理决定书应载明以下内容:

(一)被处理人的基本情况(包括姓名或名称、身份证件号码或社会信用代码等);

(二)认定的事实及证据;

(三)处理决定和依据;

(四)救济途径和期限;

(五)其他应载明的内容。

作出处理决定的单位负责向被处理人送达书面处理决定书,并告知实名举报人。有牵头调查单位的,应同时将处理决定书送牵头调查单位。对于上级机关和有关部门移送的,应将处理决定书和调查报告报送移送单位。

第二十九条 处理措施的种类：

（一）科研诚信诫勉谈话；

（二）一定范围内公开通报；

（三）暂停科技计划（专项、基金等）项目等财政性资金支持的科技活动，限期整改；

（四）终止或撤销利用科研失信行为获得的科技计划（专项、基金等）项目等财政性资金支持的科技活动，追回结余资金，追回已拨财政资金；

（五）一定期限禁止承担或参与科技计划（专项、基金等）项目等财政性资金支持的科技活动；

（六）撤销利用科研失信行为获得的相关学术奖励、荣誉等并追回奖金，撤销利用科研失信行为获得的职务职称；

（七）一定期限取消申请或申报科技奖励、科技人才称号和职务职称晋升等资格；

（八）取消已获得的院士等高层次专家称号，学会、协会、研究会等学术团体以及学术、学位委员会等学术工作机构的委员或成员资格；

（九）一定期限取消作为提名或推荐人、被提名或被推荐人、评审专家等资格；

（十）一定期限减招、暂停招收研究生直至取消研究生导师资格；

（十一）暂缓授予学位；

（十二）不授予学位或撤销学位；

（十三）记入科研诚信严重失信行为数据库；

（十四）其他处理。

上述处理措施可合并使用。给予前款第五、七、九、十项处理的，应同时给予前款第十三项处理。被处理人是党员或公职人员的，还应根据《中国共产党纪律处分条例》《中华人民共和国公职人员政务处分法》等规定，由有管辖权的机构给予处理或处分；其他适用组织处理或处分的，由有管辖权的机构依规依纪依法给予处理或处分。构成犯罪的，依法追究刑事责任。

第三十条 对科研失信行为情节轻重的判定应考虑以下因素：

（一）行为偏离科技界公认行为准则的程度；

（二）是否有造假、欺骗、销毁、藏匿证据，干扰、妨碍调查或打击、报复举报人的行为；

（三）行为造成不良影响的程度；

（四）行为是首次发生还是屡次发生；

（五）行为人对调查处理的态度；

（六）其他需要考虑的因素。

第三十一条 有关机构或单位有组织实施科研失信行为，或在调查处理中推诿、包庇，打击报复举报人、证人、调查人员的，主管部门应依据相关法律法规等规定，撤销该机构或单位因此获得的相关利益、荣誉，给予公开通报，暂停拨款或追回结余资金、追回已拨财政资金，禁止一定期限内承担或参与财政性资金支持的科技活动等本规则第二十九条规定的相应处理，并按照有关规定追究其主要负责人、直接负责人的责任。

第三十二条 经调查认定存在科研失信行为的，应视情节轻重给予以下处理：

（一）情节较轻的，给予本规则第二十九条第一项、第三项、第十一项相应处理；

（二）情节较重的，给予本规则第二十九条第二项、第四至第十项、第十二项、第十三项相应处理，其中涉及取消或禁止期限的，期限为3年以内；

（三）情节严重的，给予本规则第二十九条第二项、第四至第十项、第十二项、第十三项相应处理，其中涉及取消或禁止期限的，期限为3至5年；

（四）情节特别严重的，给予本规则第二十九条第二项、第四至第十项、第十二项、第十三项相应处理，其中涉及取消或禁止期限的，期限为5年以上。

存在本规则第二条第一至第五项规定情形之一的，处理不应低于前款第二项规定的尺度。

第三十三条 给予本规则第三十二条第二、三、四项处理的被处理人正在申报财政性资金支持的科技活动或被推荐为相关候选人、被提名人、被推荐人等的，终止其申报资格或被提名、被推荐资格。

第三十四条 有下列情形之一的，可从轻处理：

（一）有证据显示属于过失行为且未造成重大影响的；

（二）过错程度较轻且能积极配合调查的；

（三）在调查处理前主动纠正错误，挽回损失或有效阻止危害结果发生的；

（四）在调查中主动承认错误，并公开承诺严格遵守科研诚信要求、不再实施科研失信行为的。

论文作者在被举报前主动撤稿且未造成较大负面影响的，可从轻或免予处理。

第三十五条 有下列情形之一的，应从重处理：

（一）伪造、篡改、隐匿、销毁证据的；
（二）阻挠他人提供证据，或干扰、妨碍调查核实的；
（三）打击、报复举报人、证人、调查人员的；
（四）存在利益输送或利益交换的；
（五）有组织地实施科研失信行为的；
（六）多次实施科研失信行为或同时存在多种科研失信行为的；
（七）证据确凿、事实清楚而拒不承认错误的。

第三十六条　根据本规则给予被处理人记入科研诚信严重失信行为数据库处理的，处理决定由省级及以下地方相关单位作出的，处理决定作出单位应在决定生效后10个工作日内将处理决定书和调查报告报送上级主管部门和所在地省级科技行政部门。省级科技行政部门应在收到之日起10个工作日内通过科研诚信管理信息系统按规定汇交科研诚信严重失信行为数据信息，并将处理决定书和调查报告报送科技部。

处理决定由国务院部门及其所属（含管理）单位作出的，由该部门在处理决定生效后10个工作日内通过科研诚信管理信息系统按规定汇交科研诚信严重失信行为数据信息，并将处理决定书和调查报告报送科技部。

第三十七条　有关部门和地方依法依规对记入科研诚信严重失信行为数据库的相关被处理人实施联合惩戒。

第三十八条　被处理人科研失信行为涉及科技计划（专项、基金等）项目、科技奖励、科技人才等的，调查处理单位应将处理决定书和调查报告同时报送科技计划（专项、基金等）项目、科技奖励、科技人才管理部门（单位）。科技计划（专项、基金等）项目、科技奖励、科技人才管理部门（单位）应依据经查实的科研失信行为，在职责范围内对被处理人作出处理，并制作处理决定书，送达被处理人及其所在单位。

第三十九条　对经调查未发现存在科研失信行为的，调查单位应及时以适当方式澄清。

对举报人捏造歪曲事实、诬告陷害他人的，举报人所在单位应依据相关规定对举报人严肃处理。

第四十条　处理决定生效后，被处理人如果通过全国性媒体公开作出严格遵守科研诚信要求、不再实施科研失信行为承诺，或对国家和社会作出重大贡献的，作出处理决定的单位可根据被处理人申请对其减轻处理。

第五章 申诉复查

第四十一条 举报人或被处理人对处理决定不服的,可在收到处理决定书之日起15个工作日内,按照处理决定书载明的救济途径向作出调查处理决定的单位或部门书面提出申诉,写明理由并提供相关证据或线索。

调查处理单位(部门)应在收到申诉之日起15个工作日内作出是否受理决定并告知申诉人,不予受理的应说明情况。

决定受理的,另行组织调查组或委托第三方机构,按照本规则的调查程序开展复查,并向申诉人反馈复查结果。

第四十二条 举报人或被处理人对复查结果不服的,可向调查处理单位的上级主管部门书面提出申诉,申诉必须明确理由并提供充分证据。对国务院部门作出的复查结果不服的,向作出该复查结果的国务院部门书面提出申诉。

上级主管部门应在收到申诉之日起15个工作日内作出是否受理决定。仅以对调查处理结果和复查结果不服为由,不能说明其他理由并提供充分证据,或以同一事实和理由提出申诉的,不予受理。决定受理的,应组织复核,复核结果为最终结果。

第四十三条 复查、复核应制作复查、复核意见书,针对申诉人提出的理由给予明确回复。复查、复核原则上均应自受理之日起90个工作日内完成。

第六章 保障与监督

第四十四条 参与调查处理工作的人员应秉持客观公正,遵守工作纪律,主动接受监督。要签署保密协议,不得私自留存、隐匿、摘抄、复制或泄露问题线索和调查资料,未经允许不得透露或公开调查处理工作情况。

委托第三方机构开展调查、测试、评估或评价时,应履行保密程序。

第四十五条 调查处理应严格执行回避制度。参与科研失信行为调查处理人员应签署回避声明。被调查人或举报人近亲属、本案证人、利害关系人、有研究合作或师生关系或其他可能影响公正调查处理情形的,不得参与调查处理工作,应主动申请回避。被调查人、举报人有权要求其回避。

第四十六条 调查处理应保护举报人、被举报人、证人等的合法权益,不得泄露相关信息,不得将举报材料转给被举报人或被举报单位等利益相关方。对于调查处理过程中索贿受贿、违反保密和回避制度、泄露信息的,依法依规严肃处理。

第四十七条 高等学校、科研机构、医疗卫生机构、企业、社会组织等是科研失信行为调查处理第一责任主体，应建立健全调查处理工作相关的配套制度，细化受理举报、科研失信行为认定标准、调查处理程序和操作规程等，明确单位科研诚信负责人和内部机构职责分工，保障工作经费，加强对相关人员的培训指导，抓早抓小，并发挥聘用合同（劳动合同）、科研诚信承诺书和研究数据管理政策等在保障调查程序正当性方面的作用。

第四十八条 高等学校、科研机构、医疗卫生机构、企业、社会组织等不履行科研失信行为调查处理职责的，由主管部门责令其改正。拒不改正的，对负有责任的领导人员和直接责任人员依法依规追究责任。

第四十九条 科技部和中国社科院对自然科学和哲学社会科学领域重大科研失信事件应加强信息通报与公开。

科研诚信建设联席会议各成员单位和各地方应加强科研失信行为调查处理的协调配合、结果互认、信息共享和联合惩戒等工作。

第七章 附则

第五十条 本规则下列用语的含义：

（一）买卖实验研究数据，是指未真实开展实验研究，通过向第三方中介服务机构或他人付费获取实验研究数据。委托第三方进行检验、测试、化验获得检验、测试、化验数据，因不具备条件委托第三方按照委托方提供的实验方案进行实验获得原始实验记录和数据，通过合法渠道获取第三方调查统计数据或相关公共数据库数据，不属于买卖实验研究数据。

（二）代投，是指论文提交、评审意见回应等过程不是由论文作者完成而是由第三方中介服务机构或他人代理。

（三）实质学术贡献，是指对研究思路、设计以及分析解释实验研究数据等有重要贡献，起草论文或在重要的知识性内容上对论文进行关键性修改，对将要发表的版本进行最终定稿等。

（四）被调查人所在单位，是指调查时被调查人的劳动人事关系所在单位。被调查人是学生的，调查处理由其学籍所在单位负责。

（五）从轻处理，是指在本规则规定的科研失信行为应受到的处理幅度以内，给予较轻的处理。

（六）从重处理，是指在本规则规定的科研失信行为应受到的处理幅度以内，给予较重的处理。

本规则所称的"以上""以内"不包括本数，所称的"3至5年"包括本数。

第五十一条　各有关部门和单位可依据本规则结合实际情况制定具体细则。

第五十二条　科研失信行为被调查人属于军队管理的，由军队按照其有关规定进行调查处理。

相关主管部门已制定本行业、本领域、本系统科研失信行为调查处理规则且处理尺度不低于本规则的，可按照已有规则开展调查处理。

第五十三条　本规则自发布之日起实施，由科技部和中国社科院负责解释。《科研诚信案件调查处理规则（试行）》（国科发监〔2019〕323号）同时废止。

国家自然科学基金项目科研不端行为调查处理办法（节选）

（国科金发诚〔2020〕96号）

第一章　总则

第一条与第二条（略）

第三条　本办法所称科研不端行为，是指发生在科学基金项目申请、评审、实施、结题和成果发表与应用等活动中，偏离科学共同体行为规范，违背科研诚信和科研伦理行为准则的行为。具体包括：

（一）抄袭、剽窃、侵占；

（二）伪造、篡改；

（三）买卖、代写；

（四）提供虚假信息、隐瞒相关信息以及提供信息不准确；

（五）通过贿赂或者利益交换等不正当方式获取科学基金项目；

（六）违反科研成果的发表规范、署名规范、引用规范；

（七）违反评审行为规范；

（八）违反科研伦理规范；

（九）其他科研不端行为。

第四条　自然科学基金委监督委员会依照《国家自然科学基金委员会章程》和

《国家自然科学基金委员会监督委员会章程》的规定，具体负责受理对科研不端行为的投诉举报，组织开展调查，提出处理建议并且监督处理决定的执行。

第五条 自然科学基金委对监督委员会提出的处理建议进行审查，并作出处理决定。

第六条 科研人员应当遵守学术规范，恪守职业道德，诚实守信，不得在科学技术活动中弄虚作假。

涉嫌科研不端行为接受调查时，应当如实说明有关情况并且提供相关证明材料。

第七条 项目评审专家应当认真履行评审职责，对与科学基金项目相关的通讯评审、会议评审、中期检查、结题审查以及其他评审事项进行公正评审，不得违反相关回避、保密规定或者利用工作便利谋取不正当利益。

第八条 项目依托单位及科研人员所在单位作为本单位科研诚信建设主体责任单位，应建立健全处理科研不端行为的相关工作制度和组织机构，在科研不端行为的预防与调查处理中具体履行以下职责：

（一）宣讲科研不端行为调查处理相关政策与规定；

（二）对本单位人员的科研不端行为，积极主动开展调查；

（三）对自然科学基金委交办的问题线索组织开展相关调查；

（四）依据职责权限对科研不端行为责任人作出处理；

（五）向自然科学基金委报告本单位与科学基金项目相关的科研不端行为及其查处情况；

（六）执行自然科学基金委作出的处理决定；

（七）监督处理决定的执行；

（八）其他与科研诚信相关的职责。

第九条 自然科学基金委在调查处理科研不端行为时应当坚持事实清楚、证据确凿、定性准确、处理恰当、程序合法、手续完备的原则。

第十条 自然科学基金委对科研人员、项目评审专家和项目依托单位实行信用管理，用于相关的评审、实施和管理活动。

第十一条 项目申请人、负责人、参与者、评审专家和依托单位等应积极履行与自然科学基金委签订的相关合同或者承诺，如违反相应义务，自然科学基金委可以依据合同或者承诺对其作出相应处理。

第二章 调查处理程序

第一节 投诉举报与受理

第十二条 任何公民、法人或者其他组织均可以向自然科学基金委以书面形式投诉举报科研不端行为，投诉举报应当符合下列要求：

（一）有明确的投诉举报对象；

（二）有可查证的线索或者证据材料；

（三）与科学基金工作相关；

（四）涉及本办法适用的科研不端行为。

第十三条 自然科学基金委鼓励实名投诉举报，并对投诉举报人、被举报人、证人等相关人员的信息予以严格保密，充分保护相关人员的合法权益。

第十四条 自然科学基金委应当在十五个工作日内对投诉举报材料进行初核，初核由两名工作人员进行。经初核认为投诉举报材料符合本办法第十二条的要求的，应当作出受理的决定，并在五个工作日内告知实名投诉举报人。不符合受理条件的，应当作出不予受理的决定，并在五个工作日内告知实名投诉举报人。

上述决定涉及不予公开或者保密内容的，投诉举报人应予以保密。泄露、扩散或者不当使用相关信息的，应承担相应责任。

第十五条 调查处理过程中，发现投诉举报人有捏造事实、诬告陷害等行为的，自然科学基金委将向其所在单位通报。

第十六条 投诉举报事项属于下列情形的，不予受理：

（一）投诉举报已经依法处理，投诉举报人在无新线索的情况下以同一事实或者理由重复投诉举报的；

（二）已由公安机关、监察机关立案调查或者进入司法程序的；

（三）其他依法不应当受理的情形。

投诉举报中同时含有应当受理和不应当受理的内容，能够作区分处理的，对不应当受理的内容不予受理。

第二节 调查

第十七条 对于受理的科研不端行为案件，自然科学基金委应当组织、会同、直接移交或者委托相关部门开展调查。对直接移交或者委托依托单位或者科研不端行为人所在单位调查的，自然科学基金委保留自行调查的权力。

被调查人担任单位主要负责人或者被调查人是法人单位的，自然科学基金委可以直接移交或者委托其上级主管部门开展调查。没有上级主管部门的，自然科学基金委可以直接移交或者委托其所在地的省级科技行政管理部门科研诚信建设责任单位负责组织调查。

涉及项目资金使用的举报，自然科学基金委可以聘请第三方机构对相关资助资金使用情况进行监督和检查，根据监督和检查结论依照本办法处理。

第十八条 对涉嫌科研不端行为的调查，可以采取谈话函询、书面调查、现场调查、依托单位或者科研不端行为人所在单位调查等方式开展。必要时也可以采取邀请专家参与调查、邀请专家或者第三方机构鉴定以及召开听证会等方式开展。

第十九条 自然科学基金委对于依职权发现的涉嫌科研不端行为，应当及时审查并依照相关规定处理。

第二十条 进行书面调查的，应当对投诉举报材料、当事人陈述材料、有关证明材料等进行审查，形成书面调查报告。

第二十一条 进行现场调查的，调查人员不得少于两人，并且应当向当事人或者有关人员出示工作证件或者公函。

当事人或者有关人员应当如实回答询问并协助调查，向调查人员出示原始记录、观察笔记、图像照片或者实验样品等证明材料，不得隐瞒信息或者提供虚假信息。询问或者检查应当制作笔录，当事人和相关人员应当在笔录上签字。

第二十二条 依托单位或者当事人所在单位负责调查的，应当认真开展调查，形成完整的调查报告并加盖单位公章，按时向自然科学基金委报告有关情况。

调查过程中，调查单位应当与当事人面谈，并向自然科学基金委提供以下材料：

（一）调查结果和处理意见；

（二）相关证明材料；

（三）当事人的陈述材料；

（四）当事人与调查人员双方签字的谈话笔录；

（五）其他相关材料。

第二十三条 调查过程中，调查人员应当充分听取当事人的陈述或者申辩，对当事人提出的事实、理由和证据进行核实。当事人提出的事实、理由或者证据成立的，应当采纳。任何个人和组织不得以不正当手段影响调查工作的进行。

调查中发现当事人的行为可能影响公众健康与安全或者导致其他严重后果的，调查人员应立即报告，或者按程序移送有关部门处理。

第二十四条　科研不端行为案件应自受理之日起六个月内完成调查。

对于在前款规定期限内不能完成调查的重大复杂案件，经自然科学基金委监督委员会主要负责人或者自然科学基金委负责人批准后可以延长调查期限，延长时间最长不得超过一年。对于上级机关和有关部门移交的案件，调查延期情况应向移交机关或者部门报备。

调查中发现关键信息不充分、暂不具备调查条件或者被调查人在调查期间死亡的，经自然科学基金委监督委员会主要负责人或者自然科学基金委负责人批准后可以中止或者终止调查。

条件具备时，应及时启动已中止的调查，中止的时间不计入调查时限。对死亡的被调查人中止或终止调查不影响对案件涉及的其他被调查人的调查。

第三章　处理

第二十五条　调查终结后，应当形成调查报告，调查报告应当载明以下事项：

（一）调查的对象和内容；

（二）主要事实、理由和依据；

（三）调查结论和处理建议；

（四）其他需要说明的内容。

第二十六条　自然科学基金委作出处理决定前，应当书面告知当事人拟作出处理决定的事实、理由及依据，并告知当事人依法享有陈述与申辩的权利。

当事人没有进行陈述或者申辩的，视为放弃陈述与申辩的权利。当事人作出陈述或者申辩的，应当充分听取其意见。

第二十七条　调查终结后，自然科学基金委应当对调查结果进行审查，根据不同情况，分别作出以下决定：

（一）确有科研不端行为的，根据事实及情节轻重，作出处理决定；

（二）未发现存在科研不端行为的，予以结案；

（三）涉嫌违纪违法的，移送相关机关处理。

第二十八条　自然科学基金委作出处理决定时应当制作处理决定书。处理决定书应当载明以下事项：

（一）当事人基本情况；

（二）实施科研不端行为的事实和证据；

（三）处理依据和措施；

（四）救济途径和期限；

（五）作出处理决定的单位名称和日期；

（六）其他应当载明的内容。

第二十九条　自然科学基金委作出处理决定后，应及时将处理决定书送达当事人，并将处理结果告知实名投诉举报人。

处理结果涉及不予公开或者保密内容的，投诉举报人应予以保密。泄露、扩散或者不当使用相关信息的，应承担相应责任。

第三十条　对实施科研不端行为的科研人员的处理措施包括：

（一）警告；

（二）责令改正；

（三）通报批评；

（四）暂缓拨付项目资金；

（五）科学基金项目处于申请或者评审过程的，撤销项目申请；

（六）科学基金项目正在实施的，终止原资助项目并追回结余资金；

（七）科学基金项目正在实施或者已经结题的，撤销原资助决定并追回已拨付资金；

（八）取消一定期限内申请或者参与申请科学基金项目资格。

第三十一条　对实施科研不端行为的评审专家的处理措施包括：

（一）警告；

（二）责令改正；

（三）通报批评；

（四）一定期限内直至终身取消评审专家资格。

第三十二条　对实施科研不端行为的依托单位的处理措施包括：

（一）警告；

（二）责令改正；

（三）通报批评；

（四）取消一定期限内依托单位资格。

第三十三条　对科研不端行为的处理应当考虑以下因素：

（一）科研不端行为的性质与情节；
（二）科研不端行为的结果与影响程度；
（三）实施科研不端行为的主观恶性程度；
（四）实施科研不端行为的次数；
（五）承认错误与配合调查的态度；
（六）应承担的责任大小；
（七）其他需要考虑的因素。

第三十四条 科研不端行为情节轻微并及时纠正，危害后果较轻的，可以给予谈话提醒、批评教育。

第三十五条 有下列情形之一的，从轻或者减轻处理：
（一）主动消除或者减轻科研不端行为危害后果的；
（二）受他人胁迫实施科研不端行为的；
（三）积极配合调查并且主动承担责任的；
（四）其他从轻或者减轻处理的情形。

第三十六条 有下列情形之一的，从重处理：
（一）伪造、销毁或者藏匿证据的；
（二）阻止他人投诉举报或者提供证据的；
（三）干扰、妨碍调查核实的；
（四）打击、报复投诉举报人的；
（五）多次实施或者同时实施数种科研不端行为的；
（六）造成严重后果或者恶劣影响的；
（七）其他从重处理的情形。

第三十七条 同时涉及数种科研不端行为的，应当合并处理。合并处理的幅度不超过《国家自然科学基金条例》规定的上限。

第三十八条 两人以上共同实施科研不端行为的，按照各自所起的作用、造成的后果以及应负的责任，分清主要责任、次要责任和同等责任，分别进行处理。无法分清主要责任与次要责任的，视为同等责任一并处理。

第三十九条 负责受理、调查和处理的工作人员应当严格遵守相关回避与保密规定。当事人认为前述人员与案件处理有直接利害关系的，有权申请回避。

上述人员与当事人有近亲属关系、同一法人单位关系、师生关系或者合作关系等可能影响公正处理的,应当主动申请回避。自然科学基金委也可以直接作出回避决定。

上述人员未经允许不得披露未公开的有关证明材料、调查处理的过程或者结果等与科研不端行为处理相关的信息,违反保密规定的,依照有关规定处理。

依托单位或者当事人所在单位调查人员可以不受本条第二款中同一法人单位规定的限制。

第四章 处理细则

第四十条 项目申请人、参与者在项目申请书或者列入项目申请书的论文等科研成果中有抄袭、剽窃、伪造、篡改等行为之一的,根据项目所处状态,撤销项目申请、终止原资助项目并追回结余资金或者撤销原资助决定并追回已拨付资金。除上述处理措施外,情节较轻的,取消项目申请或者参与申请资格一至三年,给予警告或者通报批评;情节较重的,取消项目申请或者参与申请资格三至五年,给予通报批评;情节严重的,取消项目申请或者参与申请资格五至七年,给予通报批评。

第四十一条 项目申请人、参与者在项目申请过程中有下列行为之一的,科学基金项目处于申请或者评审过程的,撤销项目申请。除上述处理措施外,情节较轻的,给予谈话提醒、批评教育或者警告;情节较重的,终止原资助项目并追回结余资金或者撤销原资助决定并追回已拨付资金,取消项目申请或者参与申请资格一至三年,给予警告或者通报批评;情节严重的,终止原资助项目并追回结余资金或者撤销原资助决定并追回已拨付资金,取消项目申请或者参与申请资格三至五年,给予通报批评:

(一)代写、委托代写或者买卖项目申请书的;
(二)委托第三方机构修改项目申请书的;
(三)提供虚假信息、隐瞒相关信息以及提供信息不准确的;
(四)冒充他人签名或者伪造参与者姓名的;
(五)擅自将他人列为项目参与人员的;
(六)违规重复申请的;
(七)其他违反项目申请规范的行为。

第四十二条 项目申请人、参与者在列入项目申请书的论文等科研成果中有下列行为之一的,科学基金项目处于申请或者评审过程的,撤销项目申请。除上述处理措施外,情节较轻的,给予谈话提醒、批评教育或者警告;情节较重的,终止原资助项目并追回结余资金或者撤销原资助决定并追回已拨付资金,取消项目申请或者参与申请资格一至三年，给予警告或者通报批评；情节严重的，终止原资助项目并追回结余资金或者撤销原资助决定并追回已拨付资金，取消项目申请或者参与申请资格三至五年，给予通报批评：

（一）一稿多发或者重复发表的；

（二）买卖或者代写的；

（三）委托第三方机构投稿的；

（四）虚构同行评议专家及评议意见的；

（五）其他违反论文发表规范、引用规范的行为。

第四十三条　项目申请人、参与者在列入项目申请书的论文等科研成果中有下列行为之一的，科学基金项目处于申请或者评审过程的，撤销项目申请。除上述处理措施外，情节较轻的，给予谈话提醒、批评教育或者警告；情节较重的，终止原资助项目并追回结余资金或者撤销原资助决定并追回已拨付资金，取消项目申请或者参与申请资格一至三年，给予警告或者通报批评；情节严重的，终止原资助项目并追回结余资金或者撤销原资助决定并追回已拨付资金，取消项目申请或者参与申请资格三至五年，给予通报批评：

（一）未经同意使用他人署名的；

（二）虚构其他署名作者的；

（三）篡改作者排序和贡献的；

（四）未做出实质性贡献而署名的；

（五）将做出实质性贡献的作者或者单位排除在外的；

（六）擅自标注他人科学基金项目的；

（七）标注虚构的科学基金项目的；

（八）在与科学基金项目无关的科研成果中标注基金项目的；

（九）其他不当署名或者不当标注的行为。

第四十四条　项目申请人、参与者在与项目相关的评审中有下列行为之一的，科学基金项目处于申请或者评审过程的，撤销项目申请。除上述处理措施外，情节较轻的，给予谈话提醒、批评教育或者警告；情节较重的，终止原资助项目并追回结余资金或者撤销原资助决定并追回已拨付资金，取消项目申请或者参与申请资格一至三年，给予警告或者通报批评；情节严重的，终止原资助项目并追回结余资金或者撤销原资助决定并追回已拨付资金，取消项目申请或者参与申请资格三至五年，给予通报批评：

（一）请托、游说或者打招呼的；
（二）违规获取相关评审信息的；
（三）贿赂评审专家或者自然科学基金委工作人员的；
（四）其他对评审工作的独立、客观、公正造成影响的行为。

第四十五条　项目负责人、参与者在项目实施过程中有下列行为之一的，给予警告，暂缓拨付资金并责令改正；逾期不改正的，终止原资助项目并追回结余资金或者撤销原资助决定并追回已拨付资金；情节较重的，终止原资助项目并追回结余资金或者撤销原资助决定并追回已拨付资金，取消项目申请或者参与申请资格三至五年，给予通报批评；情节严重的，终止原资助项目并追回结余资金或者撤销原资助决定并追回已拨付资金，取消项目申请或者参与申请资格五至七年，给予通报批评：

（一）擅自变更研究方向或者降低申报指标的；
（二）不按照规定提交项目结题报告或者研究成果报告等材料的；
（三）提交弄虚作假的报告或者原始记录等材料的；
（四）挪用、滥用或者侵占项目资金的；
（五）违反国家有关科研伦理的规定的；
（六）其他不按照规定履行研究职责的行为。

第四十六条　项目负责人、参与者在项目结题报告等材料中有本办法第四十条、第四十一条、第四十二条或者第四十三条规定的行为之一的，分别依照第四十条、第四十一条、第四十二条或者第四十三条的规定进行处理。

第四十七条　项目负责人、参与者在标注基金资助的论文等科研成果中有本办法第四十条、第四十二条或者第四十三条规定的行为之一的，分别依照第四十条、第四十二条或者第四十三条的规定进行处理。

第四十八条　科研人员在其他科学技术活动中有抄袭、剽窃他人研究成果或者弄虚作假等行为的，自然科学基金委可以依照本办法相关条款的规定，依据情节轻重，禁止其在一定期限内申请科学基金项目。

第四十九条　项目申请人、负责人或者参与者因实施本办法规定的科研不端行为而导致负责或者参与的科学基金项目被撤销的，自然科学基金委可以建议行为人所在单位撤销其因为负责或者参与该科学基金项目而获得的相应荣誉以及利益。

第五十条　评审专家在项目评审过程中有下列行为之一的，取消评审专家资格二至五年，给予警告并责令改正；情节较重的，取消评审专家资格五至七年，给予警告或者通报批评并责令改正；情节严重的，不再聘请为评审专家，给予通报批评：

（一）违反保密或者回避规定的；

（二）打击报复、诬陷或者故意损毁申请者名誉的；

（三）由他人代为评审的；

（四）因接受请托等原因而进行不公正评审的；

（五）利用工作便利谋取不正当利益的；

（六）其他违反评审行为规范的行为。

在科学技术活动中存在本办法第四十条至第四十七条规定不端行为的，自然科学基金委可以取消其一定年限评审专家资格，且取消的评审专家资格年限不低于取消的申请资格年限，直至不再聘请为评审专家。

第五十一条 项目申请人、负责人、参与者或者评审专家因实施本办法规定的科研不端行为受到相应处理的，自然科学基金委可以依据科研不端行为的情节、后果等情形，建议行为人所在单位给予其相应的党纪政务处分。

第五十二条 对于不在自然科学基金委职责管辖范围内的科研不端案件同案违规人员，自然科学基金委可以责成相关依托单位进行处理。

第五十三条 依托单位有下列行为之一的，给予警告并责令改正；逾期不改正的，取消依托单位资格一至三年，给予警告或者通报批评；情节严重的，取消依托单位资格三至五年，给予通报批评：

（一）对项目申请人、负责人或者参与者发生的科研不端行为负有疏于管理责任的；

（二）纵容、包庇或者协助有关人员实施科研不端行为的；

（三）擅自变更项目负责人的；

（四）组织、纵容工作人员参与请托游说、打招呼或者违规获取相关评审信息等行为的；

（五）违规挪用、克扣、截留项目资金的；

（六）不履行科学基金项目研究条件保障职责的；

（七）不履行科研伦理或者科技安全的审查职责的；

（八）不配合监督、检查科学基金项目实施的；

（九）不履行科研不端行为的调查处理职责的；

（十）其他不履行科学基金资助管理工作职责的行为。

依托单位实施前款规定的科研不端行为的，由自然科学基金委记入信用档案。

第五十四条 对依托单位的相关处理措施，由自然科学基金委执行；对项目申请人、负责人、参与者或者评审专家等给予的谈话提醒、批评教育等处理措施，由行为人所在单位执行。

第五十五条 自然科学基金委根据有关规定适用终止原资助项目并追回结余资金或者撤销原资助决定并追回已拨付资金的处理措施。

第五十六条 自然科学基金委建立问题线索移送机制，对于不在自然科学基金委职责管辖范围的问题线索，移送相关部门或者机构处理。

项目申请人、负责人、参与者、评审专家或者自然科学基金委工作人员（含兼职、兼聘人员和流动编制工作人员）等实施的科研不端行为涉嫌违纪违法的，移送相关纪检监察组织处理。

第五章 申诉与复查

第五十七条 当事人对处理决定不服的，可以在收到处理决定书后十五日内，向自然科学基金委提出书面复查申请。

自然科学基金委应在收到复查申请之日起十五个工作日内作出是否受理的决定。决定不予复查的，应当通知申请人，并告知不予复查的理由；决定复查的，应当自受理之日起九十个工作日内作出复查决定。复查依照本办法规定的调查处理程序进行，复查不影响处理决定的执行。

第五十八条 当事人对复查结果不服的，可以向自然科学基金委的上级主管部门提出书面申诉。

第六章 附则

第五十九条 科研不端行为案件中的当事人或者单位属于军队管理的，自然科学基金委可以将案件移交军队相关部门，由军队按照其规定进行调查处理。

第六十条 本办法由自然科学基金委负责解释。

第六十一条 本办法自2021年1月1日起实施。2005年3月16日发布的《国家自然科学基金委员会监督委员会对科学基金资助工作中不端行为的处理办法（试行）》同时废止。

后　记

　　2015年,苏州大学被中国科协、教育部列为实施科学道德和学风建设宣讲教育案例教学的试点高校之一。为了将这项工作落在实处,确保取得较好的教学效果,苏州大学研究生院聘请相关专业的资深专家、教授成立了科学道德和学风建设案例教学课程组。课程组由马克思主义学院姜建成教授、材料与化学化工学部姚建林教授、纺织与服装工程学院张克勤教授、医学部徐广银教授、物理与光电能源学部顾济华教授、外国语学院王欣博士6人组成。在集体备课研讨的基础上,6位专家每人讲授了2~4场科学道德和学风建设案例教学专题讲座,实现对每年入学研究生新生案例教学全覆盖。7年来,课程组6位专家不断加强研究和交流沟通,听取学生和各方面意见,不断丰富案例库,教学效果非常显著,广大研究生在聆听报告后普遍反映受益匪浅。案例教学在引导研究生树立诚信品质、恪守学术道德、遵守学术规范、尊重知识产权、维护本人及导师的学术声誉、引领优良学风等方面起到了积极作用。

　　2020年8月,江苏省教育厅有关领导提议苏州大学研究生院应在总结学术诚信案例教育的基础上编写一本雅俗共赏的读物,以充分发挥试点工作的示范效应。在苏州大学党委研究生工作部部长吴雪梅教授的召集下,课程组的各位专家专门进行了研讨,确定了写作任务的分工,并委托王欣博士根据研讨情况拿出一个详细的写作提纲。2021年3月,6位专家利用寒假时间撰写了各自章节的初稿,并由王欣博士进行了统稿。本书第一章"科学道德和学风建设的概念、规章及意义"和结语"不负韶华,做新时代合格的研究生"由姜建成教授撰写,第二章"科学史、科学精神与大学精神"由顾济华教授撰写,第三章"科研诚信与学术规范"由张克勤教授撰写,第四章"常见学术不端行为"和第五章"域外学术诚信教育与管理"由王欣博士撰写。由姚建林教授、徐广银教授、王欣博士撰写的理工类学术不端行为案例、生物医学类学术不端行为案例、人文社科类学术不端行为案例三章，因内容较多而未纳入书中，仅作为内部教学资料使用。苏州大学吴杰、高洁、杨洁几位老师协助做了统稿、资料查核、附录整理等工作。苏州大学党委研究生工作部先后三任部长宁正发、吴雪梅、茅海燕高度重视此项工作，为本书的出版提供了有力支持，一并致谢。

编 者

2022 年 11 月 10 日